The Practical Research on Financial Poverty Alleviation Theory in China

金融扶贫理论的中国实践研究

李飞　杨德勇/著

·北京·

图书在版编目（CIP）数据

金融扶贫理论的中国实践研究/李飞，杨德勇著．
—北京：中国经济出版社，2020.6（2023.8重印）
ISBN 978-7-5136-6017-4

Ⅰ.①金… Ⅱ.①李… ②杨… Ⅲ.①金融—扶贫—研究—中国 Ⅳ.①F832.3

中国版本图书馆CIP数据核字（2020）第020542号

责任编辑	牛慧珍
责任印制	马小宾
封面设计	任燕飞

出版发行	中国经济出版社
印 刷 者	北京建宏印刷有限公司
经 销 者	各地新华书店
开 本	710mm×1000mm 1/16
印 张	19
字 数	320千字
版 次	2020年6月第1版
印 次	2023年8月第2次
定 价	78.00元

广告经营许可证 京西工商广字第8179号

中国经济出版社 网址 www.economyph.com 社址 北京市东城区安定门外大街58号 邮编 100011
本版图书如存在印装质量问题，请与本社销售中心联系调换（联系电话：010-57512564）

版权所有　盗版必究（举报电话：010-57512600）
国家版权局反盗版举报中心（举报电话：12390）　　服务热线：010-57512564

前言
PREFACE

金融扶贫是中国扶贫工程的重要组成部分，随着中国精准扶贫政策的推进和深化，金融作为推动产业扶贫的"消贫利器"高频率出现在大众视野。金融扶贫工作的大力展开，为中国贫富差距问题的解决提供了良好的经济基础，在推行政府扶贫政策、促进贫困地区经济发展的过程中起到了不可替代的作用。在中国脱贫攻坚工程的决胜年，如何通过金融扶贫为尚未脱贫的地区提供帮助支持，使金融扶贫工程具有可持续性，降低银行、保险、证券行业在脱贫工程中面临的风险是中国金融扶贫工程下一步亟须解决的问题。本书针对中国金融扶贫实践的具体案例进行研究分析，并将理论基础与案例分析相结合，从中归纳出适用于中国国情的金融扶贫经验，致力于为全球减贫事业贡献中国智慧和中国方案。

本书共八章，第一章为金融扶贫概述，主要介绍金融扶贫的概念、发展历程、主体以及相关的政策；第二章主要对金融扶贫理论进行归纳分析；第三章为湖北省十堰市郧阳区金融扶贫案例分析，详细分析郧阳区的金融扶贫措施以及模式创新；第四章对河南省三门峡市卢氏县金融扶贫案例进行分析，重点分析了卢氏县的金融扶贫保障措施和创新模式；第五章分别从银行业扶贫、保险业扶贫、证券业扶贫、金融扶贫组合四个角度对多个金融扶贫的实际案例进行分析，从微观的县域角度，详细分析多个经典的扶贫模式以及取得的成效，并对其扶贫经验进行总结归纳；第六章从宏观视角阐述了金融扶贫的实施推进为地方基础设施、政策体系以及本身的产品体系、服务体系、信用效果五方面带来的成效；第七章主要总结了中国在金融扶贫实践过程中存在的问题；第八章针对中国金融扶贫实施过程中所存在的问题提出相应的对策及建议。

本书在写作过程中得到来自多方面的大力支持。在本书即将出版之际，我首先要感谢北京市科技成果转化——提升计划项目（PXM2015-014213-

000061)、北京市哲学社科基金重点项目（17YJA003)、北京市社会科学基金项目（SZ20171001106）和北京工商大学研究生培养——研究生教育质量提升计划2017等经费的先后支持。其次，感谢北京工商大学经济学院金融系研究生杨洲、熊恩颖、张述航、郑美莲等同学所做的前期准备或后期工作。在撰写过程中，我借鉴、援引了国内外大量文献，在此也深表感谢。

由于作者水平有限，书中错误和不足之处在所难免，诚恳希望读者不吝赐教。

目 录
CONTENTS

第一章　金融扶贫概述 …………………………………………… 001
　　第一节　金融扶贫的概念 ……………………………………… 001
　　第二节　金融扶贫发展历程 …………………………………… 012
　　第三节　金融扶贫的主体 ……………………………………… 021
　　第四节　金融扶贫的相关政策 ………………………………… 033

第二章　金融扶贫理论基础 ……………………………………… 049
　　第一节　国外扶贫相关理论 …………………………………… 049
　　第二节　马克思恩格斯反贫困相关理论 ……………………… 056
　　第三节　中国特色社会主义思想贫困治理理论 ……………… 063
　　第四节　新时代习近平精准扶贫战略思想 …………………… 069

第三章　湖北省十堰市郧阳区金融扶贫案例分析 ……………… 082
　　第一节　湖北省十堰市郧阳区基本情况 ……………………… 082
　　第二节　湖北省十堰市郧阳区金融扶贫的政策支撑 ………… 088
　　第三节　湖北省十堰市郧阳区金融扶贫的保障措施 ………… 095
　　第四节　湖北省十堰市郧阳区金融扶贫的模式创新 ………… 101

第四章　河南省三门峡市卢氏县金融扶贫案例分析 …………… 119
　　第一节　河南省三门峡市卢氏县基本情况 …………………… 119
　　第二节　河南省三门峡市卢氏县金融扶贫的政策支撑 ……… 124
　　第三节　河南省三门峡市卢氏县金融扶贫的保障措施 ……… 130
　　第四节　河南省三门峡市卢氏县金融扶贫的模式创新 ……… 138

第五章　金融扶贫其他经典案例介绍 …………………………… 159
　　第一节　银行业金融扶贫经典案例介绍 ……………………… 159
　　第二节　保险业金融扶贫经典案例介绍 ……………………… 166

第三节　证券业金融扶贫经典案例介绍 …………………… 174
　　第四节　金融扶贫经典组合案例介绍 …………………… 179

第六章　金融扶贫实践成效分析 …………………………………… 187
　　第一节　金融扶贫提升基础设施建设 …………………… 187
　　第二节　金融扶贫政策体系初步建立 …………………… 192
　　第三节　金融扶贫产品体系逐步完善 …………………… 201
　　第四节　金融扶贫服务体系的优化 ……………………… 207
　　第五节　金融扶贫信用效果凸显 ………………………… 210

第七章　金融扶贫实践存在的问题 ………………………………… 213
　　第一节　地方政府金融扶贫存在的问题 ………………… 213
　　第二节　银行业金融扶贫存在的问题 …………………… 218
　　第三节　保险业金融扶贫存在的问题 …………………… 226
　　第四节　证券业金融扶贫存在的问题 …………………… 230

第八章　金融扶贫的对策和建议 …………………………………… 234
　　第一节　地方政府引导金融扶贫的对策建议 …………… 234
　　第二节　银行业参与金融扶贫的对策建议 ……………… 240
　　第三节　保险业参与金融扶贫的对策建议 ……………… 247
　　第四节　证券业参与金融扶贫的对策建议 ……………… 253

参考文献 ……………………………………………………………… 261

重要术语索引 ………………………………………………………… 267

附录一　中国人民银行等 7 部门联合印发《关于金融助推脱贫攻坚的
　　　　实施意见》………………………………………………… 269

附录二　中国证监会印发《关于发挥资本市场作用服务国家脱贫攻坚
　　　　战略的意见》……………………………………………… 276

附录三　中国保监会、国务院扶贫办联合印发《关于做好保险业助推
　　　　脱贫攻坚工作的意见》…………………………………… 280

附录四　郧阳区人民政府办公室关于印发《郧阳区开展扶贫小额信贷
　　　　业务实施方案》的通知 …………………………………… 287

附录五　卢氏县人民政府办公室关于印发《卢氏县金融扶贫服务体系建
　　　　设工作方案》和《卢氏县农村信用体系建设方案》的通知 … 293

第一章 金融扶贫概述

第一节 金融扶贫的概念

一、金融扶贫的定义

金融扶贫是综合运用金融资源，统筹各类金融政策和工具，帮助贫困地区和贫困户开发经济、发展生产、摆脱贫困的一种社会工作，旨在扶助贫困户或贫困地区发展生产，改变穷困面貌；是国家制定的扶持贫困地区经济、社会、生态、文化等各方面综合发展，帮助贫困群众提高综合素质，增加经济收入，提高能力建设的一系列支持措施，主要是以中央扶贫资金投入为引线，以扶贫项目建设为载体，加大贫困地区的综合金融服务力度。

从经济学的角度来看，金融扶贫就是将金融资源投向贫困地区，通过合理利用社会资金，以实现其优化配置。金融是经济发展到一定阶段和程度的产物，既来源于实体经济发展，同时也服务于实体经济，包括促进经济总量增长和优化经济结构。以这样的视角来衡量，金融便也是一种资源，因此，合理配置金融资源便成为一个国家或地区实现经济稳定持续发展的前提。我国目前经济总量位居世界第二，但按人均 GDP 来算我国仍处于发展中国家之列，究其原因，主要是我国地区之间经济发展严重失衡，部分地区仍存在大量贫困人口，贫富差距过大。金融扶贫通过引导社会各类资金流向经济发展滞后的贫困地区，激活当地各类生产经营活动正常运行，并支持当地实体产业形成和快速发展，从而提高贫困地区经济水平和自主发展能力，实现脱贫致富。这种利用金融扶贫来达到资源优化配置的扶贫模式能够保障我国国民经济平衡地可持续发展。

从社会发展的角度来看，金融扶贫就是运用金融工具来改善贫困人口收入状况，缩小贫富差距，从而促进社会公平，推动社会主义和谐社会建设。西方金融学理论仅强调金融效率与安全的发展目标，只关注了金融的经济属性，而忽略其社会属性，而中国则更为注重金融的社会公平性。金融行业脱胎于社会分工和发展，社会结构的变迁也影响和制约着金融业的发展现状与趋势。观察中国的金融问题，应分析中国所特有的社会结构和社会矛盾。金融扶贫不仅是实现我国贫困地区经济结构转型升级的重要手段，也是解决社会矛盾转化和社会结构变迁结果的有效途径。

二、金融扶贫的基本特征

在新时代中国特色社会主义扶贫阶段下，我国的金融扶贫具有开发性、精准性、特惠性、可持续性和多元化五个方面的基本特征，具体如下：

（一）金融扶贫具有开发性

自改革开放以来，我国扶贫方式就逐渐从传统救济式扶贫转向开发式扶贫。所谓开发式扶贫，即在国家必要支持下，动员、鼓励和引导贫困地区的干部群众大干苦干巧干，把自己的努力同国家的扶持有机地结合起来，利用贫困地区的自然资源，进行开发性生产建设，发展商品生产，改善生产条件，逐步形成贫困地区和贫困户的自我积累和发展能力，主要依靠自身力量解决温饱、脱贫致富。

金融扶贫不是简单地向贫困地区"输血"，也不仅仅是将扶贫信贷发放到贫困户手里，它是在具体明确的产业经济建设规划下进行的，以金融直接支持贫困地区实体企业，间接带动贫困主体脱贫致富的系统性开发式扶贫。扶贫工作，从按贫困人口来平均分配资金，向按项目效益来分配资金的方向转变；从单纯依靠行政系统，向主要依靠经济组织转变；从资金单向输入，向资金、技术、物资、培训相结合输入和配套服务转变。其实质在于，通过帮助贫困地区实现自主经济开发，达到脱贫目的。

开发性金融从某种程度上来说，它是政策性金融的深化和发展，是一种实现政府发展目标、弥补体制落后和市场失灵、维护国内经济平衡稳定发展的金融形式。我国是社会主义国家，其在国家建设方面的属性，决定了现阶段作为打赢脱贫攻坚战、全面建成小康社会重要举措之一的金融扶贫，具有浓重的开发性质。

开发性金融扶贫，以国家信用为基础、市场业绩为支柱、信用建设为主线，以融资优势和政府组织协调优势相结合，通过实行政府机构债券和金融资产管理方式相结合，实现贫困地区经济快速发展。并且，参与扶贫的开发性金融机构一般为政府拥有、赋权经营，具有国家信用，体现政府意志，把国家信用与市场原理特别是与资本市场原理有机结合起来。

开发性金融扶贫能够弥补贫困地区体制落后和市场失灵，实现政府的经济建设目标，通过投融资活动推动贫困地区产业项目建设，促进所及领域的制度及市场建设。

（二）金融扶贫具有精准性

在当前时代背景下，精准性是我国金融扶贫基本特征中最突出的属性之一。2013年11月，习近平到湖南湘西考察时首次做出了"实事求是、因地制宜、分类指导、精准扶贫"的重要指示，"精准扶贫"的重要思想由此形成。2014年1月，中共中央办公厅详细规制了精准扶贫工作模式的顶层设计，推动了"精准扶贫"思想落地。

精准扶贫是粗放扶贫的对称，长期以来我国扶贫工作不论是在贫困人口的识别或者财政扶贫资金的运用方面，都缺乏精细化的工作理念。由于贫困居民数据来自抽样调查后的逐级往下分解，扶贫中的低质、低效问题普遍存在。现行的扶贫制度设计存在缺陷，不少扶贫项目粗放"漫灌"，针对性不强，更多的是在"扶农"而不是"扶贫"。而精准扶贫，则针对不同的贫困区域环境、不同的贫困农户状况，运用科学和有效的程序，对扶贫对象实施精确识别、精确帮扶、精确管理、精准考核的治贫方式。一般来说，精准扶贫主要是就贫困居民而言的，谁贫困就扶持谁，其前提是精确识别，核心是精确帮扶，关键是精确管理，保障是精准考核。

金融扶贫作为现阶段扶贫攻坚的关键之举，精准性就是其基本特征。精准对接特色产业的金融服务需求，支持贫困人口增收脱贫；精准对接贫困人口就业就学的金融服务需求，增强贫困户自我发展能力；精准对接易地扶贫搬迁的金融服务需求，支持贫困人口搬得出、稳得住、能致富；精准对接重点项目和重点地区等民生领域的金融服务需求，夯实贫困地区经济社会发展基础。

金融精准扶贫的内涵在于通过对贫困人口进行有效识别和动态管理，深入分析致贫原因，提供具体有针对性的金融扶贫措施。扶贫资金的投入是跟着具体项目走、跟着贫困户本人走，所以在发放贷款和使用贷款方面，要精准到贫困地区政府以及贫困户个人，从而使金融扶贫资源更好地瞄准贫困目标人群，最终减少贫困人口和消除贫困，提高贫困人口生活质量。

（三）金融扶贫具有特惠性

特惠金融是在脱贫攻坚过程中，为满足贫困群众日益增长的美好生活需要，在普惠金融基础上创新发展的新枝，是普惠金融的实现方式。特惠金融具有与传统金融和普惠金融不同的概念、特征和发展原则，对我国经济和社会发展也具有不同寻常的现实意义。

特惠金融，是在普惠金融基础上，为特定领域、特定区域、特定人群提供更加优惠、便捷、高效金融服务的统称。金融扶贫的特惠性是指为贫困地区、建档立卡贫困户提供的更加优惠、便捷、高效金融服务的统称。

特惠金融首先要解决好的是"最后一公里"问题，通过研究制定专门的、有针对性的政策、产品和服务等，切实降低融资成本，保障金融资源供给充分。要简化金融服务流程，提高金融服务的便利性。特惠金融触角要延伸至"最后一公里"，使欠发达地区、弱势群体在发展初期有助力、做大做强有动力，特惠支持要贯穿于脱贫致富奔小康的各个环节，重点是激发内生动力，培养可持续发展的能力。在具体实践中，既要注意防止用普惠政策替代特惠政策，也要防止把特惠政策泛化变成普惠政策。

发展特惠金融是我国全面建成小康社会的必然要求，有利于促进金融业可持续均衡发展，推动大众创业、万众创新，助力欠发达地区和贫困农户等弱势群体发展增收，助推经济发展方式转型升级，增进社会公平与社会和谐。

（四）金融扶贫具有可持续性

在我国市场经济条件下，参与金融扶贫的金融机构必须遵循市场规律，既要保持金融扶贫的开发性，又要实现金融扶贫营利性的可持续经营模式。

金融扶贫虽然在社会发展层面上具有一定的公共属性，但其不同于慈善事业，不会无偿提供资金援助，也不同于财政扶贫，不是单纯发放扶贫资金或以政府大包大揽的模式来在短期内快速实现扶贫成效。从金融机构市场化经营的角度而言，参与扶贫过程中提供的资金绝大多数是来自社会公众，且按照相应的市场利率负担资金成本。除此之外，还得承担各种经营、管理、服务等费用，这些都需要在扶贫过程中获取足够能覆盖其支出成本的收入才得以保证其财务平衡和持续经营。

金融扶贫的市场化运作与政府引导的开发式金融扶贫并不矛盾。一方面，由于金融扶贫的开发性强调发挥政府的作用，以优惠性政策为引导，通过合理设计的金融工具和金融机制，来引导金融机构的金融产品和服务，流向欠发达地区、弱势群体和低收入人群。因此，参与扶贫的金融机构为贫困地区各类经济主体提供的产品和服务具有一定优惠性，从而激发各方获取金融支持的积极性和主动性，特别是激发贫困户参与扶贫的积极性。政府通过宏观调控，旨在引导扶持金融机构开拓新的市场，孵化有发展潜力的客户资源，更深层次地说，是为了更好地适应市场。另一方面，商业化是为了在现有的客观的市场经济环境中提高金融机构自身的竞争能力和生存能力。由于金融扶贫的商业性要求，获得金融扶贫产品和服务的经济主体，承担相应的资金成本以维持金融供给机构的财务盈利生存能力。因此，不论是地方政府和企业，还是贫困户都非常关注资金使用的效益和如何解决还款来源的问题。如果投资没有效益、不能还本付息，金融扶贫是不批准贷款的，金融扶贫资金有借有还，才能使得金融扶贫资金利用具有循环性和可持续性。

在开发式扶贫和精准性、特惠性扶贫的前提下，政府、金融机构、贫困户是通过市场联系在一起的，为了进一步扩大生产，贫困地区的贫困户就会主动寻求土地等资源要素的市场配置和扶贫资金的集约使用，将过去被动式脱贫变成现在的主动式脱贫，实现金融扶贫的可持续性。

（五）金融扶贫具有多元化

贫困地区农村经济结构的多元化和多层次化，决定了多种类型金融供给并存的客观性和必然性，从而使得在金融扶贫过程中，涉及的各方主体、提供的金融产品服务、运作模式具有多元化的基本特征。

金融扶贫不等同于给贫困人口提供贷款，一提到金融扶贫，因为含有扶贫两个字，很多人就自然而然想到给贫困人口提供贷款，这是一种错误的理解。首先，金融扶贫所服务的对象不仅仅局限于贫困户，而是针对贫困地区进行生产经营活动的多元化经济主体，这既包括贫困个体户，也包括参与扶贫的各类经济组织，还涉及地方政府；其次，金融扶贫提供的金融产品不单是扶贫信贷，还包括为贫困地区提供融资需求和经济活动保障的多元化的证券、保险、金融衍生产品与服务；再次，这些不同种类的金融扶贫产品服务必然由参与金融扶贫的各个金融行业中的各类金融机构提供，例如，商业金融、农村合作金融、农村政策性金融、农村保险和证券公司等，这些金融机构共同构建了一个多元化金融扶贫供给体系；最后，根据贫困地区的实际情况，不同金融供需主体及相应的金融产品服务有机组合在一起形成多元化的金融扶贫模式。

金融扶贫在坚持市场化运营和政策扶持相结合的前提下，通过创新各类金融扶贫产品，既给予特惠资金上的支持，又提供各类金融服务保障。金融扶贫的多元化为实现贫困地区经济建设、产业发展及脱贫致富创造了稳定良好的条件和氛围，真正帮助贫困地区和贫困户寻找可持续发展的路径和产业，得以实现金融扶贫的良性循环和可持续发展。

三、金融扶贫的产品服务

随着金融扶贫主体的参与广度和深度的提高，以及金融扶贫对象精准度的增强，金融扶贫的产品和服务更加丰富和多元化。以下将简要介绍金融扶贫过程中所涉及的银行、证券、保险等行业针对贫困地区提供的相关产品服务。

（一）扶贫小额信贷

小额信贷是一种以城乡低收入阶层为服务对象的小规模的金融服务方式，旨在通过金融服务为贫困农户或微型企业提供获得自我就业和自我发展的机会，促进其走向自我生存和发展，它既是一种金融服务的创新，又是普惠金融理念的全新体现。

我国自1993年试办小额信贷以来，至今已有20多年的历史，经历了从国际捐助、政府补贴支持到商业化运作的过程。目前，我国由民间组织主导的小额信贷开始，大体上可以分为四种类型：一是大银行提供的下岗失业担保贷款、助学贷款和扶贫贷款，总计有几千亿元的贷款额度；二是农村信用社的小额贷款，有61万农户享受到1927亿元贷款，覆盖面占到全部农户的27.3%；三是农户联保贷款，约有12万农户享受到141亿元的贷款；四是目前存在的大量非政府小额信贷组织，提供了约1亿元的贷款。

扶贫小额信贷是专门为建档立卡贫困户获得发展资金而量身定制的扶贫贷款产品。主要是为贫困户提供5万元以下、3年以内、免担保免抵押、基准利率放贷、财政贴息、县级建立风险补偿金的信用贷款。扶贫小额信贷具有三个特点：一是手续简便，贫困户不需要向银行提供抵押或担保；二是成本低，基准利率放贷，享受财政贴息；三是期限长，贷款最长期限可达3年。

扶贫小额信贷主要涉及以下四个方面的内容：

一是贷款对象。当地建档立卡精准识别出的符合条件的贫困农户；参与贫困村扶贫开发或与贫困农户结对帮扶，带动建档立卡贫困农户脱贫的新型农业经营主体（专业大户、家庭农场、农民合作社、农业产业化龙头企业）。

二是贷款用途。贫困农户贷款用于贫困农户家庭增收、致富项目、生产经营的融资需求，主要包括：从事种植、养殖、农副产品加工、流通等农林牧副渔生产经营活动；从事运输、多种经营、农民专业合作组织和生产链带动下的农业规模化生产经营活动。新型农业经营主体贷款主要用于发展林果、蔬菜、苗木种植、畜牧养殖、农副产品加工、生态旅游等能切实带动贫困农户增收的产业。

三是贷款条件。申请贷款的建档立卡贫困农户必须有致富意愿、有创收项目、有劳动能力、有贷款需求，同时遵纪守法，诚实守信。申请扶贫贷款的新型农业经营主体必须与相关县扶贫办签订扶贫责任书、与建档立卡贫困农户书面签订带动脱贫协议，有良好发展项目，无不良信用记录。

四是贷款额度、期限。符合条件的贫困农户贷款额度起点为1000元，最高额为5万元，从事专业化或规模化生产经营的最高30万元，期限一般为一年，特殊情况经认定，最长不超过三年。新型农业经营主体最高额度为300万元，期限一般不超过1年，特殊情况经认定，最长不超过三年。

扶贫小额信贷办理程序，一般可参照"五步法——户申请、村初审、乡审核、县复查、银行审定"放贷（见"扶贫小额信贷办理流程图"），各地根据实际情况，再制定具体操作流程。

（二）扶贫再贷款

再贷款是指中央银行为实现货币政策目标，对金融机构发放的贷款。随着我国扶贫工作方式由全方位扶贫转为精准扶贫，传统的支农再贷款运作存在着资源错配、时间错配、传导抑制、效果抑制四个方面的弊端。为此，亟须从信贷政策支持再贷款中单独创设扶贫再贷款并完善制度设计，进一步提高金融扶贫的针对性和有效性。由此便产生了扶贫再贷款。

扶贫再贷款，是人民银行为支持贫困地区的地方法人金融机构发放涉农贷款提供的流动性支持。需要注意的是，不能将扶贫再贷款资金等同于财政资金。贫困地区地方法人金融机构必须坚持商业可持续原则，运用扶贫再贷款资金发放涉农贷款，自主经营，自担风险，并按期足额归还扶贫再贷款本金和利息。

为全面贯彻落实《中共中央、国务院关于打赢脱贫攻坚战的决定》（中发[2015] 34号）提出的"设立扶贫再贷款并实行比支农再贷款更优惠的利率，重点支持贫困地区发展特色产业和贫困人口就业创业",人民银行决定设立扶贫再贷款,专项用于支持贫困地区地方法人金融机构扩大涉农信贷投放,并于近日印发了开办扶贫再贷款业务的专门通知,明确了扶贫再贷款的发放对象、投向用途、使用期限、利率水平、规范管理、政策效果评估等,以有效发挥扶贫再贷款支持精准扶贫、精准脱贫的积极作用,引导地方法人金融机构扩大贫困地区涉农信贷投放,降低贫困地区融资成本。

为对实现脱贫目标提供更加精准的金融支持,人民银行要求地方法人金融机构将借用的扶贫再贷款资金全部用于发放贫困地区涉农贷款,并结合当地建档立卡的相关情况,优先支持建档立卡贫困户和带动贫困户就业发展的企业、农村合作社,积极推动贫困地区发展特色产业和贫困人口创业就业,促进贫困人口脱贫致富;合理确定运用扶贫再贷款资金发放的涉农贷款利率,有效降低贫困地区融资成本。同时,人民银行加强对运用扶贫再贷款资金发放贷款的台账管理,加大对扶贫再贷款资金投向、用途、数量、利率等的监测分析和评估考核,健全扶贫再贷款政策的正向激励机制,以提高扶贫再贷款政策效果;加大对贫困地区扶贫再贷款的支持力度,为打赢脱贫攻坚战提供有力的金融支持。

(三)扶贫债券

债券是一种金融契约,是政府、金融机构、工商企业等直接向社会借债筹借资金时,向投资者发行,同时承诺按一定利率支付利息并按约定条件偿还本金的债权债务凭证。债券的本质是债的证明书,具有法律效力。债券购买者或投资者与发行者之间是一种债权债务关系,债券发行人即债务人,投资者(债券购买者)即债权人。

扶贫债券,是扶贫专项公司债券的简称,是交易所债券市场服务国家脱贫攻坚战略的重要举措,为切实打赢脱贫攻坚战提供了更有力的金融支持。这是我国金融扶贫领域的又一次创新,投资者据此操作,风险自担,募资将全部用于贫困地区的精准扶贫项目,主要包括易地扶贫搬迁安置点房屋、配套设施和产业扶贫基地的建设。

2018年至今,通过企业债、公司债、政策性银行扶贫专项金融债、计划等融资方式,我国已累计发行扶贫债券金额达316.6亿元,为贫困地区发展注入金融活水,为当地产业发展提供了有力的资金支持。从发行期限来看,扶贫债主要以中长期为主,其中3年期的占比24.1%,5年期的占比25.3%,

5年以上的占比47.0%。

此次通过扶贫债券借助资本市场融资优势，发挥市场化机制作用，精准对接扶贫的个性化需求，得到投资者积极认购，确保了扶贫建设资金及时到位，解决了此前贫困地区的扶贫项目基本靠各级政府的财政拨款的不持续不稳定的现状，推动了贫困地区的经济发展。

（四）扶贫股权

扶贫股权，即将财政专项扶贫资金和其他财政资金形成的资产以及村级集体资产（资源）进行资本化和股权化，以优先股的形式量化给贫困户；贫困户可以采取土地托管、畜禽托养和土地承包经营权入股等多种方式与新型农业经营主体开展合作，享受资产收益所带来的"红利"的依据。股权扶贫原理是将财政支持农业企业、农民合作社产业发展资金的其中一部分，以股权形式量化折股到流转土地的农户和当地集体经济组织，农户和村集体定期按股分红。

农民特别是贫困户参与市场的能力很有限，既没有资本，而且进入市场的行动能力也弱。政府通过将财政补助的资金进行股权配置，在企业和农民之间建起有效的利益联结机制，将企业的效益与农民的利益捆绑在一起，就能让农民成为产业发展过程的参与者和产业发展成果的拥有者。主要解决了以往直接资金扶贫产生不了效益、只扶起了企业而落下了群众的现象。

农业项目财政补助资金股改，让农民能够分享产业发展成果的同时，也发挥了市场调节作用。财政投入的资金不仅有效撬动了村级集体资金、农民分散资金和各类经营主体资金，更融洽了企民关系；利益共享、风险共担的机制，不仅打消了农民"坐等帮扶"的思想，更夯实了农业发展、农村改变、农民增收基础，变"财政资金到企"为"扶持效益到户"。

这种将资源变资产、资金变股金、农民变股东的金融扶贫产品使得资产收益扶贫方式得以实现，最终实现脱贫致富。

（五）扶贫基金

扶贫基金是指由中央企业、民营企业分别设立的贫困地区产业投资基金，采取市场化运作方式，主要用于吸引企业到贫困地区从事资源开发、产业园区建设、新型城镇化发展等。

按照中央要求，国务院国资委牵头，财政部、国务院扶贫办等部门配合，开展基金筹备工作，2016年10月13日，国务院批复同意中央企业贫困地区产业投资基金设立方案。2016年11月24日，中央企业贫困地区产业投资基金股份有限公司完成工商设立登记。

目前，由104家中央企业参与出资，募集资金153.86亿元。主要投资于贫困地区资源开发利用、产业园区建设、新型城镇化发展等，优先支持吸纳就业人数多、带动力强、脱贫效果好的项目，重点支持贫困人口多、贫困发生率高的省区、革命老区、少数民族地区和边疆地区。未来逐步整合全口径中央企业的市场化扶贫基金或资金，与中央企业的公益性基金组成基金联盟，基金联盟规模逐步达到1000亿元，统一品牌，最大限度地帮扶贫困地区经济发展。

扶贫基金紧紧围绕国家脱贫攻坚战略，旨在聚合中央企业优势，广泛吸引社会资本，积极探索产业化、市场化扶贫路子，通过灵活多样的投资方式，支持贫困地区产业发展，增强贫困地区的造血功能和内生动力，带动贫困群众精准脱贫，为中央企业以工补农走出新路、树立品牌。

（六）扶贫信托

信托，是委托人基于对受托人的信任，将其财产权委托给受托人，由受托人按委托人的意愿以自己的名义，为受益人的利益或特定目的，进行管理和处分的行为。信托是一种理财方式，是一种特殊的财产管理制度和法律行为，同时又是一种金融制度。信托与银行、保险、证券一起构成了现代金融体系。信托业务是一种以信用为基础的法律行为，一般涉及三方面当事人，即投入信用的委托人，受信于人的受托人，以及受益于人的受益人。

扶贫信托，在众多金融机构的扶贫模式中，作为高净值人士的资产管理平台，更多是从公益出发，一方面通过慈善信托的模式精准扶贫，另一方面通过城市建设信托项目的模式，助力改善民生设施。

通过发挥信托在财产隔离、资产配置和专业运作方面的独特优势，将基金会与信托公司、委托人与受益人、金融行为与慈善行为有机结合起来。例如，国投集团与银监会、中国信托业协会尝试"慈善信托+合作社+农户"的创新合作机制，联合设立"国投泰康信托2018甘肃临洮产业扶贫慈善信托"，信托资金作为债务支持建立临洮百合生产基地，直接帮扶130户建档立卡贫困户，共带动2600户农户种植百合。同时，债务利息按年返回信托计划直接资助无劳动能力的贫困户20人，户均2000元/年。

(七)农业保险

农业保险（简称"农险"）是专为农业生产者在从事种植业、林业、畜牧业和渔业生产过程中，对遭受自然灾害、意外事故疫病、疾病等保险事故所造成的经济损失提供保障的一种保险。

农业保险是市场经济国家扶持农业发展的通行做法。通过政策性农业保险，可以在世贸组织规则允许的范围内，代替直接补贴对我国农业实施合理有效的保护，减轻加入世贸组织带来的冲击，减少自然灾害对农业生产的影响，稳定农民收入，促进农业和农村经济的发展。在中国，农业保险又是解决"三农"问题的重要组成部分。

农业保险按农业种类不同分为种植业保险、养殖业保险；按危险性质分为自然灾害损失保险、病虫害损失保险、疾病死亡保险、意外事故损失保险；按保险责任范围不同，可分为基本责任险、综合责任险和一切险；按赔付办法可分为种植业损失险和收获险。

中国政策性农业保险的基本经营模式还是将业务委托给商业性保险公司来做，政府给予一定的补贴。这种运作模式仍处于试点阶段，相对比较粗放。再加上中国农村地区幅员辽阔，农业生产情况差异大，政策性农业保险经营模式在发展过程中需要继续完善。由政府成立非营利性的政策性农业保险公司，统一进行农业保险的产品设计、管理和经营，建立政府主导和管理、市场化经营的政策性农业保险运作模式。

(八)农村扶贫小额保险

小额保险，是一种依据保险经营原理为低收入人群提供保险保障的机制，其保险金额较少，保费较低，保险期限较短，产品形态一般是风险保障型，投保和理赔手段比较简便，基本属于微利经营。

农村扶贫小额保险，是一种保费少、保额低、针对贫困人群最迫切的疾病、死亡和残疾等特定风险提供的保险产品。农村扶贫小额保险，作为一种有效的金融扶贫手段，符合党中央当前关于解决民生的发展主题，是政府保障改善民生的具体行动，是一项民生工程、惠民工程。

从 2006 年，初识国际经验下的小额保险，到 2007 年 4 月，中国保监会积极申请并加入国际 IAIS-CGAP 小额保险联合工作组，并着手推动国内农村小额人身保险发展，再到 2008 年 6 月 17 日保监会《农村小额人身保险试点方案》出台，两年的时间，中国保险业对小额保险认识日益加深、渐趋与国际接轨。中国人寿 9 省区小额保险试点的启动，作为里程碑，标志着小额保险在中国正式上路。

我国的小额信贷保险从诞生之日起就与"三农"紧密相连。小额信贷保险由于能够大大降低银行和农户的风险，为农户疏通融资渠道，在农村具有较大发展潜力。农户的小额信贷保险自 2003 年试点推出以来，已取得了一定的成绩。但由于农村经济基础较差、人才匮乏与保险产品创新不足等因素，小额信贷保险在发展中仍然难以推广。为了保障农户的利益，积极响应国家支持"三农"的号召，银行、保险公司以及政府监管机构等多方面需要共同努力，积极推广小额信贷保险，助力农村金融发展。

第二节 金融扶贫发展历程

金融扶贫是在一定的社会背景和经济环境中孕育出来的，并在不断的实践尝试中逐渐走向成熟。18 世纪，爱尔兰信贷体系就给没有抵押担保的贫困农民提供小额信贷。19 世纪，欧洲出现了更加规模化和正规化的储蓄信贷机构；20 世纪早期，拉丁美洲的部分地区出现小额信贷模式的信贷系统；20 世纪 50—70 年代，各种国有发展金融机构、农民合作社及捐赠者们开始向小户农民及贫困地区的农户提供农业信贷，但这些特种贷款的大量违约导致诸多问题；20 世纪 70 年代，一些实验项目向贫困妇女提供金融产品，帮助她们开展小成本的生产经营活动；20 世纪 80 年代开始，金融扶贫在全球快速发展起来，世界上众多的金融扶贫模式不断地改进创新，以便能够可持续发展并服务于更大规模的客户群体。

金融扶贫寻求可持续发展是从 20 世纪 70 年代开始，当时开展的金融扶贫将重点放在如何使资金能够直接到达贫困地区的贫困户受众，满足其资金需求，即金融扶贫开展的第一步是试图解决穷人得不到贷款的问题。为贫困个体提供用于发展生产的资金的同时确保高的还贷率。至 80 年代末和 90 年代初，金融快速发展成为一种解决贫困地区和贫困人口脱贫致富的有效途径，有助于金融多元化的发展和社会质量的改进以及收入的提高。

一、国际金融扶贫的兴起和发展

（一）金融扶贫兴起的社会经济背景

贫困问题一直是世界各国无法避免的社会现象。长期以来，由于经济发展不平衡和收入分配制度不公平等各种因素的存在，导致了世界各国出现贫困的现象十分普遍，尤其是发展中国家。根据世界银行 2017 年统计的数据显示：1950 年以来，世界贫困人口的总数居高不下，1950 年全球极端贫困人口（以每人每日支出不足 1 美元为标准）为 13.8 亿人，1990 年为 12.9 亿人；2008 年全球有 12.9 亿极端贫困人口（以每人每日支出不足 1.25 美元为标准）。贫困问题一直影响着全球各国经济的发展和社会稳定，但从贫困产生的原因来看，贫困并不是与生俱来的，大部分贫困人口是因为缺乏将生存技能转化为财富所必需的资金支持。

完全商业性质的经济活动难以延伸至贫困地区并且极少服务于贫困人群。在现实条件所限制的情况下，由于贫困个体的信贷需求具有额度小、缺乏抵押担保品、贷款使用监测困难（缺乏相关的财产和经济信息）、收贷难、效率低、成本高的特点，长期以来一般金融机构不愿意，也很少为贫困人口提供金融产品和服务，尤其在深度贫困地区，金融服务的缺失，已经成为制约贫困地区和贫困户摆脱贫困的主要障碍。

单纯社会公益性的和政策性的扶贫方式无法持续下去。世界各国在扶贫问题上一直尝试消灭贫穷，但由于社会公益性的扶贫只是治标不治本与单纯财政贴息贷款的扶贫方式只注重信贷供给却忽视经济开发和投资储蓄一样无法长期持续下去。许多发展中国家相机采用过贴息贷款扶贫的方式，希望通过向贫困人口直接提供贷款来缓解他们的资金需求。但这种扶贫方式仅一味强调优惠贷款的作用，通常以低于市场水平的补贴性利率发放贷款，或是附有其他优惠条款，而未考虑如何帮助贫困地区和贫困户进行有效的资金利用。在几十年的实践中并没有获得成功，还造成了以下两方面的不良后果：一方面，当政策性信贷资金被更多地视为一种补贴或拨款等公益性质的支援而不是贷款的时候，必将导致较低的还款率，并会破坏信用环境；另一方面，因单纯的贴息贷款不可能长期存在，所以这样一种扶贫方式不可能成为贫困地区和贫困人口脱贫致富的可持续方式。

基于上述种种现实困境和各种扶贫经验，既体现国家政府系统开发目的又遵循市场商业化规律的金融扶贫应运而生，其扶贫过程中的精准性和多元化特征满足了贫困地区和贫困人口的金融需求，其围绕经济建设和产业发展的原则，实现了自身的可持续性发展。经过几十年的实践，特别是近十年的发展，金融扶贫已经从世界少部分地区扩展开来。

（二）国际金融扶贫发展的阶段划分

目前公认的，一般将国际金融扶贫发展大致分为社会公益性运动、商业金融机构参与、过度商业化以及商业性与社会性再平衡四个阶段。

第一个阶段是社会公益性运动阶段。金融扶贫最初来源于教会向贫困人群发放贷款的非营利活动，商业上没有可持续性，本质上是一种赠予。西方一些政府部门和企业之外，以非营利为目的、从事公益事业的一切志愿团体、社会组织或民间协会，具有组织性、民间性、非营利分配性、自治性和志愿性五大特征。以美国、加拿大为代表的西方社会非营利组织开始呈蓬勃增长之势，目前已覆盖了社会服务、医疗健康、公共安全、教育和研究、环境与动物保护、文化艺术、体育竞赛、扶贫和弱势群体保护、宗教事务等非常广泛的社会领域。西方社会公益性扶贫建立在慈善、博爱和志愿等西方文化传统基础上，这一社会的"第三部门"，已成为政府处理社会问题的伙伴、公平分配资源的手段、公民民主参与的形式，并创造大量就业机会，在社会生活中发挥了十分重要的作用。

第二阶段是商业金融机构参与阶段。20世纪60年代，以孟加拉的尤努斯的格莱珉银行为代表的小额信贷运动，特别是向贫困妇女发放贷款，实现了金融扶贫的财务可持续，这是一种革命性现象。格莱珉银行完全是市场商业化运作模式，通过良好的企业管理实现滚动发展，目前该行拥有2226个分支机构，650万客户，资产质量良好，还款率高达98.89%，超过世界上任何一家成功运作的银行。23年里，尤努斯的格莱珉银行曾贷款给639万人，当中96%是女性，从而使得58%的借款人及其家庭成功脱离了贫穷线。1976年穆罕默德·尤努斯在一个村对42名最穷的农户进行每人贷款27美元的小额信贷实验，随后逐步建立起孟加拉国乡村银行——格莱珉银行。最主要的是，尤努斯做到了双赢：穷人不仅摆脱了贫困，还获得了做人的尊严，尤努斯的格莱珉银行也获得高额的利润，可以把贷款恩泽更多的穷人。因此，"格莱珉模式"不仅在很多欠发达的国家和地区得到推广，美国、加拿大、法国、挪威等发达国家也在借用。挪威诺贝尔委员会日前将2006年诺贝尔和平奖授予孟加拉乡村银行以及该银行创始人穆罕默德·尤努斯。

第三阶段出现了小额信贷的过度发展导致的过度商业化。利率过高、客户过度承担风险，叠加上2008年的金融危机，出现了2010年以印度为代表的小贷危机。印度是世界最大的小额金融市场之一，小额贷款多通过妇女团体放贷，贷款人多因居住偏远或过于贫穷而无法从银行借贷。印度小额贷款利息很高，年息25%～100%不等。随着小额金融服务业的发展，国际资本逐渐涌入，增强了该行业规模。这引发了印度政界人士、监管机构及部分小额贷款业人士的担忧，小额贷款规模不受约束地扩张将导致不负责任的放贷、大量贷款集中到同一批借款人手中以及普遍拖延贷款偿还等问题。2010年10月，《华尔街日报》刊出一篇关于印度安德拉邦小额信贷客户自杀的消息，安德拉邦政府在未经调查与确认的情况下，将当地多人自杀的原因归结于小额贷款公司的高利率，宣布将强制取缔过于泛滥的信贷行为，并敦促借款人不要及时归还自己的贷款。政府对于小额贷款公司的遏制性干预措施直接影响了多数贷款人的还款意愿，一大批原本资金充裕、准备按时还本付息的借款人纷纷选择停止归还贷款，小贷公司资金链就此断裂，从而诱发了此次小额贷款的危机。

目前全球金融扶贫发展已进入第四个阶段，即反思期。目标是在开展金融扶贫过程中实现商业性和社会性平衡发展。无论是金融机构还是从事扶贫、慈善的机构，认识到了这一点，金融扶贫需要商业可持续，即从商业上想办法找技术来解决风险高、成本高的问题。这方面在国际上有一个重要的代表就是孟加拉乡村银行，它借用了一些非传统的借贷技术，这些机构以适当的利率实现了经济上的可持续，摆脱了政府和政策性资金的过度依赖，吸引了比较多的商业资本进入到这个领域。但是一旦向商业化过渡的时候，银行就要求回报、要求扩大贷款的量与贷款的面，这让金融扶贫遇到了新的困难，就是商业风险，特别是资本要求回报带来的商业风险显现出来了。经历第三个阶段发现了这样的问题以后，就应该回归到既要有政策、政府的引导，也要以市场为主导的这个过程，所以目前来看，特别是在2008年金融危机以后，整个国际也好、国内也好，形成了一个共识，就是要在社会性或者政策性和商业性之间寻求一个新的平衡。企业应该以商业原则来履行它的社会职责，解决高风险、高成本的问题，寻求用技术的方式，用政策补贴的方式来解决，但是最终要由市场来定价，由市场来扩展它的服务面。这也是国际社会多年来在金融扶贫发展实践过程中所形成的一点共识。

二、中国金融扶贫的发展历程

新中国成立后，中国政府高度重视扶贫开发工作，尤其是改革开放以来，中国政府在坚持把发展作为第一要务的同时，大力推进贫困地区贫困人群脱贫工作，扶贫开发事业取得了举世瞩目的成就。

中国的扶贫开发自新中国成立以来就一直在进行，但真正严格意义上的金融扶贫，是在改革开放后提出，在改革开放进程中逐步明确，并进行了大规模的实施。从80年代中期开始，中国金融扶贫工作的主要目标是解决农村贫困人口的温饱问题，工作重点是改变贫困地区经济文化落后的状态。

（一）中国金融扶贫产生发展的历史时代背景

中国政府自新中国成立以来，一直致力于发展生产、消除贫困的工作。新中国成立后至改革开放前的这一时期，国家主要面向生活极其困难的人群，通过调拨粮食及救济物品等直接救助方式开展了"输血式"扶贫。20世纪70年代末，中国开始改革开放，通过农村土地制度改革，农民收入水平逐年增加，城乡收入差距缩小。20世纪80年代中期以后，土地经营制度变革带来的红利效应基本释放完毕，同时城市居民收入迅速增长，1986年开始，城乡收入差距开始迅速扩大。在此背景下，中国政府开始高度重视反贫困。中国金融扶贫是伴随中国扶贫开发政策而产生并不断发展的，通过不断地实践探索，金融扶贫政策不断丰富，金融扶贫的配套机制不断完善，金融扶贫逐渐成为推进中国扶贫开发的一种有效工具和手段。

当前，我国社会主义发展已经进入新时代。改革开放30多年来，中国经济持续高速增长，成功步入中等收入国家行列，已成为名副其实的经济大国。但随着人口红利衰减、"中等收入陷阱"风险累积、国际经济格局深刻调整等一系列内因与外因的作用，经济发展正步入"新常态"。中国金融扶贫发展的时代背景也发生着相应变化。

新时代中国特色社会主义金融扶贫发展的第一个背景是供给侧结构性改革。2015年以来，我国经济进入了一个新阶段，主要经济指标之间的联动性出现背离，经济增长持续下行与CPI持续低位运行，居民收入有所增加而企业利润率下降，消费上升而投资下降，等等。对照经典经济学理论，当前我国出现的这种情况既不是传统意义上的滞胀，也非标准形态的通缩。与此同时，宏观调控层面货币政策持续加大力度而效果不彰，投资拉动上急而下徐，旧经济疲态显露而以"互联网+"为依托的新经济生机勃勃，东北经济危机加重而一些原来缺乏优势的西部省区异军突起……可谓是"几家欢乐几家愁"。简言之，中国经济的结构性分化正趋于明显。为适应这种变化，在正视传统的需求管理还有一定优化提升空间的同时，迫切需要改善供给侧环境、优化供给侧机制，通过改革制度供给，大力激发微观经济主体活力，增强我国经济长期稳定发展的新动力。供给侧结构性改革与区域金融、区域经济发展的能动性高度关联，主要关注如何实现产业的高质量发展，需要通过改革引导区域内资源向主导产业配置，使主导产业与金融要素或其他要素以可接受的成本获得更高回报率。

新时代中国特色社会主义金融扶贫发展的第二个背景是全面贯彻落实党的十八届五中全会提出的"创新、协调、绿色、开放、共享"发展理念。党的十八届五中全会提出了"创新、协调、绿色、开放、共享"的五大发展理念，创新是引领发展的第一动力，从要素投入驱动转向全要素生产率驱动。协调发展坚持统筹兼顾、综合平衡，正确处理发展中的重大关系，补齐短板、缩小差距，努力推动形成各区域各领域欣欣向荣、全面发展的景象。绿色发展、生态文明被首次列入十大目标，"美丽中国"被首次写入规划，又把"绿色发展"作为五大发展理念之一，可以说"十三五"规划把生态环保放在了空前的高度。开放发展理念为提高我国对外开放的质量和发展的内外联动性提供了行动指南。"五大发展理念"，把共享作为发展的出发点和落脚点，指明发展价值取向，把握科学发展规律，顺应时代发展潮流，是充分体现社会主义本质和共产党宗旨、科学谋划人民福祉和国家长治久安的重要发展理念。以共享发展理念引领我国发展，维护社会公平正义，保障发展为了人民、发展依靠人民、发展成果由人民共享。金融扶贫与这五大发展理念一脉相承。当前我国经济社会发展过程中还存在不协调的问题。金融扶贫主要服务于老少边穷地区，这些地区是走先污染后治理的老路，还是另辟蹊径，实现绿色发展，需要我们选择。习近平总书记说，有青山绿水，蓝天白云，还有乡愁，已经为我们指明了选择方向。习近平总书记提出的"四个全面"，第一条就是全面建成小康社会，这取决于未来5年内我国7000万贫困人口能否顺利脱贫。当前一些贫困人群不具备产出能力，他们如何享受到改革开放和经济成长成果，如何增强他们的获得感，这关系到共享。所以，这五大理念应该贯穿金融扶贫工作。

新时代中国特色社会主义金融扶贫发展的第三个背景是金融扶贫进入了政策全面实施落地阶段。中共中央、国务院于2015年11月29日颁布了一份纲领性文件，即《中共中央、国务院关于打赢脱贫攻坚战的决定》（以下简称《决定》），自2015年11月29日起实施。《决定》提出的目标是，到2020年，稳定实现农村贫困人口不愁吃、不愁穿，义务教育、基本医疗和住房安全有保障。实现贫困地区农民人均可支配收入增长幅度高于全国平均水平，基本公共服务主要领域指标接近全国平均水平。确保我国现行标准下农村贫困人口实现脱贫，贫困县全部摘帽，解决区域性整体贫困。党中央已经做出了金融扶贫的决策，在具体执行层面，需要从中央银行、金融机构、金融市场等不同层面和角度进行金融扶贫，不断创新政策工具、依托不同发展平台、实现金融扶贫在财务上可持续。

（二）中国金融扶贫的发展阶段

中国自1986年起，开始实施大规模扶贫开发计划。扶贫开发三十多年来，中国政府采取一系列政策措施推进扶贫开发，积累了丰富的实践经验，形成了一套符合中国国情并行之有效的扶贫政策组合，有力地推进了我国农村扶贫开发进程。其中，金融扶贫是中国政府扶贫政策的一个组成部分，也是推进扶贫开发的一个具体举措，它强调对特定对象的金融服务供给，并帮助他们依附于系统性的建设规划下完成自主发展。具体来说，在长期扶贫开发探索和实践中，金融扶贫政策和机制不断完善和创新，从最开始的扶贫贴息贷款到小额信贷（微型金融），再到现在的特惠金融，金融扶贫被越来越广泛应用于中国扶贫开发的各个领域，在中国扶贫开发过程中发挥着越来越重要的作用。因此，我国金融扶贫的发展历程也可划分为以下四个阶段：

第一阶段是从1982年至1993年，扶贫开发引入信贷扶贫政策。中国政府从1982年开始每年专项拨款2亿元，组织实施了为期十年的"三西"扶贫开发计划，拉开了中国特定贫困区域扶贫开发的序幕。1986年5月，中国政府成立了国务院贫困地区经济开发领导小组（1993年12月更名为国务院扶贫开发领导小组），开始实施有计划、有组织、大规模的扶贫开发计划。在确立了坚持开发式扶贫方针的同时，中国政府开始向贫困地区和贫困农户提供政府补贴利率贷款，帮助他们发展生产，增加收入。扶贫贴息贷款可以看作是金融扶贫的萌芽。

第二阶段是从1994年至2000年，初步探索金融扶贫模式。1994年4月，国家出台并开始实施《国家八七扶贫攻坚计划》，要求继续执行扶贫贷款政策，国有商业银行要对贫困地区有选择地进行项目贷款扶持。这一时期，小额信贷扶贫模式得到了国家认可。1993年中国社科院农村发展研究所课题组将孟加拉乡村银行"GB模式"引入中国并成功试点，为国家和金融机构扶贫开发政策和推广金融扶贫模式提供了借鉴。1997年，国家开始小额信贷试点，通过政府扶贫办下设的扶贫社等机构代理中国农业发展银行开展扶贫贴息贷款工作，推广范围达到 200 多个贫困县；1998 年，又改由中国农业银行开展小额信贷，直接到村入户。1999 年后，农村信用社开始推广小额信贷业务。这一时期开始的金融扶贫模式探索，限于农业银行等大型银行撤并和缩减县域及以下网点，以及农村金融体系不完善等因素，农村金融服务虽然得到改善，但金融扶贫发挥的作用有限。

第三阶段是从 2001 年至 2013 年，金融扶贫政策体系初步形成。2001 年，国家发布《中国农村扶贫开发纲要（2001—2010 年）》，首次提出要推广扶贫到户的小额信贷。从 2004 年至 2010 年的历年中央一号文件，都明确提出要改革农村金融体制，重视农业银行、农村信用社系统、邮政储蓄银行（2007 年成立）等金融机构的金融扶贫作用，积极探索建立商业性金融、合作性金融、政策性金融和小额贷款组织互为补充、功能齐备的农村金融体系。《中国农村扶贫开发纲要（2011—2020 年）》和 2013 年中央一号文件都明确提出改善农村金融服务，通过充分发挥商业性金融、政策性金融与合作性金融作用，加强金融支农力度，对金融扶贫模式给予了充分重视。在政府主导下，农村金融机构改革并参与金融扶贫成为这一时期扶贫的重要特点，农村地区初步形成了政策性金融机构、商业性金融与合作性金融机构为主体的农村金融组织体系，金融扶贫模式开启了新的发展阶段，但由于二元经济和金融结构尚未打破，农村金融组织体系还不完善，规模初具但仍需深化和发展。

第四阶段是从 2013 年至今，全面深化推进金融扶贫，并注入普惠金融、互联网金融和精准扶贫的新元素。2013 年 11 月，党的十八届三中全会通过了《中共中央关于全面深化改革若干重大问题的决定》，明确提出"发展普惠金融"。此后，中共中央、国务院以及人民银行等相关部委发布了一系列金融扶贫政策文件，尤其是 2015 年颁布的《中共中央、国务院关于打赢脱贫攻坚战的决定》提出要运用多种货币政策工具，向金融机构提供长期、低成本的资金，用于支持扶贫开发推进精准扶贫，并对开展金融扶贫以及发展普惠金融和互联网金融做了较为全面的部署。

（三）新时代中国特色社会主义阶段下的金融扶贫

党的十八大以来，我国金融扶贫开发进入新时代脱贫攻坚阶段。新时代脱贫攻坚取得决定性进展，其最伟大成果是形成了习近平新时代中国特色社会主义扶贫思想。党的十九大把脱贫攻坚作为全面建成小康社会必须打好的三大攻坚战之一，在党的十九大报告中，6处论述脱贫攻坚，是历次党代会报告中分量最重、内容最多的。从现在到2020年是全面建成小康社会决胜期，也是实现"两个一百年"奋斗目标的历史交汇期。全面建成小康社会的重点和难点在贫困地区和贫困人口。我国社会主要矛盾转化为人民日益增长的美好生活需要和不平衡不充分的发展之间的矛盾，这就要求扶贫开发工作要以贫困人口为中心，准确把握扶贫对象的脱贫需求，推进实施精准扶贫、精准脱贫方略，促进扶贫资源措施与贫困人口发展需求相衔接，不断提高贫困人口自我发展能力和生活水平，确保到2020年我国现行标准下农村贫困人口实现脱贫，满足贫困人口对美好生活的需要。同时，贫困地区发展滞后也是我国不平衡不充分发展的重要体现，要将深度贫困地区作为扶贫开发的重点，着力解决贫困地区基础设施建设、公共服务健全、特色产业发展等关键问题，深化东西部扶贫协作，促进贫困地区经济社会加快发展、充分发展，为精准扶贫和精准脱贫奠定良好基础。

当前剩余的贫困人口主要分布在自然环境恶劣的地区，贫困程度较深，扶贫成本高，脱贫难度大。通过增加产业项目，带动区域贫困人口脱贫的传统方式已经不适应扶贫新形势，必须要创新扶贫手段，从单一转向多元，具体而言，就是通过发展生产脱贫一批，易地搬迁脱贫一批，生态补偿脱贫一批，发展教育脱贫一批，社会保障兜底一批。发展生产脱贫就是为贫困地区制定特色产业发展规划，支持贫困户立足当地资源，发展特色农产品及其加工业，实现就地脱贫。易地搬迁脱贫就是对居住在生存条件恶劣、生态环境脆弱的贫困人口，实施易地扶贫搬迁工程，依托小城镇、工业园区安置搬迁群众，帮助其尽快实现转移就业，从而实现脱贫。生态补偿脱贫就是通过加大贫困地区生态保护修复力度，利用生态补偿和生态保护工程资金使当地有劳动能力的部分贫困人口转为护林员等生态保护人员。发展教育脱贫就是通过国家教育经费向贫困地区倾斜、向基础教育倾斜、向职业教育倾斜，帮助贫困地区改善办学条件，让贫困家庭子女都能接受有质量的教育，阻断贫困代际传递。社会保障兜底脱贫就是对无法依靠产业扶持和就业帮助脱贫的家庭实行政策性保障兜底，将所有符合条件的贫困家庭纳入低保范围，做到应保尽保。

新时代中国特色社会主义阶段金融扶贫工作的定位在于一个根本，方向在于四个基本。其中，一个根本是指根本目的在于扶贫脱贫，四个基本是指：基本目标是保障农村贫困人口限期脱贫；基本方略是实施精准扶贫、精准脱贫；基本方针是坚持开发式扶贫；基本原则是定向、精准、特惠、创新，而定向是基础，精准是要义，特惠是关键，创新是动力。

第三节 金融扶贫的主体

我国金融扶贫实践具有典型的中国特色，在金融扶贫主体中除各类市场化的金融机构外，政府部门机构、企事业单位等以及社会各界力量也具有十分重要的地位和作用。

2010年《中共中央办公厅、国务院办公厅关于进一步做好定点扶贫工作的通知》强调，中央和国家机关各部门、各单位、人民团体、参照公务员法管理的事业单位、国有大型骨干企业、国有控股金融机构、国家重点科研院校、军队和武警部队均应参加定点扶贫工作，承担相应任务，支持各民主党派中央、全国工商联参与定点扶贫工作，积极鼓励各类大型民营企业、社会组织承担定点扶贫任务。

此外，2012年《关于做好新一轮中央、国家机关和有关单位定点扶贫工作的通知》，确定了新一轮定点扶贫结对关系，对新一轮定点扶贫工作做了全面的安排和部署。到2014年，中央出台《关于创新机制扎实推进农村扶贫开发工作的意见》，再次对精准扶贫战略下承担定点扶贫的各级党政机关、企事业单位参与新时期脱贫攻坚事业指明了方向。在市场经济环境下，通过政府的积极引导，各金融扶贫参与主体合作或具体开展各自领域的金融扶贫工作，同时协力配合扶贫攻坚。

2015年《中共中央、国务院关于打赢脱贫攻坚战的决定》明确提出金融扶贫20条举措。根据中央决策部署，相关部门行动迅速发声发力，政策性、开发性、商业性、合作性金融机构共同参与。总体上，金融扶贫工作态势良好：一是政策框架建立，为脱贫攻坚提供有力的政策支撑；二是产品服务初备，为脱贫攻坚提供"弹药"支持；三是工作格局形成，银行业、证券业和保险业"三驾马车"合力攻坚。

三十多年的扶贫开发历程，逐渐形成了中国特色的金融扶贫供给主体体系，该体系主要由中央和地方政府，以银行业、证券业、保险业为代表的商业性、政策性、合作性金融机构和新型农村金融机构等组成，中国金融扶贫实践正是在这些供给主体的具体参与推动下进行的。

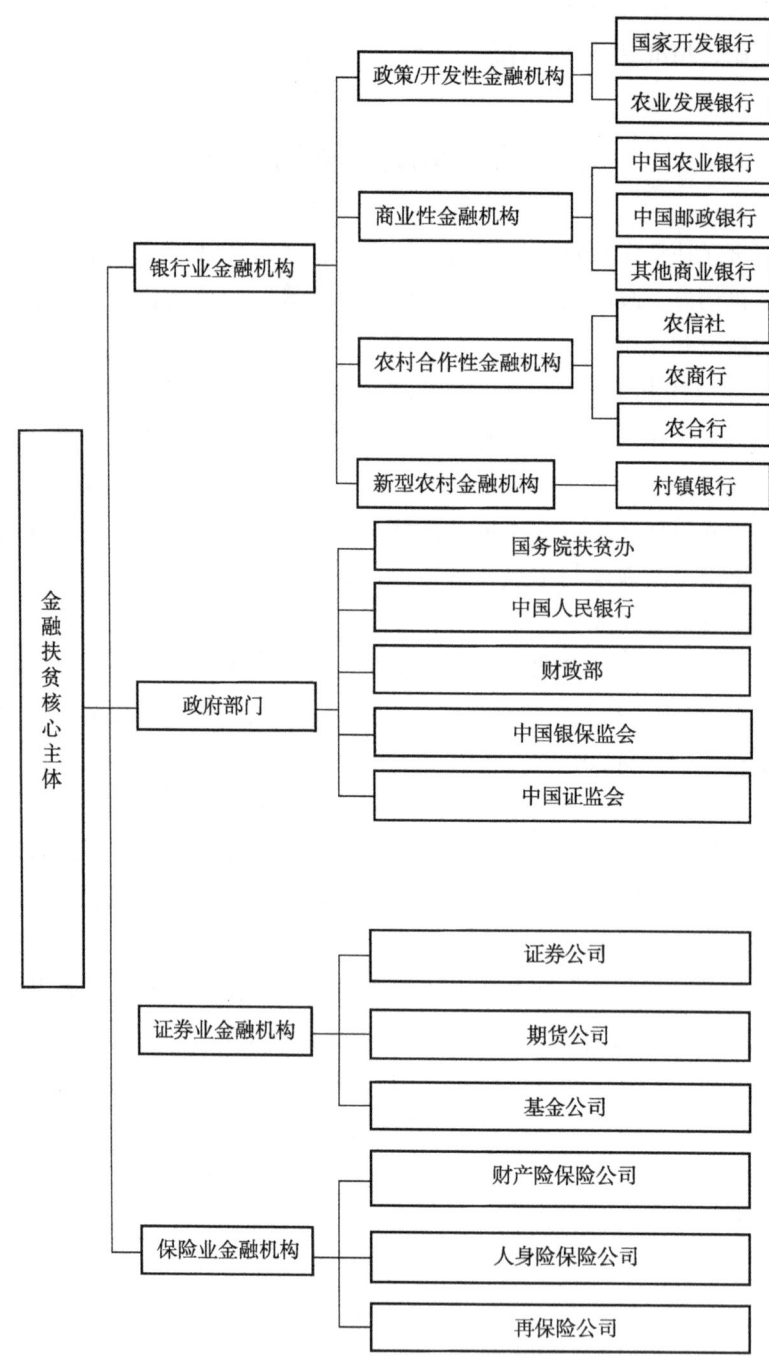

图 1-1 金融扶贫的核心主体

一、政府部门

全国性扶贫工作的开展离不开中央和地方各级政府的大力支持与引导，尤其是金融扶贫这种系统性开发式扶贫特别需要国家政府给予各方面的优惠政策和发展空间。中央层面，目前全国共有 310 个中央和国家机关、企事业等单位参加国家精准扶贫工作，其中涉及金融扶贫方面的党政机关占有很大比例。地方层面，全国有扶贫任务的 28 个省（区、市）和新疆生产建设兵团都已在开展金融扶贫相关工作。

（一）国务院扶贫办

在中国的扶贫管理体制中，国务院扶贫开发领导小组是最重要的组织载体。其基本任务是：组织调查研究，拟定贫困地区经济开发的方针、政策和规划，协调解决开发建设中的重要问题，督促、检查和总结交流经验，等等。国家从中央到县级都组建了相应的扶贫领导小组和办事机构，地方的扶贫办系统受当地政府和上级扶贫办双重领导。大多数乡镇至少有一名负责扶贫工作的专职人员。

随着扶贫工作的重要性日益增加，扶贫开发领导小组成员范围逐渐扩大，办公室的地位也有了提升。以国务院扶贫开发领导小组的成员构成为例，在成立初始，小组以国务院秘书长为组长，设顾问一名，副组长 4 人，成员 12 名，各自来自农牧渔业部、国家经委、国家计委、国家科委、民政部、财政部、林业部等 14 个部委和单位。到 2015 年，该小组组长由国务院副总理汪洋兼任，副组长包括国务院副秘书长及扶贫办主任，其他副组长及成员则来自总政治部、中央农办、国家发改委、中央组织部、统战部、民政部、财政部、农业部、外交部、教育部等 44 个部委（局）。经历了数次国务院议事协调机构调整，扶贫开发领导小组却依然得以保留，足见国家对扶贫工作的重视。

（二）中国人民银行

中国人民银行，是中国的中央银行，简称央行。中央银行是国家中居主导地位的金融中心机构，主要制定、执行货币政策，对金融机构活动进行领导、管理和监督，是一个"管理金融活动的银行"，也是国家干预和调控国民经济发展的重要工具，负责制定并执行国家货币信用政策，独具货币发行权，实行金融监管。

央行在金融扶贫过程中主要通过制定优惠性的货币政策、实施倾斜的信贷政策和差异化监管政策等方式进行引导，支持金融机构参与贫困地区经济建设和促进贫困地区金融市场稳健发展。

（三）财政部

财政部是中华人民共和国负责财务的国务院组成部门，在金融扶贫工作中主要通过统筹发放和管理财政扶贫专项资金，用于撬动更多的社会资本共同参与扶贫工作，发挥财政资金杠杆效应；深入推进财政扶贫机制的创新，盘活和统筹使用存量扶贫资金，帮助贫困群众更多地从产业发展中受益。

当前，各地财政部门按照中央财政安排，积极支持832个国家扶贫开发工作重点县和连片特困地区县统筹整合使用资金，实行资金使用与脱贫成效紧密挂钩。在金融扶贫工作中，财政部加快了资金拨付进度，强化资金监管，因地制宜巩固脱贫成效，以确保脱贫质量，切实提高资金使用效益。

（四）中国银保监会

中国银行保险监督管理委员会（简称：中国银保监会或银保监会）成立于2018年，是国务院直属事业单位，其主要职责是依照法律法规统一监督管理银行业和保险业，维护银行业和保险业合法、稳健运行，防范和化解金融风险，保护金融消费者合法权益，维护金融稳定。

银保监会在金融扶贫工作中，针对由各类金融机构参与下的金融扶贫所面临的更多潜在风险因素，制定和调整适当的监管准则和管理办法，以支持鼓励银行业、保险业等金融机构在贫困地区开展各项金融业务活动、满足贫困人群的各类金融服务需求，保障贫困地区金融市场稳定发展。

（五）中国证监会

中国证监会是国务院直属正部级事业单位，其依照法律、法规和国务院授权，统一监督管理全国证券期货市场，维护证券期货市场秩序，保障其合法运行。

中国证监会在金融扶贫工作中，通过制定优惠政策支持贫困地区企业利用多层次资本市场进行融资，支持和鼓励上市公司、证券基金经营机构以及期货经营机构履行社会责任，服务国家脱贫攻坚战略，加大对贫困地区投资者的保护，促进贫困地区市场经济的繁荣发展。

二、银行业金融机构

银行业作为金融扶贫中最核心的主力之一,我们有必要对银行业有一个整体的认识。据国家统计局资料显示,截至 2017 年底,银行业金融机构法人共 4549 家,即银监会批准持牌经营的总行级机构有 4549 家。其中,开发性金融机构 1 家、政策性银行 2 家、国有大型商业银行 5 家、邮储银行 1 家、股份制商业银行 12 家、金融资产管理公司 4 家、城市商业银行 134 家、住房储蓄银行 1 家、民营银行 17 家、农村商业银行 1262 家、农村合作银行 33 家、农村信用社 965 家、村镇银行 1562 家、贷款公司 13 家、农村资金互助社 48 家、外资法人银行 39 家、信托公司 68 家、金融租赁公司 69 家、企业集团财务公司 247 家、汽车金融公司 25 家、消费金融公司 22 家、货币经纪公司 5 家、其他金融机构 14 家。

(一)开发性和政策性银行

开发性银行是政策性银行深化发展和转型的结果。国家开发银行是我国唯一一家开发性金融机构,中国进出口银行和中国农业发展银行属于政策性银行,也正在向开发性银行转型。在这 20 年的发展期间里,国家开发银行和农业发展银行在支持贫困地区农业、农村建设发展过程中充分发挥着重要作用。

政策性银行的经营目的并非追求利润的最大化,而是在国家产业政策等相关决策的指导下,以较低的贷款利率、较长的还款期限,对特定的领域进行投融资活动,其投融资的领域往往是基础设施、农业等需要较大投资、资金回报率较低的领域,这些是商业性银行不愿意投资,却对国民经济有着重大影响的领域,因此,政策性银行的设立是在较短时间内恢复发展经济必要和合理的经济手段。

政策性银行设立的时代背景是市场经济中市场自身调控失灵,其设立的目的是通过政府的力量扭转市场失灵的局面。为了克服市场机制的失灵,政策性银行的调控方式是向商业银行不愿投资的领域,提供较低利率、较长期限的贷款,虽然对于国民经济的发展有非常巨大的促进作用,但因政策性银行对相关领域的投资资金的来源主要是国家财政,如果国家财政实力不足,很有可能导致政策性银行的投资金额出现短缺,无法周转,财务缺乏可持续性;另外,因为政策性银行依赖的是政府财政的支持,政府对于政策性银行的干预就会相应地比较严重，政策性银行就失去了应有的独立性，同时，政府实行补贴，政策性银行就容易出现道德风险，这些问题即政府失灵。因此，面对变化发展的经济形势以及政策性银行特殊的问题，政策性银行的未来需要朝着开发性的方向发展以突破这些重大阻碍。

当前在金融扶贫过程中，作为参与主体的国家开发银行和农业发展银行针对贫困地区经济建设、产业发展需求一改之前的大水漫灌式的完成政治任务，现在采取开发式扶贫，更多地去关注当地实际需求和发展可能性，追求投资有回报，实现自身可持续运营，达到扶贫与发展的良性循环。

（二）商业性银行

商业银行，是银行的一种类型，职责是通过存款、贷款、汇兑、储蓄等业务，承担信用中介的金融机构。主要的业务范围是吸收公众存款、发放贷款以及办理票据贴现等。商业银行因其广泛的职能，使得它对整个社会经济活动的影响十分显著，在整个金融体系乃至国民经济中位居特殊而重要的地位，因此也成为金融扶贫中的核心主力。

各商业银行在金融扶贫过程中不断开拓贫困地区服务领域，通过金融服务业务的发展，进一步促进自身资产负债业务的扩大，并把资产负债业务与金融扶贫服务结合起来，开拓新的市场领域。

1. 国有商业银行和城商行

国有商业银行，是指由国家（财政部、中央汇金公司）直接管控的大型商业银行。具体包括：中国工商银行、中国农业银行、中国银行、中国建设银行、交通银行。近年来，除农行外的这些大型商业银行在金融服务农村经济发展方面有所进展，但其开展农村金融业务的内生动力仍显不足，产品的适应性较差，网点布局跟不上新农村建设的步伐，这些方面已经制约了大型银行农村地区业务的发展。

相比大型商业银行，城市商业银行信用等级偏低，其补充资本的能力相对较弱，发行次级债的利率比股份制银行、国有银行也要高，因此，其融资成本过高。城市商业银行是中国银行业的重要组成和特殊群体，其前身是20世纪80年代设立的城市信用社，当时的业务定位是：为中小企业提供金融支持，为地方经济搭桥铺路。从20世纪80年代初到90年代，全国各地的城市信用社发展到了5000多家。然而，随着中国金融事业的发展，城市信用社在发展过程中也逐步转变为城市商业银行，为地方经济及地方居民提供金融服务。

在金融扶贫中，这些商业银行限于自身在贫困地区的金融覆盖劣势，实行自给式扶贫供给能力可能较弱，因而可尝试外联贫困地区的合作金融机构，借助其在贫困地区的信息和中介功能优势，创新"商业银行+合作金融"的联合信贷模式。同时，尝试适度放宽贫困区域的信贷审批权限，增加贫困地区产业和贫困户信贷的风险容忍度、投放指标和倾斜力度。

2. 大型涉农商业银行

我国大型涉农商业银行主要包括中国农业银行和中国邮政储蓄银行。中国农业银行和邮储银行在金融扶贫中处于攻坚主力的地位。

中国农业银行于1986年开始代理中国人民银行发放贫困地区贴息贷款。1994年，中国农业发展银行成立后，该项业务划转至中国农业发展银行。1998—2007年，中国农业银行重新负责发放扶贫贷款业务。2008年起，根据《关于全面改革扶贫贴息贷款管理体制的通知》（国开办发〔2008〕29号）要求，各家金融机构均可参与发放扶贫贷款。农业银行于2008年启动"三农"金融事业部制改革，确立了"面向三农，服务城乡"的使命，2015年4月，国务院批准中国农业银行将"三农"金融事业部改革试点覆盖到所有县域支行。在探索金融扶贫模式方面，中国农业银行形成了以下特色：一是政府增信贷款模式。二是实施差异化信贷政策。三是特定融资主体贷款。四是服务农业产业链骨干企业，同时依靠扶贫龙头企业带动。近年来，农业银行重点在扶持集中连片特困地区、扶贫龙头企业、特困地区产业、发放贴息贷款、小额信贷扶贫机构等领域推进金融扶贫，取得显著成效。

2007年3月，国家改革邮政储蓄管理体制，成立中国邮政储蓄银行，开展了20多年的只贷不存的单一经营模式随即终止，邮储银行定位于服务社区、中小企业和"三农"的大型零售银行。目前是国内网点数量最多、覆盖面最广的商业银行。截至2016年底，邮储银行拥有营业网点近4万个，覆盖了全国99%的县域地区，服务个人客户达5.22亿，涉农贷款余额达9174.45亿元，累计发放小额贷款1.28万亿元，平均额度7万元，服务农户近1000万人。其中，在832个国家重点贫困县累计发放小额贷款87.65万笔、814.44亿元。此外，邮储银行积极支持地方分行创新业务模式参与扶贫开发。

近年来，邮储银行逐渐形成了金融精准扶贫模式，其主要特色：一是把建档立卡贫困户作为扶贫小额信贷的重点服务对象，发放免抵押小额贷款。

二是支持贫困弱势群体创业就业，发放就业创业小额担保贷款。三是创新贷款方式，开展"三权"抵押贷款。四是瞄准贫困地区的新型农业经营主体及农村小微企业、致富带头人等群体的资金需求，在金额、利率、期限、流程、担保方式等方面进行创新。五是深化银政合作，开展担保贴息贷款。由财政提供担保金或贴息，邮储银行按担保金 5~10 倍比例放大发放贷款，充分发挥财政扶贫资金的杠杆作用。六是采用移动终端，提高放款效率，降低成本。

3. 农村合作性金融机构

合作性金融机构是指由私人和团体组织的互助性集体金融机构，主要目的是使其成员能取得低息贷款，资金来源于其成员交纳的股金和存款，有的还吸收其他团体和个人的存款，或向大银行借款，一般规模很小。农村合作性金融机构是指经银行业监督管理机构批准，由乡（镇）、行政村农民和农村小企业自愿入股组成，为社员提供存款、贷款、结算等业务的社区互助性银行业金融机构。

按业务对象分为一般性的合作银行和专业性的合作银行。一般性合作银行对任何合作社都可以融通资金，不受合作社特定种类的限制；专业性合作银行的业务对象以某一种或某一类合作社为限，具体有三种形式：消费合作银行、工商合作银行、农业合作银行。

按经营主体分全部社营、全部公营和混合经营。全部社营：由地方合作社自下而上集资，负责人由参加合作社选派，合作银行由合作社所有、由合作社经营；全部公营：全部资本由政府出资，合作银行由政府管理、政府经营，是为合作社而设立的公营银行；混合经营：政府与合作社共同出资。其中政府出资包括两种形式：政府永久性出资和政府让渡性出资。农合行所采用的股份合作制，是合作制与股份制有机结合的创新型产权制度。股份合作制既具有合作经济的社区性与互助性，又同时兼具营利性与商业化特征。这主要体现在农合行的股权设置对传统农信社的突破上。

截至 2015 年底，全国共有 2303 家农村合作金融机构，其中农村商业银行 859 家、农村合作银行 71 家、农村信用社 1373 家，全国农村合作金融机构总资产达 25.81 万亿元。

农村合作性金融机构对金融扶贫也起到相当大的助推作用。

4. 村镇银行

村镇银行是指经中国银行业监督管理委员会依据有关法律、法规批准，由境内外金融机构、境内非金融机构企业法人、境内自然人出资,在农村地区设立的主要为当地农民、农业和农村经济发展提供金融服务的银行业金融机构。

村镇银行属于三大新型农村金融机构之一,三大新型农村金融机构是指2006年12月20日由原银监会发布的《关于调整放宽农村地区银行业金融机构准入政策更好地支持社会主义新农村建设的意见》中提出按有关规定设立的村镇银行、贷款公司和资金互助社这三类新型金融机构,以支持中西部、东北和海南及贫困县等地区的经济发展。

截至2015年底,全国已有1311家村镇银行。民间资本是组建村镇银行的主要力量。在村镇银行的股本构成中,主要由民营资本通过直接和间接控制,其对村镇银行的持有股份和持股金额占比最大,不少民资控股的银行业机构成为村镇银行的主发起行。

村镇银行的建立,有效地填补了农村地区金融服务的空白,增加了农村地区的金融支持力度,对于解决农业资金困难,帮助农户持续生产经营,有不可估量的作用,特别是在各大银行因政策或者其他原因无法提供帮助的领域,村镇银行可以更好地服务"三农",解决农村金融服务水平低的问题。应该说随着村镇银行在全国各地的陆续建立,一定程度上缓解了农村金融服务匮乏、金融业竞争不充分的现状,有利于在农村建立多层次、多样化的金融服务体系,全面提升农村金融机构服务水平,促进贫困地区金融扶贫可持续发展。

三、证券业金融机构

资本市场作为我国的一个新兴市场,在融资、优化资源配置等方面为我国经济的发展发挥着越来越重要的作用。资本市场的功能主要包括资本市场是筹集资金的重要渠道;资本市场是资源合理配置的有效场所;资本市场有利于企业重组;促进产业结构向高级化方向发展。证券业指从事证券发行和交易服务的专门行业,是资本市场的基本组成要素之一。

近几年随着我国经济快速平稳发展,资本市场逐渐发展平稳,证券行业在资本实力、发展理念、服务质量、规范水平、市场竞争力等方面都有了显著提升和改善。证券公司基础功能得以恢复,服务实体经济的能力明显提升。截至2017年,全行业共有证券公司129家,包括综合类证券公司97家,专业经纪子公司3家,专业投资子公司16家,专业资产管理业务子公司13家;合计过万家分支机构,其中分公司1118家,营业部9491家;全行业人员总数达到35万人，各类机构注册人员总数34万人。证券公司总资产5.97万亿元，净资产1.76万亿元，净资本1.51万亿元，客户交易结算资金余额1.37万亿元。服务企业完成股权融资6万亿元、债券融资15万亿元、并购重组交易35万亿元。

在金融扶贫工作中，证券公司作为资本市场建设的主要参与者和推动者，能够帮助贫困地区利用资本市场实现自身经济的高速发展能力。因此，证券业金融机构在金融扶贫开发过程中扮演着相当重要的角色，并在金融扶贫中至少发挥着三个重要作用：第一，通过为贫困地区特色优势农业产业发展筹集巨额资金，优化资源配置；第二，促进贫困地区众多公司以重组方式发展壮大，培育孵化贫困地区的优质企业挂牌上市；第三，提供多元化的投资工具，助力贫困地区资本市场的发展，同时，也对当地的金融基础设施建设和金融服务质量提升都有促进作用。

券商方面，根据中国证券业协会官网发布证券公司"一司一县"结对帮扶情况汇总表，截至12月30日，已经有82家证券公司参与了扶贫工作，共覆盖全国125个贫困县，平均每家券商帮扶1.5个县。

期货方面，根据中期协期货公司结对帮扶贫困地区情况汇总表来看，截至2017年2月22日，已有浙商期货、鲁证期货、永安期货、新湖期货、申银万国期货、东证期货、中粮期货、西部期货、南华期货等25家期货公司与贫困县签约结对。考虑到各地贫困县自身情况的差异性特征，一些期货公司也结合实际，发挥专业服务优势，因地制宜地为其分别设计了不同的精准扶贫方案。下一步，中期协还将发布《关于期货行业履行脱贫攻坚社会责任的意见》，引导期货公司结合专业及自身特点开展扶贫工作，配合期货部建立健全扶贫工作评价体系。同时还将进一步加强培训宣导，编制并发布《期货行业精准扶贫工作的社会责任报告》。

基金公司在扶贫方面，立足自身独有优势，积极参与各类公益事业，在教育扶贫、医疗扶贫、文化扶贫等领域大放异彩。基金公司作为证监会管理的金融机构，在贯彻精准扶贫方面自然不甘人后。教育发展是治贫的根本，于是多年来都将扶持贫困学生就学作为公益事业的主题之一。《国际金融报》记者注意到，教育扶贫计划是基金公司参与到扶贫时候的首要选择。除了自己设立专项助学计划外，同样有基金公司选择与其他组织合作的方式参与到扶贫工作中。不少基金公司甚至早早就设立了公司旗下独立的基金会，专款专用于精准扶贫项目。而除了常见的教育扶贫，也已经有基金公司先后参与到医疗扶贫的队伍中来,进而促进医学行业整体水平的提高,为社会创造更好的医疗条件。此外,资助民间艺术团、参与汇报演出、组织游学等方式,成为基金公司常见的文化扶贫手段之一。

2016 年,证券业金融机构积极发挥专业优势,支持贫困地区企业利用资本市场融资,全年度帮助贫困地区企业融资金额达 828.92 亿元。其中,帮助贫困地区企业首次公开发行股票并上市项目 4 个,共融资 16.45 亿元;帮助贫困地区上市公司非公开发行股票融资项目 5 个,共融资 37.19 亿元;在贫困地区完成并购重组项目 6 个,共融资 174.87 亿元;通过全国中小企业股份转让系统开展股权融资项目 47 个,共融资 35.1 亿元;为贫困地区企业发行债券(含资产支持证券)融资项目 68 个,共融资 536.32 亿元;开展私募股权融资项目 6 个,共融资 1.49 亿元;设立贫困地区产业基金 6 个,共融资 27.50 亿元。2016 年,证券公司通过主承销注册地在贫困地区的企业,完成 4 个首次公开发行股票并上市项目。此外,2017 年,证监会 IPO 绿色通道效应凸显。

四、保险业金融机构

保险业是指将通过契约形式集中起来的资金,用以补偿被保险人的经济利益业务的行业。按照保险标的的不同,保险可分为财产保险和人身保险两大类。

财产保险是指以财产及其相关利益为保险标的的保险,包括财产损失保险、责任保险、信用保险、保证保险、农业保险等。它是以有形或无形财产及其相关利益为保险标的的一类补偿性保险。

人身保险是以人的寿命和身体为保险标的的保险。当人们遭受不幸事故或因疾病、年老以致丧失工作能力、伤残、死亡或年老退休时,根据保险合同的约定,保险人对被保险人或受益人给付保险金或年金,以解决其因病、残、老、死所造成的经济困难。

按照与投保人有无直接法律关系,保险可分为原保险和再保险。发生在保险人和投保人之间的保险行为,称为原保险。发生在保险人与保险人之间的保险行为,称为再保险。

保险公司的运作是以科学分析和专业知识为基础的综合性经营活动。它强调按照客观经济规律、自然规律、技术规律和保险活动本身的规律,合理而有效地组织经营。保险公司的经营原则是大数法则和概率论所确定的原则,保险公司的保户越多，承保范围越大，风险就越分散，也才能够在既扩大保险保障的范围，提高保险的社会效益的同时，又集聚更多的保险基金，为经济补偿建立雄厚的基础，保证保险公司自身经营的稳定。截至2017年，我国有8家保险集团控股公司、44家财产险保险公司、64家人身险保险公司、6家再保险公司。

在金融扶贫中，保险作为一种市场化的风险处置机制，能有效防范化解贫困地区群众因病、因灾、因农产品价格波动等因素带来的致贫、返贫风险，构筑起脱贫致富的有力屏障。这是银行、证券等其他行业，以及其他扶贫手段所不能比拟和替代的。一是保险业能针对疾病、灾害事故的不同致贫原因，分别提供相应的保险产品，来防范和消除贫困。近年来保险业大力推进的大病扶贫、农险扶贫、产业扶贫和补位扶贫，就是精准对接致贫返贫"病灶"开出的"保险药方"。二是保险实行有灾则赔、无灾不赔，大灾大赔、小灾小赔，赔款以"点对点"方式直接理赔到户，避免了扶贫资金"大水漫灌"的问题。三是可以放大政策效果，许多政策性保险通过财政补一点、贫困户交一点、保险赔偿多一点，放大了财政资金支持覆盖面，减轻了各级政府的负担。四是通过发挥保险信用增信功能，将保险融入扶贫金融链条，能有效帮助贫困户从银行获得生产贷款，为产业扶贫提供有力支撑。同时，保险资金具有期限长、稳定性好的优势，通过积极引进保险投资，有利于促进贫困地区特色优势产业发展和经济转型升级。

2017年，农业保险累计为2.13亿户农户提供风险保障金额2.79万亿元，同比增长29.24%；支付赔款334.49亿元，增长11.79%；4737.14万户贫困户和受灾农户受益，增长23.92%。大病保险自实施以来，已有1700多万人次受益。

现阶段，脱贫攻坚进入深水区和关键期，面对的都是最难啃的"硬骨头"，贫困地区和贫困人口收入水平与全国平均收入水平之间的差距更大，贫困程度更深，脱贫需求更强。保险主动参与扶贫开发，可以利用有效的风险转移和损失补偿机制，提升贫困群众抵御风险的能力，降低其面对不确定风险的脆弱性，提高扶贫资金的使用效率，为贫困人口生产生活提供全方位的风险保障和资金支持。保险扶贫是体现行业政治担当的重大任务。脱贫攻坚事关增进人民福祉，事关国家长治久安，需要全党全国全社会共同努力。

保险业是扶贫开发的重要参与者，在脱贫攻坚中既有政治责任，又有社会义务。保险业要以更加强烈的政治责任感，切实把中央关于扶贫开发的战略部署落到实处，充分发挥市场化风险管理职能，建立与脱贫攻坚相适应的保险服务体制机制，形成与政府部门协调配合、共同参与国家大扶贫格局的工作机制，体现出保险服务经济社会发展大局的责任担当。保险扶贫是开拓新领域、培育新优势的重要机遇。保险机构积极主动参与扶贫开发，创新保险产品和服务，可以在现有的农险、健康险、小额保险等险种基础上继续深入，吃透政策、深入调研、分类开发，研究设计定制化的扶贫产品和服务，对接多样化脱贫需求，在助力贫困地区和贫困人口脱贫致富的同时，提升行业形象，开辟新的发展空间。

第四节 金融扶贫的相关政策

在新时代中国特色社会主义背景下，脱贫攻坚战成为当前国家的三大战略之一，金融扶贫是打赢脱贫攻坚战的关键之举。习近平总书记指出要做好金融扶贫这篇文章，李克强总理要求走出一条中国特色的金融扶贫之路。中央扶贫开发工作会议以来，各金融单位积极行动，围绕贯彻《中共中央、国务院关于打赢脱贫攻坚战的决定》中有关金融扶贫的 20 条举措，先后出台了包括《中国人民银行等七部委关于金融助推脱贫攻坚的实施意见》《中共中央、国务院关于打赢脱贫攻坚战三年行动的指导意见》等总体政策；《中国银监会关于银行业金融机构积极投入脱贫攻坚战的指导意见》《中国证监会关于发挥资本市场作用服务国家脱贫攻坚战略的意见》《中国保监会关于做好保险业助推脱贫攻坚工作的意见》等行业政策；《国务院扶贫办等五部委关于创新发展扶贫小额信贷的指导意见》《中国人民银行关于开办扶贫再贷款的通知》等产品政策，初步构建了"1+N"金融扶贫政策框架体系。

一、金融扶贫总体政策

（一）《中共中央、国务院关于打赢脱贫攻坚战的决定》

《中共中央、国务院关于打赢脱贫攻坚战的决定》（以下简称《决定》）是中共中央、国务院于 2015 年 11 月 29 日颁布的指导当前和今后一个时期脱贫攻坚的纲要性文件，自 2015 年 11 月 29 日起实施。

《决定》提出的目标是，到 2020 年，稳定实现农村贫困人口不愁吃、不愁穿，义务教育、基本医疗和住房安全有保障。实现贫困地区农民人均可支配收入增长幅度高于全国平均水平，基本公共服务主要领域指标接近全国平均水平。确保我国现行标准下农村贫困人口实现脱贫，贫困县全部摘帽，解决区域性整体贫困。

针对金融扶贫工作，《决定》中第十九条提出要加大金融扶贫力度，具体包括以下几点：

（1）鼓励和引导商业性、政策性、开发性、合作性等各类金融机构加大对扶贫开发的金融支持。

（2）运用多种货币政策工具，向金融机构提供长期、低成本的资金，用于支持扶贫开发。设立扶贫再贷款，实行比支农再贷款更优惠的利率，重点支持贫困地区发展特色产业和贫困人口就业创业。

（3）运用适当的政策安排，动用财政贴息资金及部分金融机构的富余资金，对接政策性、开发性金融机构的资金需求，拓宽扶贫资金来源渠道。由国家开发银行和中国农业发展银行发行政策性金融债，按照微利或保本的原则发放长期贷款，中央财政给予90%的贷款贴息，专项用于易地扶贫搬迁。

（4）国家开发银行、中国农业发展银行分别设立"扶贫金融事业部"，依法享受税收优惠。中国农业银行、邮政储蓄银行、农村信用社等金融机构要延伸服务网络，创新金融产品，增加贫困地区信贷投放。对有稳定还款来源的扶贫项目，允许采用过桥贷款方式，撬动信贷资金投入。

（5）按照省（自治区、直辖市）负总责的要求，建立和完善省级扶贫开发投融资主体。

（6）支持农村信用社、村镇银行等金融机构为贫困户提供免抵押、免担保扶贫小额信贷，由财政按基础利率贴息。

（7）加大创业担保贷款、助学贷款、妇女小额贷款、康复扶贫贷款实施力度。

（8）优先支持在贫困地区设立村镇银行、小额贷款公司等机构。支持贫困地区培育发展农民资金互助组织，开展农民合作社信用合作试点。

（9）支持贫困地区设立扶贫贷款风险补偿基金。支持贫困地区设立政府出资的融资担保机构，重点开展扶贫担保业务。

（10）积极发展扶贫小额贷款保证保险，对贫困户保证保险保费予以补助。

（11）扩大农业保险覆盖面，通过中央财政以奖代补等支持贫困地区特色农产品保险发展。

（12）加强贫困地区金融服务基础设施建设，优化金融生态环境。

（13）支持贫困地区开展特色农产品价格保险，有条件的地方可给予一定保费补贴。

（14）有效拓展贫困地区抵押物担保范围。

《决定》为中央各部门的金融扶贫政策制定提供了依据，指明了方向，是总领全局和贯穿始终的纲领性文件，对当前阶段实施金融扶贫助力打赢脱贫攻坚战具有深远意义。

（二）《关于金融助推脱贫攻坚的实施意见》

2016年3月16日，中国人民银行、发展改革委、财政部、银监会、证监会、保监会和扶贫办等七部门联合印发了《关于金融助推脱贫攻坚的实施意见》（以下简称《意见》），提出让每一个符合条件的贫困人口都能按需求便捷获得贷款，让每个需要金融服务的贫困人口都能便捷享受到现代化金融服务，为实现到2020年打赢脱贫攻坚战，全面建成小康社会目标提供有力有效的金融支撑。该文件提出了准确把握金融助推脱贫攻坚工作的总体要求、精准对接脱贫攻坚多元化融资需求、大力推进贫困地区普惠金融发展、充分发挥各类金融机构助推脱贫攻坚主体作用、完善精准扶贫金融支持保障措施、持续完善脱贫攻坚金融服务工作机制等六方面22点具体要求。

《意见》提出，要瞄准脱贫攻坚的重点人群和重点任务，精准对接金融需求、精准完善支持措施、精准强化工作质量和效率，以发展普惠金融为根基，全力推动贫困地区金融服务到村、到户、到人，努力让每一个符合条件的贫困人口都能按需求便捷获得贷款，让每一个需要金融服务的贫困人口都能便捷享受到现代化金融服务。

《意见》也提出，要从精准对接脱贫攻坚多元化融资需求、大力推进贫困地区普惠金融发展、充分发挥各类金融机构助推脱贫攻坚主体作用、完善精准扶贫金融支持保障措施和持续完善脱贫攻坚金融服务工作机制等五方面着手，力求将金融扶贫工作的"不精准"变为"精准"。

中国人民银行、发展改革委、财政部、银监会、证监会、保监会和扶贫办联合印发了《关于金融助推脱贫攻坚的实施意见》，对金融部门支持深度扶贫工作进行了较为详细的安排部署。这是金融监管部门深入贯彻落实《中共中央、国务院关于打赢脱贫攻坚战的决定》（中发〔2015〕34号）和中央扶贫开发工作会议精神，紧紧围绕"精准扶贫、精准脱贫"基本方略，全面改进和提升扶贫金融服务,增强扶贫金融服务的精准性和有效性,重点攻克深度贫困地区脱贫任务,打好精准脱贫攻坚战的又一重大举措。

(三)《中共中央、国务院关于打赢脱贫攻坚战三年行动的指导意见》

《中共中央、国务院关于打赢脱贫攻坚战三年行动的指导意见》是为了打赢脱贫攻坚战而制定的法规。2018 年 5 月 31 日,中共中央政治局召开会议,审议《中共中央、国务院关于打赢脱贫攻坚战三年行动的指导意见》(以下简称《意见》),中共中央总书记习近平主持会议。

《意见》提出"着力加大深度贫困地区政策倾斜力度","新增资金优先满足深度贫困地区,新增金融服务优先布局深度贫困地区,对深度贫困地区发放的精准扶贫贷款实行差异化贷款利率"。

在"加大金融扶贫支持力度"上,《意见》中涉及银行业扶贫的有 8 条:

(1) 加强扶贫再贷款使用管理,优化运用扶贫再贷款发放贷款定价机制,引导金融机构合理合规增加对带动贫困户就业的企业和贫困户生产经营的信贷投放。

(2) 加强金融精准扶贫服务。

(3) 支持国家开发银行和中国农业发展银行进一步发挥好扶贫金融事业部的作用,支持中国农业银行、中国邮政储蓄银行、农村信用社、村镇银行等金融机构增加扶贫信贷投放,推动大中型商业银行完善普惠金融事业部体制机制。

(4) 创新产业扶贫信贷产品和模式,建立健全金融支持产业发展和带动贫困户脱贫的挂钩机制和扶持政策。

(5) 规范扶贫小额信贷发放,在风险可控前提下可办理无还本续贷业务,对确因非主观因素不能到期偿还贷款的贫困户可协助其办理贷款展期业务。

(6) 加强扶贫信贷风险防范,支持贫困地区完善风险补偿机制。

(7) 推动贫困地区信用体系建设。

(8) 支持贫困地区金融服务站建设,推广电子支付方式,逐步实现基础金融服务不出村。

《意见》中涉及证券业扶贫的有 2 条:

(1) 鼓励上市公司、证券公司等市场主体依法依规设立或参与市场化运作的贫困地区产业投资基金和扶贫公益基金。

(2) 贫困地区企业首次公开发行股票、在全国中小企业股份转让系统挂牌、发行公司债券等按规定实行"绿色通道"政策。

《意见》中涉及保险业扶贫的有 2 条：

（1）支持贫困地区开发特色农业险种，开展扶贫小额贷款保证保险等业务，探索发展价格保险、产值保险、"保险+期货"等新型险种。

（2）扩大贫困地区涉农保险保障范围，开发物流仓储、设施农业、"互联网+"等险种。

《中共中央、国务院关于打赢脱贫攻坚战三年行动的指导意见》是今后三年贯彻落实《决定》的行动方案，是今后三年脱贫攻坚工作的纲领性文件，明确了各项扶贫工作的时间表和路线图。

二、银行业金融扶贫政策

（一）《关于银行业金融机构积极投入脱贫攻坚的指导意见》

2016 年 4 月 1 日，银监会为认真贯彻落实中央扶贫开发工作会议和《中共中央、国务院关于打赢脱贫攻坚战的决定》（中发〔2015〕34 号）精神，指导各级银行业监管部门和银行业金融机构按照人民银行、银监会等 7 部门《关于金融助推脱贫攻坚的实施意见》（银发〔2016〕84 号）的总体部署，履行扶贫开发社会责任，有效发挥金融加速脱贫能效，助力"十三五"扶贫开发工作目标如期实现，齐心协力打赢脱贫攻坚战，就银行业金融机构积极投入脱贫攻坚战、做好扶贫开发金融服务工作提出了 25 条意见。

该意见指出，要发挥银行业金融机构各自独特优势，立足职能定位，持续加大扶贫资金投入，完善工作机制和服务政策，加强信贷管理和金融创新，鼓励和引导商业性、政策性、开发性、合作性等各类机构加大支持，全面做好金融扶贫这篇大文章。

其基本原则是，精准发力，精细实施；推进普惠，聚焦特惠；专门机构，专业管理；资金联合，机构联动；融资融智，综合服务。

其工作目标：一是资金投入持续增长。加大银行业金融机构扶贫开发信贷资金投放，保持贫困地区、贫困户信贷投入总量持续增长，易地扶贫搬迁等脱贫攻坚项目的信贷资金投放与项目计划、进度要求相匹配，对符合条件建档立卡贫困户的有效贷款需求实现扶贫小额信贷全覆盖，力争实现贫困地区各项贷款增速高于所在省（区、市）当年各项贷款平均增速，贫困户贷款增速高于农户贷款平均增速。二是优化调整贫困地区贷款结构。为使贫困地区基础设施建设早建成、早见效、见长效，在政策性、开发性金融机构增加长期贷款投放的同时，引导商业性银行业金融机构在风险可控、商业可持续的前提下加大对贫困地区基础设施建设的支持力度，进一步提高中长期贷款比重。三是提高机构网点覆盖度。引导贫困地区银行业金融机构持续下沉机构网点，在具备条件的贫困地区优先推动金融机构乡镇全覆盖和金融服务行政村全覆盖，基本实现"乡乡有机构、村村有机具、人人有服务"。四是完善扶贫开发金融服务机制。建立健全与国家脱贫攻坚战相适应的金融服务体制机制，形成商业性、政策性、开发性、合作性等各类机构协调配合、共同参与的金融服务格局，创新扶贫开发金融产品和服务方式。

该意见还从各个角度为银行业金融机构积极投入脱贫攻坚做出了指导，提出银行业金融机构要准确把握定位，全面落实责任；实施倾斜信贷政策，切实增加贷款投放；不断推进金融创新，探索有效服务模式；加快金融服务均等化建设，提高服务覆盖度；完善准入政策，实施差异化监管制度；强化业务管理，防控金融风险；加强部门联动，形成工作合力。

（二）《关于开办扶贫再贷款业务的通知》

2016年3月23日，加大金融扶贫力度，引导地方法人金融机构扩大对贫困地区的信贷投放，降低社会融资成本，根据《中国人民银行　发展改革委　财政部　银监会　证监会　保监会　扶贫办关于金融助推脱贫攻坚的实施意见》（银发〔2016〕84号），中国人民银行决定设立扶贫再贷款。

《关于开办扶贫再贷款业务的通知》（以下简称《通知》）指出扶贫再贷款的发放对象为《中国人民银行　财政部　银监会　证监会　保监会　扶贫办　共青团中央关于全面做好扶贫开发金融服务工作的指导意见》（银发〔2016〕65号）确定的832个贫困县和未纳入上述范围的省级扶贫开发工作重点县的农村商业银行、农村合作银行、农村信用社和村镇银行等4类地方法人金融机构。

《通知》还规定了扶贫再贷款的投向用途、使用期限和利率水平。其中，投向全部用于发放贫困地区涉农贷款，并结合当地建档立卡的相关情况，优先支持建档立卡贫困户和带动贫困户就业发展的企业、农村合作社，积极推动贫困地区发展特色产业和贫困人口创业就业，促进贫困人口脱贫致富。扶贫再贷款期限分为3个月、6个月和1年三个档次。借款合同期限最长不得超过1年。单笔扶贫再贷款展期次数累计不得超过4次，每次展期的期限不得超过借款合同期限，实际使用期限不得超过 5 年。有关分支机构应结合扶贫再贷款政策效果评估情况，审批扶贫再贷款展期。扶贫再贷款实行比支农再贷款更为优惠的利率，具体按现行贫困地区支农再贷款利率执行。中国人民银行可结合货币政策调控需要和扶贫实际，适时调整扶贫再贷款利率。地方法人金融机构运用扶贫再贷款资金发放的涉农贷款利率加点幅度执行支农再贷款政策的有关规定。各分支机构要引导地方法人金融机构切实降低贫困地区涉农贷款利率水平，将扶贫再贷款优惠利率传导至贫困地区实体经济。有关分支机构应积极推动有条件的地方政府加大对扶贫贷款的财政贴息力度，以降低贫困地区融资成本。

另外，《通知》还从额度管理、审批发放、账务处理和监测考核四个方面对扶贫再贷款的操作管理进行了规范，以保证扶贫再贷款真正有效起到支持贫困地区的经济建设和扶贫开发的作用。

（三）《关于促进扶贫小额信贷健康发展的通知》

国务院扶贫办、财政部、人民银行、银监会、保监会《关于创新发展扶贫小额信贷的指导意见》（国开办发〔2014〕78 号）印发以来，各地、各部门认真落实有关政策，积极探索、稳步推进扶贫小额信贷发放和管理工作，在帮助贫困户发展生产、增收脱贫等方面取得了明显成效。扶贫小额信贷已成为精准扶贫、精准脱贫的金融服务品牌，但也存在资金使用不合理、贷款发放不合规、风险管理不到位等苗头性倾向性问题。

为贯彻落实党中央和国务院有关工作部署，进一步加强和改善扶贫小额信贷管理，促进扶贫小额信贷业务健康发展，更好地发挥其在精准扶贫和精准脱贫中的作用，2017 年 7 月 25 日，银监会等部门印发了《关于促进扶贫小额信贷健康发展的通知》（以下简称《通知》）。

《通知》指出，扶贫小额信贷是为建档立卡贫困户量身定制的金融精准扶贫产品，其政策要点是"5 万元以下、3 年期以内、免担保免抵押、基准利率放贷、财政贴息、县建风险补偿金"。各银行业金融机构要将扶贫小额信贷精准用于贫困户发展生产或能有效带动贫困户致富脱贫的特色优势产业，各地财政和扶贫部门要积极推动建立和完善风险补偿和分担机制。风险补偿金要按规定及时拨付到位，专款专存、专款专用、封闭运行。科学合理确定风险补偿金放大贷款倍数，明确政府与银行业金融机构风险分担比例，不得将风险补偿金混同为担保金使用。鼓励开展农业保险保单质押贷款等银保合作模式试点。

《通知》还提出,要积极稳步推进扶贫小额信贷服务创新,加强贷款风险管理:

一是加强贷款管理。对于贫困户参与的扶贫产业项目,要做到对建档立卡贫困户和产业项目双调查。定期对借款人生活和产业经营情况进行监测分析,建立资金监管机制和跟踪监督机制,对可能影响贷款安全的不利情形要及时采取针对性措施。

二是稳妥办理无还本续贷业务。对于贷款到期仍有用款需求的贫困户,支持银行业金融机构提前介入贷款调查和评审,脱贫攻坚期内,在风险可控的前提下,可以无须偿还本金,办理续贷业务。

三是区别对待逾期和不良贷款。对确因非主观因素不能到期偿还贷款的贫困户,帮助贫困户协调办理贷款展期。对通过追加贷款能够帮助渡过难关的,应予追加贷款扶持,避免因债返贫。贷款追加后,单户扶贫小额信贷不能超过 5 万元。对确已发生的贷款损失,要按规定及时启动风险补偿机制,按约定比例分担损失。

四是适当提高不良贷款容忍度。对于银行业金融机构扶贫小额信贷不良率高出自身各项贷款不良率年度目标 2 个百分点以内的,可以不作为监管部门监管评价和银行内部考核评价的扣分因素。

五是加快完善尽职免责制度。明确扶贫小额信贷发放过程中的尽职要求,强化正面导向,积极调动银行业金融机构投放扶贫小额信贷的积极性,同时也要加强对不尽责、失职行为的责任追究,切实防范道德风险。

三、证券业金融扶贫政策

(一)中国证监会《关于发挥资本市场作用服务国家脱贫攻坚战略的意见》

2016 年 9 月 8 日,中国证监会印发了《关于发挥资本市场作用服务国家脱贫攻坚战略的意见》,以贯彻落实《关于打赢脱贫攻坚战的决定》和中央扶贫开发工作会议精神,充分发挥资本市场作用,服务国家脱贫攻坚战略。主要内容有:

1. 支持贫困地区企业利用多层次资本市场融资

(1)对注册地和主要生产经营地均在贫困地区且开展生产经营满三年、

缴纳所得税满三年的企业，或者注册地在贫困地区、最近一年在贫困地区缴纳所得税不低于 2000 万元且承诺上市后三年内不变更注册地的企业，申请首次公开发行股票并上市的，适用"即报即审、审过即发"政策。

（2）对注册地在贫困地区的企业申请在全国中小企业股份转让系统挂牌的，实行"专人对接、专项审核"，适用"即报即审、审过即挂"政策，减免挂牌初费。

（3）对注册地在贫困地区的企业发行公司债、资产支持证券的，实行"专人对接、专项审核"，适用"即报即审"政策。

2. 支持和鼓励上市公司履行社会责任服务国家脱贫攻坚战略

（1）鼓励上市公司支持贫困地区的产业发展，支持上市公司对贫困地区的企业开展并购重组。对涉及贫困地区的上市公司并购重组项目，优先安排加快审核；对符合条件的农业产业化龙头企业的并购重组项目，重点支持加快审核。

（2）鼓励上市公司结对帮扶贫困县或贫困村，主动对接建档立卡贫困户，优先录用来自贫困地区的高校毕业生，优先招收建档立卡贫困人口。

3. 支持和鼓励证券基金经营机构履行社会责任服务国家脱贫攻坚战略

（1）鼓励证券公司开展专业帮扶，通过组建金融扶贫工作站等方式结对帮扶贫困县，与当地政府建立长效帮扶机制，帮助县域内企业规范公司治理，提高贫困地区利用资本市场促进经济发展的能力。

（2）鼓励上市公司、证券公司等市场主体设立或参与市场化运作的贫困地区产业投资基金和扶贫公益基金。对积极参与扶贫的私募基金管理机构，将其相关产品备案纳入登记备案绿色通道；在贫困地区组织行业培训、开展业务交流，便利私募投资基金向贫困地区投资。

（3）鼓励证券公司、基金管理公司、私募基金管理机构等市场主体优先录用建档立卡贫困毕业生，对建档立卡贫困户在就医就学等方面开展精准帮扶。

（4）视证券公司参与扶贫工作情况，在分类评价过程中，对做出突出贡献的酌予加分；中国证券业协会定期对证券公司的扶贫工作情况进行考评，为分类评价提供公允的参考依据。

4. 支持和鼓励期货经营机构履行社会责任服务国家脱贫攻坚战略

（1）鼓励期货公司开展专业帮扶，对贫困地区涉农企业进入期货市场开展套期保值业务进行培训，并提供合作套保、仓单质押、仓单回购等专业服务。

（2）将期货公司参与扶贫工作情况纳入分类评价标准，对做出突出贡献的予以加分；中国期货业协会定期对期货公司的扶贫工作情况进行考评，为分类评价提供公允的参考依据。支持符合条件的贫困地区优先开展"保险+期货"试点，提高涉农企业、农民专业合作社等新型农业经营主体化解市场风险的能力，对期货经营机构开展"保险+期货"试点项目适当减免手续费。支持贫困地区符合条件的仓储企业申请设立交割仓库。

5. 切实加强贫困地区投资者保护工作

对贫困地区企业的各项审核事项坚持"三公"原则，坚持标准不降、条件不减，确保市场稳定健康发展。加强对贫困地区金融监管干部、企业管理人员资本市场知识的培训，促进企业规范运作。加大金融风险防范力度，通过多种手段加强贫困地区投资者风险防范教育，严格限制在贫困地区发行销售损害投资者利益的产品，严厉打击各类非法证券期货活动，切实保护贫困地区投资者的合法权益。

（二）《关于期货行业履行脱贫攻坚社会责任的意见》

2017年3月，中国期货业协会为进一步深入贯彻《中共中央、国务院关于打赢脱贫攻坚战的决定》（中发〔2015〕34号）和中央扶贫开发工作会议精神要求，细化落实中国证监会关于资本市场服务脱贫攻坚的战略部署，充分发挥期货市场服务国家脱贫攻坚战略的作用，提出了《关于期货行业履行脱贫攻坚社会责任的意见》。

1. 总体要求

充分发挥行业特有的风险管理专长，切实将扶贫工作与服务实体经济发展这一行业根本宗旨有效结合，形成期货行业扶贫特色，积极探索期货行业扶贫工作的长效机制。创新行业扶贫工作方法，丰富扶贫工作内容，多管齐下，多措并举，推动精准脱贫取得实效。通过建立和完善工作机制，强化考评，为期货经营机构助力脱贫攻坚创造良好的氛围。

2. 政策措施

（1）倡导结对搞帮扶。鼓励期货经营机构结合自身地缘特性、业务特点、人员优势及实际经营情况，合理选择帮扶对象，力争做到机构联系到县、价格信息到乡、专业服务到村（或农民专业合作社）、帮扶效果到户，开展精准扶贫。

（2）强化协作与配合。期货经营机构应加强与帮扶对象当地政府部门的合作，积极争取财政、税收等方面的政策优惠，推进工作联动。支持期货经营机构加强与保险及农村电商的合作，通过协同与配合，形成对帮扶对象支持的合力。

（3）服务"三农"谋实效。充分发挥自身在价格管理、风险管理方面的专业优势，对贫困地区涉农主体进入期货市场开展套期保值业务进行培训，指导和扶持各类涉农主体利用期货市场降低生产经营风险。期货经营机构应积极探索建立农业补贴、涉农信贷、农业保险和农产品期货、场外期权等工具的联动机制，支持符合条件的贫困地区优先开展"保险+期货"试点，提高涉农企业、农民专业合作社等新型农业经营主体管理市场风险的能力。风险管理公司应以贫困地区实体经济需求为导向，运用风险管理专业知识，为涉农主体提供合作套保、仓单质押、仓单回购等专业定制化服务。

（4）助力产业结构优化。发挥期货市场价格发现和风险管理功能，帮助和引导贫困地区产业结构调整与企业转型升级。指导和帮助贫困地区实体企业利用期货及其他衍生工具管理价格、利率、汇率等风险，优化库存管理，锁定成本，提升盈利，改善企业生产经营，促进产业优化升级。

（5）强化期现对接与合作。鼓励期货经营机构利用其在现货领域积累的资源优势，结合贫困地区资源和产业特色，引导发达地区投资资金向贫困地区转移，努力促成发达地区与贫困地区的产业合作。

（6）加大培训与宣传力度。支持期货经营机构在贫困地区开展期货专业知识培训，提升贫困地区对期现业务的理解和认知水平，为贫困地区企业和客户利用期货市场管理风险提供智力帮扶，从而增强贫困地区脱贫致富的内生发展动力。

（7）探索驻点帮扶路径。鼓励有条件的期货经营机构在贫困地区设立分支机构，选派有丰富经验的优秀人才任职，并以扶贫工作成效为重要考量完善考核激励机制，培育企业形成扶贫帮困的良好氛围，以更好地满足贫困地区的风险管理需求，改善贫困地区金融环境。

（8）设立基金助力脱贫。鼓励有条件的期货经营机构参与设立扶贫基金、公益基金、慈善基金，在贫困地区开展形式多样的捐助和公益扶贫活动。

四、保险业金融扶贫政策

2016年5月26日，中国保监会和国务院扶贫办联合印发了《关于做好保险业助推脱贫攻坚工作的意见》，对各保险公司充分发挥保险行业体制机制优势，履行扶贫开发社会责任，全面加强和提升保险业助推脱贫攻坚能力提出了具体要求。

（一）《关于做好保险业助推脱贫攻坚工作的意见》

1. 总体目标

到2020年，基本建立与国家脱贫攻坚战相适应的保险服务体制机制，形成商业性、政策性、合作性等各类机构协调配合、共同参与的保险服务格局。努力实现贫困地区保险服务到村到户到人，对贫困人口，愿保尽保，贫困地区保险深度、保险密度接近全国平均水平，贫困人口生产生活得到现代保险全方位保障。

2. 基本原则

（1）定向原则。定向发挥保险经济补偿功能，努力扩大保险覆盖面和渗透度，通过保险市场化机制放大补贴资金使用效益，为贫困户提供普惠的基本风险保障。定向发挥保险信用增信功能，通过农业保险保单质押和扶贫小额信贷保证保险等方式，低成本盘活农户资产。定向发挥保险资金融通功能，加大对贫困地区的投放，增强造血功能，推动贫困地区农业转型升级。

（2）精准原则。把集中连片特困地区，老、少、边、穷地区，国家级和省级扶贫开发重点县，特别是建档立卡贫困村和贫困户作为保险支持重点，创设保险扶贫政策，搭建扶贫信息与保险业信息共享平台，开发针对性的扶贫保险产品，提供多层次的保险服务，确保对象精准、措施精准、服务精准、成效精准。

（3）特惠原则。在普惠政策基础上，通过提高保障水平、降低保险费率、优化理赔条件和实施差异化监管等方式，突出对建档立卡贫困户的特惠政策和特惠措施，为建档立卡贫困人口提供优质便捷的保险服务，增强贫困人口抗风险能力，构筑贫困地区产业发展风险防范屏障。

（4）创新原则。构建政府引导、政策支持、市场运作、协同推进的工作机制，综合运用财政补贴、扶贫资金、社会捐赠等多种方式，拓展贫困户保费来源渠道，激发贫困户保险意识与发展动力。针对贫困地区与贫困户不同致贫原因和脱贫需求，加强保险产品与服务创新，分类开发、量身定制保险产品与服务。创新保险资金支农融资方式，积极参与贫困地区生产生活建设。

3. 精准对接脱贫攻坚多元化的保险需求

（1）精准对接农业保险服务需求。保险机构要认真研究致贫原因和脱贫需求，积极开发扶贫农业保险产品，满足贫困农户多样化、多层次的保险需求。要加大投入，不断扩大贫困地区农业保险覆盖面，提高农业保险保障水平。

（2）精准对接健康保险服务需求。研究探索大病保险向贫困人口予以倾斜。加强基本医保、大病保险、商业健康保险、医疗救助、疾病应急救助和社会慈善等衔接，提高贫困人口医疗费用实际报销比例。鼓励保险机构开发面向贫困人口的商业健康保险产品，参与医疗救助经办服务。

（3）精准对接民生保险服务需求。保险机构要针对建档立卡贫困人口，积极开发推广贫困户主要劳动力意外伤害、疾病和医疗等扶贫小额人身保险产品。重点开发针对留守儿童、留守妇女、留守老人、失独老人、残疾人等人群的保险产品，对农村外出务工人员开辟异地理赔绿色通道，为农村居民安居生活提供保障。

（4）精准对接产业脱贫保险服务需求。积极发展扶贫小额信贷保证保险等险种，为贫困户融资提供增信支持，增强贫困人口获取信贷资金发展生产的能力。

（5）精准对接教育脱贫保险服务需求。积极开展针对贫困家庭大中学生的助学贷款保证保险，解决经济困难家庭学生就学困难问题。推动保险参与转移就业扶贫，优先吸纳贫困人口作为农业保险协保员。要对接集中连片特困地区的职业院校和技工学校，面向贫困家庭子女开展保险职业教育、销售技能培训和定向招聘，实现靠技能脱贫。

4. 充分发挥保险机构助推脱贫攻坚主体作用

（1）完善多层次保险服务组织体系。保险机构要强化主体责任，将资源向贫困地区和贫困人群倾斜。要加大贫困地区分支机构网点建设，持续推进乡、村两级保险服务网点建设，努力实现网点乡镇全覆盖和服务行政村全覆盖。

（2）对贫困地区分支机构实行差异化考核。各保险机构总公司应根据贫困地区实际情况，科学设定绩效考核指标，对贫困地区分支机构实行差异化考核，引导贫困地区基层机构积极发展扶贫保险业务。对贫困地区分支机构因重大自然灾害或农产品价格剧烈波动导致的经营亏损，不得纳入绩效考核指标。

（3）加强贫困地区保险技术支持及人才培养。各保险机构要大力推动贫困地区员工属地化，积极吸纳贫困地区大学生就业，加快培育贫困地区保险人才。要努力改善贫困地区分支机构职工福利，为贫困地区培养留得下、稳得住的专业人才。鼓励各保险机构总公司每年选派业务能力较强、政治立场坚定的员工到贫困地区分支机构工作，并在查勘理赔技术、设备等方面给予支持。

（4）鼓励保险资金向贫困地区基础设施和民生工程倾斜。保险机构要充分发挥保险资金长期投资的独特优势，按照风险可控、商业可持续原则，以债权、股权、资产支持计划等多种形式，积极参与贫困地区基础设施、重点产业和民生工程建设，积极支持可带动农户脱贫、吸引贫困户就业的新型农业经营主体融资需求。支持保险机构参与各级政府建立的扶贫产业基金，鼓励保险机构加大对贫困地区发行地方政府债券置换存量债务的支持力度。

（二）《关于加快贫困地区保险市场体系建设提升保险业保障服务能力的指导意见》

2016年12月，保监会出台《关于加快贫困地区保险市场体系建设提升保险业保障服务能力的指导意见》。

1. 政策目标

为贯彻落实《中共中央、国务院关于打赢脱贫攻坚战的决定》（中发〔2015〕34号）和中央扶贫开发工作会议精神，优化保险机构资源配置，加快贫困地区保险市场体系建设，提升保险业精准扶贫能力。

2. 政策措施

（1）在符合条件的情况下，优先支持中西部省份设立财产保险公司和人身保险公司，填补保险法人机构空白，持续优化区域布局，有效提高贫困地区保险供给，主动服务国家脱贫攻坚战略。

（2）支持在贫困地区设立专业性保险公司，紧密结合当地经济社会发展需要，聚焦大病保险、农业保险、责任保险、信用保证保险等民生领域，精准对接脱贫攻坚多元化的保险需求。

（3）支持在贫困地区开展相互保险试点，鼓励贫困地区设立农村保险互助社等成本低廉的涉农保险组织，实行"专人对接、专业帮扶、专项鼓励"的支持政策，因地制宜为贫困人口提供便捷实惠的普惠保险服务。

（4）对于政府给予明确政策支持，经办、承办各类基本养老和医疗保险等政策性业务的保险公司设立申请，予以优先支持，通过保险手段，助力贫困地区提高公共服务效率、创新社会管理、改善民生保障。

（5）对于政府支持参与公立医院改制、健康产业链整合的保险公司设立申请，予以优先支持，做好当地人口医疗费用的数据采集、分析和测算工作，积极协助地方政府制定大病保障方案，有效缓解贫困人口"因病致贫、因病返贫"现象。

（6）鼓励贫困地区企业投资保险业，对注册地和主要生产经营地均在贫困地区且开展生产经营满三年的企业，或对扶贫工作曾有突出贡献的企业投资设立保险公司的，给予重点支持，优先审核。

（7）对于经济发展落后、常住人口较少的少数民族地区，支持所在地保险公司双总部发展，允许其开业时在两个省份设立分支机构并开展业务，通过发达地区对接帮扶，切实解决专业人才紧缺问题，促进保险公司顺利起步。

（8）鼓励现有保险公司在贫困地区设立分支机构，加快审批节奏，予以优先支持，推进贫困地区保险基层服务网点建设，努力为贫困人口提供优质便捷的保险服务。

（9）鼓励保险公司在贫困地区设立与保险产业链相配套的非保险子公司，提供医养护理、客服后援、汽车维修等多门类培训，提升贫困人口职业技能，吸纳贫困人口就业，增强贫困地区自我发展能力。

（10）鼓励保险机构呼叫中心、后援中心、信息平台和保险专业中介机构等项目转移落户到贫困地区，有效促进经济发展，扩大人口就业，提高生活水平，让贫困人口有更多的"获得感"。

（11）贫困地区保险公司开展与扶贫密切相关的保险业务，并得到政府政策支持的，可在基础类业务以外，适当增加农业保险、信用保证保险等扩展类业务，增强保险机构对接精准扶贫的服务能力。

（三）中国保监会《关于保险业支持深度贫困地区脱贫攻坚的意见》

中国保监会3月19日发布消息，为做好保险业支持深度贫困地区脱贫攻坚工作，日前，保监会印发了《关于保险业支持深度贫困地区脱贫攻坚的意见》（以下简称《意见》）。

《意见》从健全保险服务网络、降低保险费率、加大健康保险保障、丰富产品体系、加大保险资金支持、开展定向帮扶等六个方面，出台多项支持政策，明确具体落实举措，对做好保险支持深度贫困地区脱贫攻坚工作进行了一系列部署安排。

《意见》针对深度贫困地区特殊实际，在《中国保监会 国务院扶贫办关于做好保险业助推脱贫攻坚工作的意见》的基础上，提出了力度更大、目标更明确、精准性更强的支持政策。

具体来看，一是提出深度贫困地区保险服务网络量化目标及支持政策。到2020年前实现西藏保险分支机构地市级全覆盖，三区三州其他深度贫困地区保险分支机构县级全覆盖。适当降低深度贫困地区分支机构审批标准，放宽保险机构中心支公司高管人员的任职学历要求至大学专科，县级支公司、营业部高管人员任职资格由审批改为备案管理，要求深度贫困地区保险分支机构在脱贫前不得撤销。

二是降低与建档立卡贫困户生产生活最为密切的保险产品的费率。明确建档立卡贫困户农业保险的保险费率在已降费20%的基础上再降低10%~30%，意外伤害保险和商业型农业保险的执行费率可在备案费率的基础上降低10%~30%，进一步强化保险业的社会责任担当。

三是进一步加大行业帮扶力度。按照中央关于广泛引导和动员社会组织参与脱贫攻坚的文件精神，鼓励支持保险机构和保险行业社会组织以结对帮扶形式，对深度贫困地区县、乡、村进行定向帮扶，实现人员、资金和物资的点对点精准帮扶。

四是扩大保险扶贫支持政策的对象范围。按照国务院关于培育贫困村创业致富带头人的指导意见精神，明确相关措施同时适用于深度贫困地区经扶贫主管部门认定的创业致富带头人发展的产业项目。

《意见》强调，要完善支持深度贫困地区脱贫攻坚的保险服务工作机制和保障体系。深度贫困地区所在保监局和保险机构要进一步提高思想认识，在思想上、行动上与中央脱贫攻坚重大决策部署保持一致，推动成立主要负责同志任组长的工作组，做到"人员到位、责任到位、工作到位、效果到位"。保险业助推脱贫攻坚工作领导小组办公室将适时开展保险扶贫检查督导和效果评价，确保政策落到实处。

《意见》要求，保险业支持深度贫困地区助推脱贫攻坚，要遵循"定向、精准、特惠、创新"的原则，聚焦"三区三州"及其他深度贫困县，进一步解放思想，加大政策倾斜力度，用更加集中的支持、更加有效的举措、更加扎实的工作，切实提高深度贫困地区保险服务水平，全力攻克深度贫困堡垒，为确保2020年深度贫困地区同全国人民一道步入小康社会提供坚实的保险保障支撑。

第二章
金融扶贫理论基础

本章从国外、国内两个方面介绍了金融扶贫的相关理论。中国的发展离不开世界，开放的中国在不断地吸收国外先进的实践经验和思想成果，也在不断地结合我国的实际发展具有中国特色的扶贫思想。

第一节 国外扶贫相关理论

国外金融扶贫的相关理论为我国扶贫工作的开展提供了丰富的理论借鉴和支持。本节主要按照时间先后顺序，梳理了六大扶贫理论。由于马克思恩格斯思想对我国发展的深远影响，马克思恩格斯反贫困理论从国外扶贫相关理论中独立出来列为本章的第二节。

一、反贫困理论

（一）"收入再分配"反贫困理论

收入再分配理论起源于19世纪欧洲完成工业革命的时期，由于私有制的剥削性质，私有财富不断膨胀，财富的大量集中导致了以劳动力换取报酬的工人阶级不仅没有随着经济发展而获得生活水平的提高，反而更加贫困。收入再分配理论的核心是建立社会保障制度，通过国民收入的再分配，使社会财富在富人和穷人之间、在职者与失业者之间、健康者与病残者之间、富裕地区和贫困地区之间合理地适当转移。以"费边主义"为代表的观点认为，贫穷不仅仅是个人的事，更是整个社会的事，政府有责任也有义务按社会的需要实行某种程度的转移支付，援助病患、老年人、儿童和失业者，以确保每个人获得保障。后来，英国经济学家庇古在其论著《福利经济学》中认为，政府主要通过两种途径来强化对弱势群体的收入转移：一种是直接转移的方式，例如社会保险的缴纳和社会服务的建设；另一种则是间接转移的方式，如对贫困人口进行生活必需品补贴、为失业者提供培训、为贫困儿童提供受教育机会等。两次分配不同，初次分配更注重效率，再次分配则强调公平。

社会保障在反贫困中发挥了巨大的作用，不仅保障了穷人的基本生活，有利于消除绝对意义上的贫困，而且维护了社会的公平，促进了社会的文明进步。但需要注意的是，通过再分配方式解决贫困问题，必然也涉及社会财富的创造问题。创造财富和分享财富是同样重要的，否则贫困不能从根本上消除。

（二）促进资本形成的反贫困理论

该反贫困理论主要针对经济较不发达的发展中国家，而在生产要素的诸要素中，资本最为稀缺，该理论的代表人物罗森斯坦·罗丹（Rosenstein-Rodan）因而提出"大推进理论"。该理论认为摆脱贫困的核心要素是获取大量资本，少量资本对于资本匮乏的发展中国家不起太大用处，而只有全面地、大规模地在各个工业部门同时投入，创造互为需求的市场，才能起到足够的作用。另外，这种全面投资可以通过分工协作，互相提供服务，减少单个企业不必要的开支，降低生产成本，增加利润，为进一步增加储蓄、提供再投资的资本创造条件，从资本的供给和需求两方面打破贫困的恶性循环，促进发展中国家经济的全面增长。

罗丹认为，外部的大额投资对反贫困起决定性作用，他认为，实现经济起飞，必须要有10%以上的投资增长率。促进资本形成的反贫困理论在"二战"结束后成为国际扶贫的主流观点，并且也为发展中国家的扶贫工作做出了很大的贡献，但以牺牲农业为代价的工业集中发展模式也存在一定的缺陷。

（三）促进经济结构转换的反贫困理论

这一理论把反贫困的重点放在经济结构的转换上。所描述的是一个以传统农业为主的经济向以现代工业部门为主的经济过渡的整个过程，其情况与西方发达国家的经济增长过程大体一致。随着工业部门的发展，提供的就业岗位增加，在农村的剩余劳动力可以逐渐获得工作岗位（该理论提出者假定城市就业岗位饱和，农业有过多剩余劳动力），而现代工业发展和就业增长将一直持续到农村剩余劳动力被完全吸收。此后，现代工业部门只有付出比造成的食品生产损失更高的代价才能从农业部门得到新增加的劳动力。随着经济活动不断从传统农业部门向现代工业部门转移，经济结构也就相应发生了转换。

促进经济结构转换的反贫困理论主要有刘易斯的二元经济理论和钱纳里的发展理论。

刘易斯（Lewis）的二元经济理论认为，发展中国家的农业生产部门边际生产率为零，现代工业部门吸收传统农业部门转移的剩余劳动力。当农业生产部门的边际生产率不再为零，农村部门的边际生产率与工业保持一致时，二元结构就消失，相应经济结构也就发生转换。但是，该理论忽视了农业的重要性，一些假定与发展中国家的现实也不相符，如该理论假定农村有大量剩余劳动力，而城市充分就业与发展中国家的现实并不一致，因此不能机械地套用该理论。与刘易斯的观点不同，钱纳里的发展理论认为资本积累并不是经济发展的充分条件，他提出不仅增加储蓄促增长，同时要通过积累物质和人力资本来调整经济结构。

（四）促进人力资本形成的反贫困理论

人力资本理论最早由美国经济学家舒尔茨（Schuts）在《教育经济价值》（1962）和《改造传统农业》（1964）中提出。该理论强调了人力资本在反贫困中的重要性。而教育投资在人力资本中起到了异常重要的作用。即通过人力资本的优化带动生产力的提升，从而达成减贫效果。该理论认为，一个国家或个人的贫困，从根本上来看是人力资本的缺乏，而不是物质资源的短缺。该理论对发展中国家扶贫产生了深远影响。该理论主张应该改变传统的以个人收入或资源的占有量为参照来衡量贫富，而应该引入能力参数来测度人们的生活质量。其核心意义在于必须考察个人在实现自我价值方面的实际能力。真正的机会平等必须通过能力平等才能实现，因此解决贫困和失业的根本之道是提高个人的能力。而贫困者能力的缺失又大多源于他们的人力资本的缺乏，没有足够的能力去追逐生存和发展机会，过着贫困的生活。该理论认为，对贫困人口进行人力资本投资，提升他们的能力成为推进反贫困战略的理性选择。提高贫困者的人力资本需要从两个方面着手：一是对人力资源进行量的管理，根据人力和物力及其变化，对人力进行恰当的培训、组织和协调，使二者经常保持最佳比例和有机结合，使人和物都充分发挥出最佳效应；二是对人力资源进行质的管理，采用现代化的科学方法，对人的思想、心理和行为进行有效的管理，充分发挥人的主观能动性，以达到组织目标。因此，若想脱贫，可以通过提高贫困群体的受教育程度、加强贫困群体的人力资本投资，给予他们基础设施改善生活环境，从而提高其社会竞争力，从其本身上进行提升,进而脱贫。

(五)缪尔达尔的综合反贫困理论

缪尔达尔(Myrdal)在论证"循环积累因果关系"理论基础上提出了一套基于政治、经济、文化等多层面的综合反贫困理论。该理论认为,发展中国家首先必须进行三项改革:一是进行土地所有制和租佃关系的改革;二是教育体制改革:主张减办或停办高等院校和中学,而重点建立基础技能学校和初等教育学校;三是权力关系改革:将国家的主要权力给予人民。在这套综合理论中,平等问题处于中心地位。发展中国家首先要进行土地所有制改革,其目的在于给人和土地之间创造一种关系,使得耕者有机会和有积极性来发挥自己的能力。推出优先发展初等教育及技术职业为主要内容的教育改革,重在将权力转移到人民手中。通过这一系列改革,达到反贫困的目的。他从多要素、多层面角度分析研究反贫困,为反贫困理论的研究提供了新的视角。

二、福利经济学

福利经济学由英国经济学家霍布斯和庇古于20世纪20年代创立。庇古提出了"经济福利概念",认为国民收入总量增加和国民收入分配的均等化,都能使社会的福利水平提高。他主张通过国民收入增加和国民收入再分配两种方式来增加社会福利。一方面,国民收入增加能够改善大众福利,包括为劳动者提供适当的劳动条件,并在劳动者遭遇疾病、伤残、生育、失业、年老等情况不能获得劳动收入时,能得到适当的物质帮助。通过增加国民收入从而实现社会福利的增加,主要取决于生产要素的合理配置,只有对社会资源实行最优化配置,才能提高社会生产效率,从而达到增加国民收入的目的。另一方面,通过国民收入的再分配增加居民的普遍福利,主要是采取向收入高的富裕人群征收累进所得税和遗产税,并向劳动者增加失业补助,向穷人增加社会救济,以达到增加平均收入的结果,从而使整个社会群体的福利增加。通过国民收入的再分配来增加居民普遍福利,主要是由于存在市场失灵造成收入分配不公,在这种情况下只有通过政府干预,政府利用再分配工具来纠正市场缺陷,通过为贫困人群提供最低收入保障等方式,改善低收入阶层的福利,从而实现整个社会的福利目标。

福利经济学对金融扶贫实践探索带来的启发在于:一是通过生产要素的

合理配置、社会资源最优配置实现社会福利的增加；二是通过国民收入的再分配实现社会全体成员的经济福利最大化。

三、农村金融发展理论

（一）农业信贷补贴理论

农业信贷补贴论是国外 20 世纪 80 年代以前居于主导地位的农村金融发展理论。该理论比较系统地阐述了农村金融发展中的政府干预思想及其政策主张。该理论认为，农村居民特别是贫困阶层没有储蓄能力，农村面临资金不足的问题；农业的产业特性（收入的不确定性、投资的长期性、低收益性等），农业不可能成为以利润为目标的商业银行的融资对象。该理论据此提出了以低利率和政策性资金供给为特征的农村金融政策支持模式：一是有必要从农村外部注入政策性资金，并建立非营利性的专门金融机构来进行资金分配，以增加农业生产投入，缓解农村贫困；二是为缩小农业与其他产业之间的收入差距，对农业的融资利率必须较其他产业的利率要低；三是考虑到非正规金融使得农户更加穷困并阻碍了农业生产的发展，为促使高利贷消亡，需要通过银行在农村的分支机构和信用合作组织，为农村注入大量低利的政策性资金。随着农业信贷补贴理论的深入，一些发展中国家设立了政策性的金融机构，例如由印度政府组建的地区农村银行达到预期的效果，经济得到迅速发展。

（二）农村金融市场理论

20 世纪 80 年代之后，随着人们对农村金融市场的不断认识，新生的农村金融市场理论逐渐代替农业信贷理论，成为农村金融发展的主导地位。该理论与农业信贷补贴理论观点相反，认为通过补贴运作的发展金融机构扭曲了资源配置，农村金融市场应当通过市场机制形成。它的假设前提包括：一是农民包括贫困户也是有储蓄能力的；二是低息贷款降低农民的储蓄意愿，不利于农村金融机构的发展；三是政府过多向农村金融机构提供政策性资金使得农村金融机构过多依赖外部资金，造成资本回收率低；四是非正规金融机构有其存在的合理性和必要性。

（三）不完全竞争市场理论

20 世纪 90 年代以来，人们认识到农村金融市场普遍缺乏效率。一些学者把斯蒂格利茨（Stiglitz）的不完全竞争理论运用到农村金融的理论分析中。斯蒂格利茨认为，由于存在市场失败，政府应积极介入金融市场，政府在金融市场中的作用十分重要。但是政府不能取代市场，而是应补充市场。政府对金融市场监管应采取间接控制机制，并依据一定的原则确立监管的范围和监管标准。其基本框架是：发展中国家的金融市场不是一个完全竞争的市场，尤其是放款一方（金融机构）对于借款人的情况根本无法充分掌握（不完全信息）。如果完全依靠市场机制就可能无法培育出一个社会所需要的金融市场；为了补救市场的失效部分，有必要采用诸如政府适当介入金融市场以及借款人的组织化等非市场要素。

四、普惠金融理论

普惠金融（InclusiveFinance）概念源于普惠金融体系，普惠金融体系是指能有效地、全方位地为社会所有阶层和群体提供服务的金融体系。2005年召开的构建普惠金融体系的全球会议上，正式提出了"普惠金融体系"一词。普惠金融主要包括三个方面的内容：①普惠金融是一种理念，每个人都应该有平等地享受金融服务的权利，无论是穷人还是富人，只有这样才能让每个人都有机会参与经济发展。②普惠金融是一种创新，为让每个人都获得金融服务，应在金融体系内进行制度、机构和产品等方面的创新。③普惠金融是一种责任，是为传统金融机构服务不到的低端客户，如中低收入者、贫困人口和小微企业提供金融服务。

普惠金融的核心是让所有的人，特别是穷、弱群体享有平等的金融权利，让金融服务惠及所有阶层。与传统金融相比，普惠金融具有以下特点：一是强调金融权也是人权；二是强调金融要普惠所有人群；三是强调全方位有效的金融服务；四是强调机构参与的广泛性；五是强调要实现扶贫和可持续发展双重目标。普惠金融的目标是扶贫，普惠金融不同于传统的扶贫模式，即在不偏离扶贫目标的前提下要实现财务、组织、资金来源、贷款及制度实施等方面的可持续发展，最终实现扶贫和可持续发展双赢。

五、包容性增长理论

出于对增长可持续性的担忧，2007年亚洲开发银行首次提出了"包容性增长"（Inclusive Growth）这一概念。包容性增长倡导机会平等的经济增长，即在经济增长创造机会的同时，能让包括弱势群体在内的所有人都共享这些机会。包容性增长理论寻求的是社会和经济协调发展、可持续发展，与单纯追求经济增长相对立。包容性增长存在三个假设：一是社会存在"强者"和"弱者"之分；二是权力结构制约资源分配；三是市场力量使得"强者"更强，"弱者"更弱。包容性增长要求经济增长的成果必须为大众共享。而要做到这一点，弱势群体的能力必须不断得到提升，他们的权利必须得到保障和改善。只有这样他们才能持续地参与到经济增长之中，并且共享经济增长的成果。从经济学中"效率"和"公平"的角度，包容性增长的理念蕴含这样的逻辑：如果把经济主体分为"强者"和"弱者"，同时提高"弱者"的能力和权利能使"效率"和"公平"长期相互促进，从而达到经济可持续的增长包容性增长。

六、蓝海战略和长尾理论

（一）蓝海战略

蓝海战略（Blue Ocean Strategy）是由欧洲工商管理学院的 W. ChanKim 和 Mauborgne 提出的，是指超越竞争的思想范围，开创新的市场需求，开创新的市场空间，经由价值创新获得新的空间。价值创新（Value Innovation）是蓝海战略的基石，挑战了基于竞争的传统教条即价值和成本的权衡取舍关系，让企业将创新与效用、价格与成本整合一体，不是比照现有产业最佳实践去赶超对手，而是改变产业境况重新设定游戏规则；不是瞄准现有市场"高端"或"低端"顾客，而是面向潜在需求的买方大众；不是一味细分市场满足顾客偏好，而是合并细分市场整合需求。"蓝海战略"认为，市场存在未知的或者竞争薄弱空间，而这些空间能产生高增长和高利润。贫困地区和贫困群体一直是金融机构发展业务的盲区，金融发展水平很低，金融资源奇缺，金融市场竞争薄弱，对于金融机构而言是孕育巨大商机、可以大展宏图的"蓝海"。

（二）长尾理论

长尾（The Long Tail）这一概念是由美国人 Chris Anderson 在 2004 年最早提出，用来描述诸如亚马逊和 Netflix 之类网站的商业和经济模式。长尾理论认为，由于成本和效率的因素，过去人们只能关注重要的人或重要的事，如果用正态分布曲线来描绘这些人或事，人们只能关注曲线的"头部"，而将处于曲线"尾部"、需要更多的精力和成本才能关注到的大多数人或事忽略。

Chris认为，只要存储和流通的渠道足够大，需求不旺或销量不佳的产品共同占据的市场份额就可以和那些数量不多的热卖品所占据的市场份额相匹敌甚至更大。长尾市场也称为"利基市场"。"利基"一词是英文"Niche"的音译，意译为"壁龛"，有拾遗补阙或见缝插针的意思。利基是更窄地确定某些群体，这是一个小市场并且它的需要没有被服务好，存在获取利益的基础。通过对市场的细分，企业集中力量于某个特定的目标市场，或严格针对一个细分市场，或重点经营一个产品和服务，创造出产品和服务优势。在金融市场上，贫困地区和贫困户正是被众多金融机构长期忽视的"长尾"，金融需求没有得到充分满足，但是他们人口众多、需求旺盛、潜力巨大，是未来金融机构创收增利的"长尾"。

第二节 马克思恩格斯反贫困相关理论

中国共产党始终坚持马克思主义为指导思想，强调要在社会主义建设的各个领域坚持马克思主义的指导地位。马克思恩格斯反贫困理论是马克思主义政治经济学理论的重要组成部分。马克思和恩格斯认为贫困的根源归结起来就是不合理的制度，然后提出消灭资本主义剥削制度来消除贫困，形成了系统的反贫困理论。马克思恩格斯反贫困理论为世界各国的反贫困理论研究提供了理论基础，更是中国共产党扶贫思想研究的重要理论渊源。

一、马克思恩格斯的反贫困理论

马克思和恩格斯的著述中充满着对无产阶级和弱者的人文关怀，他们对无产阶级贫困化的研究和阐述的最终目的，"就是通过反贫困，争取人的自由解放和全面发展，实现全人类的幸福"[1]，就此而言，他们揭示无产阶级贫困化的理论就是反贫困理论。马克思恩格斯主张通过消灭私有制和资本主义制度消除无产阶级贫困化的根源，也就是说，他们的反贫困理论是一种带有强烈阶级性的制度主义的反贫困思想。其思想要点主要有：资本主义制度是造成无产阶级贫困化的罪恶渊源。"工人阶级处境悲惨的原因不应当到这些小的

---

[1] 阮瑶，张瑞敏. 马克思反贫困理论的经济伦理特质及其在当代中国的价值实现[J]. 北京师范大学学报（社会科学版），2016（1）：145.

欺压现象中去寻找，而应当到资本主义制度本身中去寻找"①。在资本主义制度下，工人除了拥有自己的劳动力本身外一无所有，"自由"的工人只有靠出卖自己的劳动力换得工资方能维持生存，只有靠资本家才能生活。"工人对自己劳动的关系，变成了对他人财产的关系"②。劳动者和生产资料的所有权分离了，并且"资本主义生产一旦站稳脚跟，它就不仅保持这种分离，而且以不断扩大的规模在生产这种分离"③。由于工人阶级只有依赖资产阶级才能生存，资产阶级追求的是剩余价值，因此，工人劳动的越多，被剥削的剩余价值就越多。资本积累的一般规律是造成无产阶级贫困化的直接原因。剩余价值规律揭示出：资本家获取超额利润的过程就是资本家不断改进生产技术、提高劳动生产率的过程。这就意味着，随着技术、机械等不变资本比重的扩大，资本对雇佣劳动的需求将会减少，与之相反的是，劳动力对资本的供给却在不断增加，作为过剩人口的无产阶级因此而失业成为贫困人口。可见，资本家阶级扩大生产规模积累财富的过程就是无产阶级挣扎在贫困线上饱受剥削的过程。正如马克思所说："社会的财富即执行职能的资本越大，它的增长的规模和能力越大，从而无产阶级的绝对数量和他们的劳动生产力越大，产业后备军也就越大……这种后备军越大，常备的过剩人口也就越多，他们的贫困同他们所受的劳动折磨成反比。最后，工人阶级中贫苦阶层和产业后备军越大，官方认为需要救济的贫民也就越多。这就是资本主义积累的绝对的、一般的规律。"④无产阶级贫困化既表现为绝对贫困，也表现在相对贫困。绝对贫困是就无产阶级除了拥有可以自由出售的劳动力之外一无所有来说的。相对贫困是就无产阶级和资产阶级在发展中逐渐扩大的贫富差距来说的。尽管随着无产阶级斗争的开展，资本家会适当地提高工人工资，但是与剩余价值的增长速度相比，工人工资的增长速度仍然很低，在社会总收入中，工人的工资收入仍然呈现下降趋势。而工人的相对贫困不仅表现在工资收入和经济地位，还表现在社会地位，包含丰富的社会内容。"衡量需要和享受时是以社会为尺度，而不是以满足它们的物品为尺度。"只要小房子附近的宫殿以同样或更大的程度扩张，小房子的居住者就会越发感到压抑，因此，"工人可以得到的享受纵然增长了，但是，比起资本家的那些为工人所得不到的大为增

---

① 马克思恩格斯选集：第1卷 [M]. 北京：人民出版社，2012：67.
② 马克思恩格斯全集：第46卷（下）[M]. 北京：人民出版社，1980：187.
③ 资本论：第1卷 [M]. 北京：人民出版社，1975：782.
④ 资本论：第1卷 [M]. 北京：人民出版社，1975：707.

加的享受来，比起一般社会发展水平来，工人所得到的社会满足的程度反而降低了。"无产阶级贫困化将导致资本主义的灭亡。资本主义不仅制造了工人阶级的贫困，也造就了反对资本主义的力量——工人阶级。随着财富日益集中到少数大资本家手中形成资本垄断，生产资料的私人占有和生产资料的社会化需求日益不相容，代表这两种价值取向的资产阶级和无产阶级的对抗将日趋明显，与社会化大生产相联系的代表先进生产力的无产阶级因其所有的彻底的革命性和组织纪律性将成为资本主义的掘墓人。"生产资料的集中和劳动的社会化，达到了同它们的资本主义外壳不能相容的地步。这个外壳就要炸毁了。资本主义私有制的丧钟就要响了。剥夺者就要被剥夺了。"无产阶级将在"资本主义时代的成就的基础上，也就是说，在协作和对土地及靠劳动本身生产的生产资料的共同占有的基础上，重新建立个人所有制。"因此，实现工人阶级的解放，摆脱无产阶级贫困化的陷阱，只有推翻资本主义制度，实行社会主义制度。"只有社会主义，才能有凝聚力，才能解决大家的困难，才能避免两极分化，逐步实现共同富裕。"①

马克思恩格斯的反贫困理论对于推进中国特色扶贫开发具有重大的现实指导意义和价值。第一，必须坚持以公有制为主体的中国特色的社会主义基本经济制度。只有坚持以公有制主体，才能为扶贫开发提供强大的财力支撑，为改善民生提供强大的物质基础，进而发挥中国特色社会主义集中力量办大事的制度优势。第二，要充分发挥政府的作用，通过完善各种社会政策和制度保证社会弱势群体的权益，建立覆盖城乡所有居民的社会救助体系，这不仅是中国政府的责任，更是社会主义的题中应有之义。第三，要正确认识市场在扶贫开发中的作用，在贫困地区多发展劳动密集型产业，促进贫困人口自我发展能力的增长，同时要逐步提高工资收入在劳动报酬中的比重，"建立和完善维护劳动者权益的机构，加强工资支付方面的监督和检查"，促进劳资关系的和谐。

二、马克思恩格斯公平正义理论

公平正义是马克思主义的基本价值取向。一般而言，"公平""正义"和"公正"常常通用，表达的是一种人类合理性的价值追求。在马克思和恩格斯那里，"正义"概念和"公正"概念也是经常互换使用的。在此意义上，马

---

① 邓小平年谱（1975—1997）（下）[M]. 北京：中央文献出版社，2004：1312.

克思恩格斯公平正义理论与马克思恩格斯正义观或公正思想常常可以等同。与马克思恩格斯的慈善观类似，许多人认为"马克思是趋向于消解正义的"，"'马克思废除正义'的见解始终是大有市场的"①，著名的"塔克—伍德命题"就是这种观点的反映。之所以出现这种情况，是因为"马克思那有两种不同的正义原则"，"他的正义原则与阶级相关"。更确切地说，马克思的正义观是立足于"人类社会"的正义观，他不仅立足于"市民社会"本身对"市民社会"进行批判，更立足于"人类社会"对"市民社会"进行批判。因此，马克思恩格斯的公平正义理论有着双层次的理论结构，"市民社会"历史阶段的低阶公平正义理论和"人类社会"历史阶段的高阶公平正义理论。在低阶正义层面，马克思恩格斯批判了资产阶级虚假的平等和正义，强调贡献原则的按劳分配。资产阶级宪章确实实现了人的政治平等，但是这种政治平等在私有产权面前却无法再进一步，资产阶级的"应得正义观的最高目标是实现平等的政治权利而不触及私有财产制度"，也就是说，资产阶级和国民经济学家把私有制作为正义的立论基础。然而"平等应当不仅是表面的，不仅在国家的领域中实行，还应当是实际的，还应当在社会的、经济的领域中实行。""一切人，或至少是一个国家的一切公民，或一个社会的一切成员，都应当有平等的政治地位和社会地位。"因此，马克思"把私有财产，劳动、资本、土地的互相分离，工资、资本利润、地租的互相分离，以及分工、竞争、交换价值概念等当作前提"进行批判，揭示了国民经济学的矛盾，进而揭示了资本主义本身的矛盾。

马克思恩格斯认为，要实现真正的平等和自由，必须消灭私有制，但作为社会制度的私有制的废除并不代表真正的平等自由的完全立即实现。在"经过长久阵痛刚刚从资本主义社会产生出来的共产主义社会第一阶段"，"权利决不能超出经济结构以及由经济结构制约的社会的文化发展。"因此，基于所有权的"按劳分配"还会继续发挥作用，在此阶段，"生产者的权利是同他们提供的劳动成比例的；平等就在于以同一尺度——劳动来计量。但是，一个人在体力或智力上胜过另一个人，因此在同一时间内提供较多的劳动，或者能够劳动较长的时间；而劳动，要当作尺度来用，就必须按照它的时间或强度来确定，不然它就不成其为尺度了。"但是为了人人共享、普遍受益原则的实现，马克思恩格斯也认为应当重视普遍的社会调剂。在《哥达纲领批判》

---

① 李佃来. 论马克思正义观的特质 [J]. 中国人民大学学报, 2013 (1): 27-28.

中，马克思指出，在对社会总产品进行个人分配之前，应该扣除"第一，同生产没有直接关系的一般管理费用。……第二，用来满足共同需要的部分，如学校、保健设施等。……第三，为丧失劳动能力的人等设立的基金，总之，就是现在属于所谓官办济贫事业的部分"作为社会管理的费用。

以此来看，马克思恩格斯的公平正义理论对我国的社会主义现代化建设和社会发展具有重大的现实意义。其一，要坚持按劳分配的基本原则。过去，我国社会主义现代化遭到挫折和损失的一个重要原因就是没有真正建立起一套公正理论，超越社会历史发展阶段否定按劳分配的基本原则。当前，我国仍处于社会主义初级阶段，生产力还不发达，物质财富没有极大丰富，"第一，目标冲突，第二，物质资源的有限"，"正是这样的条件产生着只有通过正义原则来加以解决的冲突"，在此阶段，按劳分配作为唯一正确的正义原则必须长期坚持。其二，要坚定政府职责，保护好弱势群体利益。

改革开放以来，我国在市场经济和全球化的浪潮中高速前行，但是由于个人禀赋不同、客观条件不同，市场经济优胜劣汰的运行逻辑也在不断产生新的弱者和贫困者，"在提供的劳动相同，从而由社会消费基金中分得的份额相同的条件下，某一个人事实上所得到的比另一个多些，也就比另一个人富些，如此等等。要避免所有这些弊病，权利就不应当是平等的，而应当是不平等的。"也就是说，政府应该制定相应的倾斜政策，保障弱势群体的相关利益。特别是要"提高劳动报酬在初次分配中的比重"，"规范收入分配秩序，保护合法收入，增加低收入者收入，调节过高收入，取缔非法收入。"[①] 同时要"以增强公平性、适应流动性、保障可持续性为重点，全面建成覆盖城乡居民的社会保障体系。"在高阶正义层面，马克思恩格斯以需要原则替代贡献原则，以"人的自我实现"基点，强调"人的全面发展和人的自由优先性。"在《哥达纲领批判》中马克思对此进行了分析，他指出："在共产主义社会高级阶段，在迫使个人奴隶般地服从分工的情形已经消失，从而脑力劳动和体力劳动的对立也随之消失之后；在劳动已经不仅仅是谋生的手段，而且本身成了生活的第一需要之后；在随着个人的全面发展，他们的生产力也增长起来，而集体财富的一切源泉都充分涌流之后，只有在那个时候，才能完全超出资产阶级权利的狭隘眼界，社会才能在自己的旗帜上写上：各尽所能，按

---

① 十八大以来重要文献选编（上）[M]. 北京：中央文献出版社，2014：28.

需分配!"① 因此马克思恩格斯的高阶正义理论是超越所有权的,这是与西方政治哲学家不同的地方,也是马克思恩格斯正义观的特质。就此而言,高阶正义的意义就在于,它为我们正确划清马克思恩格斯正义观和西方政治哲学中的正义观的界限,维护马克思主义的理论阵地,在西方市场经济发展面前暴露出诸多弊端的自由主义思想和制度设计之外为当代中国构建一种适应于社会主义市场经济的公平正义理论。

三、马克思恩格斯的慈善观

表面地看,马克思恩格斯极少论及慈善和慈善活动,不多的论述也主要是一些否定性论述,以至于不少学者认为讨论马克思恩格斯的慈善观是一件不会有结果的徒劳的事。因此,很多研究者对于马克思恩格斯的慈善观大多采取回避的态度,造成马克思主义在慈善理论研究方面的长期失语。这个问题在我国尤为严重,因为我国长期以来认为"世界上没有无缘无故的爱,也没有无缘无故的恨","慈善是资产阶级的伪善","慈善组织是西方列强侵略中国的工具"。经过时间的洗练,当我们更加自觉成熟地用历史唯物主义和辩证唯物主义的观点来认识马克思恩格斯关于慈善的论述和观察历史时,会发现:

第一,马克思恩格斯否定的只是虚伪的资产阶级慈善,也就是说,马克思恩格斯在对慈善进行批判时是有特定对象的。之所以要对资产阶级的慈善活动进行批判和揭露,是因为在社会日益分裂为越来越对立的资产阶级和无产阶级的情况下,"资产阶级所关心的是伪善地打着和平甚至博爱的幌子来进行这场战争,那么,只有揭露事实的真相,只有撕破这个伪善的假面具,才能对工人有利。"恩格斯就曾以英国工人阶级的悲惨状况对照地批判了英国慈善组织的伪善,他说资产阶级的慈善机关先榨取无产者,再对其施以小恩小惠,只是为了使自己伪善的心灵感到快慰,他们给工人的还不及从工人那里剥削的百分之一,而他们还要摆出一副人类恩人的姿态,他们的"这种布施使施者比受者更加人格扫地;这种布施使得本来就被侮辱的人遭到更大的侮辱,要求那些被社会排挤并已失掉人的面貌的贱民放弃他最后的一点东西——人的称号;这种布施在用施舍物给不幸的人打上被唾弃的烙印以前,

---

① 马克思恩格斯选集:第3卷 [M]. 北京:人民出版社,2012:364-365.

还要不幸的人卑躬屈膝地去乞求!"① 然而马克思恩格斯却从不否定一般人的慈善行为,他们对无产阶级的慈爱之心大加褒扬,在《英国工人阶级状况》中,恩格斯说工人阶级"自己就是命途多舛的,所以他们能同情境况不好的人。在他们看来,每个人都是人。"② 还提到了工人自己的组织——工会用救济金援助失业工人的事情,"这件事或者直接用协会的基金来解决,或者利用证明工人身份的卡片来进行,工人带着卡片从一个地方走到另一个地方,同行就资助他并告诉他什么地方容易找到工作。"③ 由此可见,尊重还是蔑视救助对象,同情还是虚伪是无产阶级慈善和资产阶级慈善的重要区别。

第二,马克思恩格斯否定的只是虚伪的资产阶级的慈善活动维护资产阶级统治的政治功能,但却从不否定慈善活动扶贫济困的基本社会功能。如果说资产阶级国家的任务和目的是将资产阶级和无产阶级的矛盾和冲突控制在一定的秩序范围以内,那么资产阶级的慈善活动仅仅是为了防止资产阶级统治集团内部的一些集团和个人过度剥削、压迫工人阶级而引发工人阶级的激烈抗争最终导致资产阶级的统治秩序崩溃的一种手段,这个意义上的慈善活动正是马克思和恩格斯所批判、反对的。

但是,马克思恩格斯对于慈善的社会功能是肯定的,并有多处论述,马克思就曾说"如果人同世界的关系是一种人的关系,那么你就只能用爱来交换爱,只能用信任来交换信任。"④ 也就是说,从最一般的社会功能或者人的本质来说,慈善、互助、信任等是人的社会化生产的一种方式,这时的慈善活动有助于社会的和谐发展,况且从保障工人阶级生活的角度看,即便是资产阶级的慈善也能够使工人们吃穿好一些、待遇好一些、特有财产好一些。所以,马克思恩格斯并不是否定慈善的社会功能,批判的只是资产阶级的慈善活动背后隐藏的政治功能和意图。总之,当我们站在新的时代条件下回看马克思恩格斯在你死我活的阶级斗争氛围中,在与小资产阶级暧昧的改良主义论争中关于慈善的论述时,可以发现,马克思恩格斯关于慈善的论述与我国现实中要求的慈善公益活动并不矛盾。因为我国已经是工人阶级领导的社会主义国家,慈善的维护资产阶级统治的政治功能的基础已经消失,慈善的社会功能将得到极大发挥;我国已经是共产党执政的国家,我国的慈善活动

---

① 马克思恩格斯全集:第2卷[M].北京:人民出版社,1957:566-567.
② 马克思恩格斯全集:第2卷[M].北京:人民出版社,1957:411.
③ 马克思恩格斯选集:第1卷[M].北京:人民出版社,2012:107.
④ 马克思恩格斯全集:第42卷[M].北京:人民出版社,1979:155.

已经是中国共产党领导下的以普通群众为主体的自发的群众性活动。就此而言，马克思恩格斯的慈善观对发展我国慈善事业的指导意义主要表现在：一是积极引导民营企业坚定中国特色社会主义理想信念、履行社会责任，鼓励和支持民营企业参与慈善事业，促进非公有制经济健康发展和成长；二是在全社会大力弘扬"助人为乐、团结友爱、无私奉献的友善精神"，传承中华民族优秀传统美德，促进社会主义核心价值观内化于心、外化于行，为实现中华民族伟大复兴的中国梦提供持久精神力量。

第三节　中国特色社会主义思想贫困治理理论

消除贫困，实现共同富裕是社会主义的本质要求，是中国共产党坚定不移的奋斗目标和一以贯之的执政承诺，是中国共产党人始终如一的根本价值取向。从毛泽东到习近平，中国共产党为此而殚精竭虑。新中国成立以来的近70年，也是中国共产党对共同富裕目标认识不断加深、实践经验不断丰富、道路探索不断拓宽的过程。

一、毛泽东的共同富裕思想

毛泽东作为中国共产党和新中国第一代领导集体的核心，毛泽东首先明确倡导使用了"共同富裕"的概念。还在国民经济恢复不久的1953年12月16日，由毛泽东主持起草的《关于发展农业生产合作社的决议》指出要"善于用明白易懂而为农民所能够接受的道理和办法去教育和促进农民群众逐步联合组织起来，逐步实行农业的社会主义改造，使农业能够由落后的小规模生产的个体经济变为先进的大规模生产的合作经济……并使农民能够逐步完全摆脱贫困的状况而取得共同富裕和普遍繁荣的生活"。[①] 共同富裕这一"明白易懂"的语言不仅激发了广大农民对社会主义社会的强烈向往和走社会主义道路的决心，也使其他阶层很快接受了社会主义道路。此后，毛泽东多次在公开场合强调"共同富裕"。1955年7月31日在中共中央召集的省（直辖市、自治区）委书记会议上，毛泽东针对出现的富农单干及分化苗头提出要在实施社会主义工业化的同时通过在农村实施合作化，消灭富农经济和个体经济从而使全体人民共同富裕起来的设想。可见毛泽东把发展生产力、实现

---

① 建国以来重要文献选编：第4册［M］. 北京：中央文献出版社，1993：661-662.

社会主义工业化或现代化作为共同富裕的物质基础，与此同时，把生产力不发达阶段下改革生产关系、实现农业合作化和集体化作为实现共同富裕的实践模式和路径，不过他的思考重心显然在后者。其后，毛泽东又在当年10月29日召开的资本主义工商业社会主义改造问题座谈会上进一步强调了共同富裕，他自信地指出我们实行社会主义和计划经济"是可以一年一年走向更富更强的，一年一年可以看到更富更强些。而这个富，是共同的富，这个强，是共同的强。"① 由此可见，毛泽东把社会主义制度作为实现中国人民的共同富裕的根本制度保障。综合来看，毛泽东对"共同富裕"的设定是：起点的机会均等、过程的同步富裕、结果的同等富裕。按照毛泽东关于摆脱贫困、实现共同富裕的思想，新中国成立初期中国开展了大规模的建设，建立了较为完整的国民经济体系，初步改善了城乡居民的生产生活状况。社会主义改造的完成、社会主义制度的建立更是为当代中国一切发展进步提供了根本制度前提。但是由于毛泽东对社会主义初级阶段能够实现的社会公平估计过高，把共同富裕和同等、同步富裕等值看待，试图通过单一提供公有制程度来推动生产力发展，在历史的局限和理论的不成熟中终于未能带领中国人民实现共同富裕。正像邓小平后来所总结的"我们坚持走社会主义道路，根本目标是实现共同富裕，然而平均发展是不可能的，过去搞平均主义，吃'大锅饭'，实际上是共同落后，共同贫穷，我们就是吃了这个亏。"② 正是在对毛泽东共同富裕思想及其实践经验教训的充分总结基础上，邓小平开启了中国特色社会主义共同富裕思想和道路的深入探索。

二、中国特色社会主义共同富裕思想

中共十一届三中全会后，在改革开放的历史进程中，邓小平逐步形成了"社会主义本质论"。他指出："社会主义的本质是解放生产力，发展生产力，消灭剥削，消除两极分化，最终达到共同富裕"，社会主义最大的优越性就是共同富裕"，而"只有社会主义，才能有凝聚力，才能解决大家的困难，才能避免两极分化，逐步实现共同富裕"③，他还在讲话中多次提到如何实现共同富裕，主要有：先富带后富，这是加快发展、实现共同富裕的捷径；两个大局的思想，内地和沿海都要顾全大局；发展初期，内地支持沿海，发展之后，

---

① 毛泽东文集：第6卷 [M]. 北京：人民出版社，1999：495.
② 邓小平文选：第3卷 [M]. 北京：人民出版社，1993：155.
③ 邓小平年谱（1975—1997）（下）[M]. 北京：中央文献出版社，2004：1312.

沿海帮助内地；重视科学教育，摆脱贫困离不开科学，要重视智力开发、智力投资；高度重视"三农"工作，农村的发展、农民生活水平的提高关系到社会发展稳定的大局，只有农民摆脱贫困，我国才真正摆脱贫困；发展乡镇企业等。这些论述为全面建成小康社会背景下推进扶贫开发指明了战略方法、战略步骤、战略重点、最终目标、根本途径等。随着经济的发展，中国地区之间、城乡之间、阶层之间的发展不平衡问题逐渐显现并日趋严重且呈现固化态势，如何破解发展难题，保持社会稳定，打破利益藩篱，畅通社会流动渠道等成为必须着力解决的问题。对此，江泽民指出："实现共同富裕是社会主义的根本原则和本质特征，绝不能动摇"①，同时他也强调要用历史的辩证的观点认识和处理地区差距问题，各个地区发展不平衡是一个长期的历史的现象，解决地区差距问题也需要一个过程，必须高度重视和采取有效措施正确解决这些差距问题。21世纪以来，中国进入了矛盾多发期，民众的民主意识、公平公正意识增强，对于党和政府的期待越来越高，如何更好地实现共同富裕成为坚持中国特色社会主义道路必须处理好的问题，为此，以胡锦涛为总书记的党中央不失时机地提出科学发展观，强调："在促进发展的同时，把维护社会公平放到更加突出的位置，综合运用多种手段，依法逐步建立以权利公平、机会公平、规则公平、分配公平为主要内容的社会公平保障体系，使全体人民共享改革发展的成果，使全体人民朝着共同富裕的方向稳步前进。"② 可以说，对共同富裕原则的坚守和追求在经济发展的高歌猛进背景下并未有一丝减缓。2012年中共十八大明确提出到2020年实现全面建成小康社会的宏伟目标。大会一结束，习近平就率领十八届中央政治局常委与中外记者见面，在会上，他代表中国共产党向世人宣告："我们的责任，就是要团结带领全党全国各族人民……坚定不移走共同富裕的道路。"③ 随着2011年中共中央将农民人均年纯收入2300元作为新的国家扶贫标准，中国农村贫困人口从2685万增加到1.28亿人，占农村户籍人口的13.4%。面对全面建成小康社会时间紧、任务重的现实状况，习近平高度重视农村地区、贫困地区的发展，并多次赴贫困地区考察，一再昭示走共同富裕之路的决心。他强调："消除贫困、改善民生、实现共同富裕，是社会主义的本质要求"，"全面建成小康社会，最艰巨最繁重的任务在农村，特别是在贫困地区。没有农村的小康，

---

① 江泽民文选：第1卷［M］.北京：人民出版社，2006：466.
② 十六大以来重要文献选编（中）［M］.北京：中央文献出版社，2006：712.
③ 十八大以来重要文献选编（上）［M］.北京：中央文献出版社，2014：70.

特别是没有贫困地区的小康，就没有全面建成小康社会"。2015 年 11 月 27—28 日召开的中共扶贫工作会议通过的《中共中央、国务院关于打赢脱贫攻坚战的决定》使脱贫攻坚成为全党全社会共同关注的焦点，奏响了脱贫攻坚全面建成小康社会的时代最强音。可以说，党的十八大以来以习近平同志为核心的党中央提出的共同富裕相关论述为实现脱贫致富指出了工作重点、着力方向、实施方略等，是新时期推动扶贫开发的基本遵循。由此可见，贯穿中国共产党执政历程的共同富裕思想是推动扶贫开发、实现民生改善、全面建成小康社会的精神指引和实践向导。

三、中国特色"大扶贫"战略

新中国成立以来，中国共产党和中国政府始终致力于消除贫困，从改革开放之前和最初几年的救济式扶贫到改革开放后开启的开发式扶贫，经过扶贫开发与社会保障两轮驱动直到党的十八大以来的精准扶贫，逐渐探索出一条中国特色的扶贫开发道路。其中一条至关重要的经验是"动员全社会参与，发挥中国制度优势，构建了政府、社会、市场协同推进的大扶贫格局，形成了跨地区、跨单位、全社会共同参与的多元主体的社会扶贫体系。"[①] 大扶贫之"大"首先表现在对贫困的理解和认知更为广泛。作为一种社会现象，贫困古已有之，但作为一种学术范畴，则始于 19 世纪末的西方。19 世纪末，英国学者朗特里将贫困定义为"一个家庭的总收入水平不足以维持家庭所有成员最低生活必需品的费用"，在此，贫困被限定为收入贫困或绝对贫困，这种认识影响了世界几十年之久。

实际上，中国政府和学者在改革开放初期的认识也主要是收入贫困，主要目标是解决温饱。随着对贫困认识的加深，贫困的社会内涵、政治内涵逐渐凸显，能力贫困、知识贫困、权利排斥等多维意义逐渐彰显，中国农村扶贫开发的目标也转向"巩固温饱成果，提高贫困人口的生活质量和综合素质，加强贫困乡村的基础设施建设，改善生态环境，逐步改变贫困地区经济、社会、文化的落后状况，为达到小康水平创造条件"和"巩固温饱成果、加快脱贫致富、改善生态环境、提高发展能力、缩小发展差距"。正是基于对贫困内涵的深入和广泛的理解，中国政府和各类社会力量所涉及的扶贫领域非常广泛。大扶贫之"大"也表现在反贫困的参与主体多。改革开放初期，随着

---

① 十八大以来重要文献选编（中）[M].北京：中央文献出版社，2016：718-719.

国家对社会控制的松动和社会资源的增多，一些社会组织和市场组织已经早于国家开启的大规模、有计划的扶贫开发参与到贫困救济和弱势群体救助中。其后"伴随市场经济体制的发展完善以及国际组织参与中国减贫的实践，市场组织、社会组织参与减贫逐渐被纳入国家正式的扶贫制度安排"。1994年4月发布的《国家八七扶贫攻坚计划（1994—2000年）》提出要"充分发挥中国扶贫基金会和其他种类民间扶贫团体的作用"，为社会组织参与扶贫奠定了政策基础。进入21世纪，国家先后颁布两个十年扶贫开发纲要，2001年6月13日印发的第一个《纲要》强调："坚持政府主导、全社会共同参与。""进一步弘扬中华民族扶贫济困的优良传统，动员社会各界帮助贫困地区的开发建设。"2011年5月下发的《中国农村扶贫开发纲要（2011—2020年）》继续强调要"广泛动员社会各界参与扶贫开发""鼓励先富帮后富，实现共同富裕。"党的十八大以来，政府出台鼓励构建大扶贫格局的政策全面提速深化，2014年1月发布的《关于创新机制扎实推进农村扶贫开发工作的意见》指出要"更加广泛、更为有效地动员社会力量，构建政府、市场、社会协同推进的大扶贫开发格局，在全国范围内整合配置扶贫开发资源，形成扶贫开发合力"。2015年11月通过的《中共中央、国务院关于打赢脱贫攻坚战的决定》强调："强化政府责任，引领市场、社会协同发力，鼓励先富帮后富，构建专项扶贫、行业扶贫、社会扶贫互为补充的大扶贫格局。"不难看出，构建政府、市场和社会协同推进的大扶贫格局已经成为中国农村扶贫开发的基本政策取向，这不仅是中国特色扶贫开发的经验总结，也是中国扶贫开发的制度特点和优势。正是在大扶贫战略格局的指导下，在持续高涨的慈善意识和持续发展的经济支持下高速发展的社会组织才获得了越来越广的行动空间和越来越强的行动能力。

四、中国共产党共享发展理念

在对马克思主义原则的坚持和发展中，对西方共享经济理论的超越和创新中，在对中国经济社会发展实践的总结基础上，对原苏东国家兴衰成败的重要借鉴上以及对其他国家发展实践的重要参照中，2015年10月26—29日在北京举行的党的十八届五中全会创新性地提出了共享发展理念。坚持共享发展，"必须坚持发展为了人民、发展依靠人民、发展成果由人民共享，做出更有效的制度安排，使全体人民在共建共享发展中有更多获得感，增强发展动力，增进人民团结，朝着共同富裕方向稳步前进。"作为中国特色社会主义的本质要求,共享有着丰富的内涵。首先,共享是为全民共享,是全体人民都有更多获得感的共享,而不是一部分人、少数人的共享;其次,共享是全面共享,是超越了单纯的经济和物质利益的共享,它要求全体人民共享国家在经济、政治、文化、社会、生态等各方面的建设成果,并全面保障人民在各方面的合法权益;再次,共享是共建共享,是全体人民共同参与创造的共享,共建才能共享,共建是共享的手段,共享是共建的目的;最后,共享是差异共享,我国尚处于社会主义初级阶段,既存在改革中致富的一部分人,也存在尚未脱贫致富的一部分人,因此,发展成果的贡献既有发展型共享,也有生存型共享,也就是说,共享因为人民群众的需求差异而出现不同。共享发展要求坚守底线,突出重点,保障基本民生,对当前推进脱贫攻坚有着重要的理论价值和指导意义。就社会组织参与扶贫开发而言,这种理论价值和指导意义表现在以下几个方面:第一,共享发展理念为政府向社会开放扶贫资源提供了全新的理论支持。共享是全民共享,也就是说,发展成果应该由创造它的全体社会成员共同享有。作为由社会一部分人或特定群体基于自愿结合而成的社会组织既是公共服务提供的主要主体,也是经济发展的重要贡献者,是我国经济社会发展的一支重要力量,共同参与创造了迅速腾飞的中国经济,理应享有因职能转型所开放的政府财政资源,而不论该组织是官办型抑或民办型组织。第二,共享发展理念要求政府创造支持社会组织参与扶贫开发的制度条件。共享是全面性共享,共享不仅是物质财富层面的经济共享和富足,还包括国家通过各种制度安排和保障措施进一步促进全体人民群众共享政治、社会、文化、生态文明等方面的利益。就社会组织参与扶贫开发而言,社会组织不仅应当共享政府所开放的经济资源,也应当公平地享有政治权利、社会权利、文化权利和生态权利,并且政府应当通过更有效的制度安排保障社会组织的各方面权利。如2014年12月4日国务院办公厅发布的《关于进一步动员社会各方面力量参与扶贫开发的意见》在落实优惠政策、建立激励体系、加强宣传工作、改进管理服务、加强组织动员等各方面对政府提出了全方位的要求,细化和严密了社会组织参与扶贫开发的制度安排。第三,共享发展理念为激发贫困群众的主动性提供了不可多得的价值向导。共享是参与性共享,它要求"人人参与、人人尽力、人人享有"。共建才能共享,共建和共享不可分割,共建是共享的手段和前提,共享是共建的目标和结果,必须"充分发扬民主,广泛汇聚民智,最大激发民力,形成人人参与、人人尽力、人人都有成就感的生动局面"。这与社会组织参与扶贫开发注重发挥贫困群体的主动性，注重贫困群体的参与性，为贫困人口赋权的价值追求和实践导向相契合。第四，共享发展理念为政府扶持社会组织的差异化策略提供了理论支持。共享是差异性和渐进性共享，从我国具体国情看，我国仍处于社会主义初级阶段，生产力发展水平还不高，也没有达到全体人民平等享有发展成果的阶段，因此，共享发展并不是强调取消差别，取消私有，而是在"正义精神和公平分配原则下，实现经济增长与人们富裕生活的同向一致"①。也就是说，在机会公平的前提下，不同个体因为自身能力和资源禀赋等限制会出现不同层级的发展需求，这就要求社会组织贡献不同类型的服务。由于共享发展具有明显的民生导向，是民生问题的回应，因此，共享发展的侧重主体应该有所不同，包括贫困人口、少数民族、农村留守人口、残疾人等在内的社会弱势群体将是共享发展的侧重点。相应地对弱势群体提供公共服务的社会组织是政府的重点支持对象。

第四节　新时代习近平精准扶贫战略思想

习近平关于精准扶贫精准脱贫的重要论述，是建设新时代中国特色社会主义行动指南的重要组成部分，是世界扶贫理论及实践在中国新时代社会主义建设中的具体体现、发展和创新。精准扶贫是习近平总书记扶贫思想的核心内容，是贫困治理的重大理论创新，是党中央治国理政新理念新思想新战略的重要组成部分。党的十八大以来，我国贫困治理体系不断创新完善，贫困治理能力逐步提高。习近平精准扶贫思想是中国政府当前和今后一个时期关于贫困治理的指导性思想，其生成的理论基础是"共同富裕"根本原则，现实基础是"全面建成小康社会"的宏伟目标。

一、精准扶贫的历史条件

新中国成立之初，国民经济积贫积弱、百废待兴，土地和人民的温饱问题是最突出的问题。2000多年的封建经济基础都是自给自足，小而分散的家庭农业经济，难以形成规模化生产，导致中国农村人口长期陷于贫困落后的状态之中。中国第一代领导人毛泽东深谙农民农村问题，提出农民合作化和"共同富裕"的战略构想来摆脱贫困，其最终目的是保证农村中一小部分缺粮

---

① 王淑芹．正确理解五大发展理念的内涵和要求［J］．思想理论教育导刊，2016（1）：78．

户不再缺粮，除了专门经营经济作物的某些农户以外，其余农户统统变为余粮户或者自给户，使农村中没有贫农，让全体农民能够过上"中农和中农以上"的生活水平，并通过合作社逐步对传统手工业、资本主义工商业进行社会主义改造。然而，"共同富裕"并不是一蹴而就的。人民公社时期的平均主义，大锅饭的生产方式极大降低了农民生产积极性，"大跃进"和"文化大革命"更是加剧了农村的贫困问题。但是，在那个历史时期与贫困治理有关的土地改革、卫生医疗、基础教育等实践，却能够显著提高人民的社会福利水平，尤其是许多常见的传染病得到彻底根除，人民基本生活和健康水平比新中国成立初期有了显著的提高。

在总结经验和历史教训的基础上，以邓小平同志为核心的第二代领导人提出："要让一部分地区有条件先发展起来，一部分地区发展慢点，先发展起来的地区带动后发展的地区，最终达到共同富裕。""先富带动后富"的初衷是发挥经济增长的"涓滴效应"，先做大"蛋糕"，再通过政府转移支付、救济补贴、公共事业建设实现财富二次分配，让穷人共享经济发展成果，这一贫困治理政策是一项伟大的创新。1978年，安徽凤阳小岗村率先实行家庭联产承包责任制，农民拥有了使用和管理土地的权利，农村生产力得到了巨大的解放，极大地激发了农民的生产热情，推动了农业发展，产生了减贫效应的集中释放，为中国今后的其他各项改革奠定了坚固的物质基础。但是，由于早期重工业优先发展战略消耗了大量农业原始积累，导致财富在产业间的分配格局极不平衡。1979年，党的十一届四中全会通过了《中共中央关于加快农业发展若干问题的决定》，通过提高农产品收购价格，缓解工农产品价格"剪刀差"。农产品流通体制改革缩小了城乡居民收入差距，外商投资、出口贸易的急剧攀升，降低了生产非效率，促进全社会整体的技术进步，改革开放更是迎来了农村社会经济体制改革的新时期，农村劳动生产率和农民人均纯收入迅速提高。然而，1986年以后由于城镇化、工业化和"先富带后富"的非均衡发展战略，促使各类资源在区域间产生不平等的倾向性分配，导致经济发展呈现出东、中、西部地区间发散态势。工农产品"剪刀差"和城乡二元经济社会结构冲击了农村经济，农村发展失去其优先效应，制度改革红利和经济增长拉动的扶贫模式效应明显减弱，贫困也由原来的整体性转变为区域性、多元性和复杂性。

以江泽民同志为核心的第三代领导集体继承了前两代领导人在贫困治理中凝聚的智慧。深刻认识到我国农村地区之间经济发展非常不平衡，认为要实现共同富裕，就必须切实解决好农村贫困问题。1994年国务院制定发布了《国家八七扶贫攻坚计划（1994—2000年）》，具体目标是：对当时全国农村8000万贫困人口的温饱问题，力争用7年左右的时间（从1994年到2000年）基本解决。这一时期592个国家级贫困县的确定，再次明确了扶贫重点和扶贫对象，标志着我国贫困治理进入了城市反哺农村，工业反哺农业的新阶段。1996年，党中央、国务院做出《关于尽快解决农村贫困人口温饱问题的决定》，强调"要以贫困村为重点，以贫困户为对象，把扶贫任务分解到村，把扶贫措施落实到户"，扶贫攻坚战略由"面"转向"点"，大规模连片贫困区域问题得到一定缓解。但是，改革开放产生的要素区域间分配差异性，导致东、中、西部地区经济呈现出区域内收敛、区域间发散态势，发展依然存在明显的不均衡，西部地区成为贫困重灾区。

以胡锦涛同志为核心的第四代国家领导人结合国情于2001年出台《中国农村扶贫开发纲要（2001—2010年）》，将扶贫重点瞄准到西部地区贫困县，大力实施西部大开发战略，创新扶贫机制，实施产业扶贫、金融扶贫、易地搬迁扶贫等多维扶贫措施。与此同时，2003年中国全面取消农业税，试点推行新型农村合作医疗制度；2007年全面实施农村九年的免费义务教育，建立农村最低生活保障制度；2011年贫困标准提高至2300元/月等。这一阶段的贫困治理，大大提高了扶贫项目的针对性、益贫性。2011年出台的《中国农村扶贫开发纲要（2011—2020年）》标志着上一阶段扶贫工作的结束和新一阶段扶贫工作的开始。扶贫重点由"整村推进"向集中连片特困地区转变。改变了以往单纯依靠总体经济发展的脱贫模式，更加注重统筹城乡和区域的协调发展，不断提高集中连片特困地区的扶贫力度。在过去的几十年间，一般性贫困问题已经随着不断加大的政策性投入得到了极大的缓解。伴随着经济进入"新常态"，城乡一体化进程放缓，收入两极分化愈加严重，经济增长也逐步放缓。解决刘易斯发展模式造成的城乡分割二元体制和非均衡发展遗留下来的不平衡等问题是新时代精准扶贫、精准脱贫乃至全面建成小康社会的首要任务，更需要科学、精准、动态和长效的扶贫机制和检测系统。

新时代习近平总书记关于扶贫开发的重要论述，是在中国进入全面建成小康社会的攻坚阶段中产生的。以前的经济社会发展及扶贫工作，是全面脱贫的重要基础。但是，在指定的时间之内全面脱贫却要面对两个非常严峻的挑战：一是"顽固性"贫困问题，即在经济发展比较好的地区，在绝大多数人步入小康生活的情况下，依然有一小部分人群因为各种特殊的原因缺乏自我脱贫的能力；二是"贫困陷阱"问题，即在一些贫困发生率比较高的连片特困地区，相当比重的低收入贫困家庭因为长期的"等、靠、要"思想而失去了自我脱贫的意志和能力，总是希望能够得到政府的直接帮助去勉强维持高于最低贫困线的生活。针对这两方面的问题，习近平首先提出"小康路上一个也不能落下"的脱贫要求，指出必须做到"真扶贫、扶真贫"，以解决所谓的"顽固性"贫困。同时，他提出"扶贫先扶志，治贫先治愚"的策略，采取直接帮扶及"益贫式"发展并举的综合措施，促使贫困和低收入农户自我摆脱"贫困陷阱"的魔咒。在具体的扶贫措施上，精准识别，精准实施，成为习近平扶贫实践的重大突破。尤其是2014年开始实施的建档立卡措施，在全国范围内，通过基层政府层层责任明确分工的同时，把每一个贫困家庭识别出来，并根据具体情况采取"财政补助脱贫一批，生产帮助脱贫一批，教育发展脱贫一批，生态补偿脱贫一批，易地搬迁脱贫一批""五个一批"的手段，按时按量按质，有步骤、分层次地彻底消灭绝对贫困。这是习近平总书记关于扶贫工作理论及实践最主要的创新和突破。

二、脱贫攻坚工作的新要求

2012年党的十八大以来，我国进入全面建成小康社会的关键时期。全面建成小康社会、实现第一个百年奋斗目标，最艰巨的任务是脱贫攻坚，这是一个最大的短板，也是一个标志性指标。中国共产党人从党成立之日起就确立了为天下劳苦人民谋幸福的目标，这就是共产党人的初心。全面建成小康社会必须是全体人民脱贫致富的社会，实现到2020年在现有贫困标准下的几千万贫困人口脱贫致富可谓时间紧、任务重。随着脱贫攻坚难度增大和力度增加，大水漫灌式和输血式的扶贫方式已经难以适应新的形势，为此，2013年11月习近平总书记在湖南湘西考察时强调指出："扶贫要实事求是，因地制宜。要精准扶贫，切忌喊口号，也不要定好高骛远的目标。"[①] 随后，习近平又在多种场合对精准扶贫战略做出说明，2014年2月，习近平总书记在对河北省委的批示中指出要"进一步增强责任感和紧迫感，坚持科学规划、分类指导，实施精准扶贫，增强内生动力"[②]，2015年6月习近平在部分省区市

---

① 习近平的"扶贫观"：因地制宜 "真扶贫，扶真贫" [EB/OL]. http://politics.people.com.cn/n/2014/1017/c1001-25854660.html.
② 扶贫攻坚再啃"硬骨头" 实施精准扶贫增强内生动力 [EB/OL]. http://www.he.xinhuanet.com/news/2014-08/14/c_1112069088.htm.

党委主要负责同志座谈会上强调："要坚持因人因地施策，因贫困原因施策，因贫困类型施策，区别不同情况，做到对症下药、精准滴灌、靶向治疗。"①同年10月，又在减贫与发展高峰论坛的主旨演讲中指出："中国在扶贫攻坚工作中采取的重要举措，就是实施精准扶贫方略，找到'贫根'，对症下药，靶向治疗。"② 与此同时，中共中央办公厅和国务院等机构也连续出台《关于创新机制扎实推进农村扶贫开发工作的意见的通知》《关于印发〈建立精准扶贫工作机制实施方案〉的通知》《关于印发〈扶贫开发建档立卡工作方案〉的通知》等规定，对精准扶贫的实施方案等做了具体规定，推动了习近平精准扶贫战略思想的全面展开。党的十八大以来，在习近平精准扶贫战略思想的推进过程中，政府积极引导社会组织参与精准扶贫，2014年11月，《国务院关于促进慈善事业健康发展的指导意见》明确指出要"加快出台有关措施，以扶贫济困类项目为重点，加大政府财政资金向社会组织购买服务力度"。随后印发的《关于进一步动员社会各方面力量参与扶贫开发的意见》明确提出培育多元社会扶贫主体，积极引导社会组织扶贫，"地方各级政府和有关部门要对社会组织开展扶贫活动提供信息服务、业务指导"③。党的十八届五中全会通过的《"十三五"规划建议》进一步强调要"激励各类企业、社会组织、个人自愿采取包干方式参与扶贫"④。党的十九大把脱贫攻坚作为全面建成小康社会必须打好的三大攻坚战之一，在党的十九大报告中，6处论述脱贫攻坚，是历次党代会报告中分量最重、内容最多的。党的十九大后，继续响鼓重锤、高位推进，在中央经济工作会议、中央农村工作会议、成都打好精准脱贫攻坚战座谈会、全国"两会"、中央政治局常委会议、中央政治局会议、中央财经委员会第一次会议等重要会议上，反复强调打好三年脱贫攻坚战。十九届中共中央政治局常委同中外记者见面：举全党全国之力，坚决完成脱贫攻坚任务。亚太经合组织工商领导人峰会：持续推进精准扶贫、精准脱贫，实现到2020年我国现行标准下农村贫困人口脱贫的目标。主持十九届中央全面深化改革领导小组第一次全体会议，研究部署加强贫困村驻村工作队选派

---

① 习近平在部分省区市党委主要负责同志座谈会上强调谋划好"十三五"时期扶贫开发工作确保农村贫困人口到2020年如期脱贫 [N]. 人民日报，2015-06-20（01）.
② 十八大以来重要文献选编（中）[M]. 北京：中央文献出版社，2016：720.
③ 国务院办公厅关于进一步动员社会各方面力量参与扶贫开发的意见 [EB/OL]. http：//www.gov.cn/zhengce/content/2014-12/04/content_9289.htm
④ 中共中央关于制定国民经济和社会发展第十三个五年规划的建议 [N]. 人民日报，2015-11-04（01）.

管理工作。在中央经济工作会议、中央农村工作会议上，用大量篇幅讲脱贫攻坚，部署今后三年脱贫攻坚工作。2018 年新年贺词中号召全社会行动起来，尽锐出战，精准施策。

习近平总书记指示：打赢脱贫攻坚战，对全面建成小康社会、实现"两个一百年"奋斗目标具有十分重要的意义。行百里者半九十。各级党委和政府要把打赢脱贫攻坚战作为重大政治任务，强化中央统筹、省负总责、市县抓落实的管理体制，强化党政一把手负总责的领导责任制，明确责任、尽锐出战、狠抓实效。要坚持党中央确定的脱贫攻坚目标和扶贫标准，贯彻精准扶贫、精准脱贫基本方略，既不急躁蛮干，也不消极拖延，既不降低标准，也不吊高胃口，确保焦点不散、靶心不变。要聚焦深度贫困地区和特殊贫困群体，确保不漏一村不落一人。要深化东西部扶贫协作和党政机关定点扶贫，调动社会各界参与脱贫攻坚积极性，实现政府、市场、社会互动和行业扶贫、专项扶贫、社会扶贫联动。脱贫攻坚时间紧、任务重，必须真抓实干、埋头苦干。各级党委和政府要以更加昂扬的精神状态、更加扎实的工作作风，团结带领广大干部群众坚定信心、顽强奋斗，万众一心夺取脱贫攻坚战全面胜利。

李克强总理连续 5 年在政府工作报告中明确 1000 万以上减贫任务，多次到贫困地区调研扶贫，多次主持召开国务院常务会议，研究部署易地扶贫搬迁、交通扶贫、教育扶贫、健康扶贫、革命老区扶贫、扶贫资金使用管理、"十三五"脱贫攻坚规划等重点工作，就推进脱贫攻坚多次做出重要批示。李克强总理批示：实现精准脱贫是全面建成小康社会必须打赢的攻坚战，是促进区域协调发展的重要抓手。各地区各部门要全面贯彻党的十九大精神，以习近平新时代中国特色社会主义思想为指导，认真落实党中央、国务院关于打赢脱贫攻坚战三年行动的决策部署，进一步增强责任感紧迫感，坚持精准扶贫、精准脱贫基本方略，聚焦深度贫困地区和特殊贫困群体，细化实化政策措施，落实到村到户到人，加强项目资金管理，压实责任，严格考核，凝聚起更大力量，真抓实干，确保一年一个新进展。要注重精准扶贫与经济社会发展相互促进，注重脱贫攻坚与实施乡村振兴战略相互衔接，注重外部帮扶与激发内生动力有机结合，推动实现贫困群众稳定脱贫、逐步致富，确保三年如期完成脱贫攻坚目标任务。

以习近平同志为中心的党中央精准扶贫战略思想是对改革开放 40 年我国扶贫经验的总结和提升，构成了习近平新时代中国特色社会主义思想的重要内容,是脱贫攻坚阶段政府支持社会组织和社会组织主动参与精准扶贫的最为深厚的思想基础,是我们打赢脱贫攻坚战的根本遵循和行动指南。

战略任务:把脱贫攻坚摆在治国理政的突出位置,从发挥社会主义制度优越性、逐步实现全体人民共同富裕,从实现党的第一个百年奋斗目标的战略高度,提出打赢脱贫攻坚战是全面建成小康社会的底线任务。全面建成小康社会、实现第一个百年奋斗目标,最艰巨的任务是脱贫攻坚,这是一个最大的短板,也是一个标志性指标。全面建成小康社会,一个不能少;共同富裕路上,一个也不能掉队。

政治保障:从践行共产党人的初心和使命,从加强党的全面领导、坚决维护党中央权威和集中统一领导的战略高度,提出"坚持党对脱贫攻坚的领导"。我们中国共产党人从党成立之日起就确立了为天下劳苦人民谋幸福的目标。这就是我们的初心。坚持党的领导,发挥社会主义制度可以集中力量办大事的优势,这是我们的最大政治优势。

科学方法:坚持实事求是思想路线,从确保贫困地区贫困群众尽快实现稳定脱贫目标的战略高度,提出"实施精准扶贫、精准脱贫"基本方略。扶贫开发推进到今天这样的程度,贵在精准,重在精准,成败之举在于精准。总结各地实践和探索,好路子好机制的核心就是精准扶贫、精准脱贫,做到扶持对象精准、项目安排精准、资金使用精准、措施到户精准、因村派人精准、脱贫成效精准。

工作格局:强调脱贫攻坚是全党全社会的共同责任,从发挥制度优势和培育践行社会主义核心价值观的战略高度,提出动员社会各方面力量共同向贫困宣战、"构建大扶贫格局"。

脱贫致富不仅仅是贫困地区的事,也是全社会的事。扶贫开发是全党全社会的共同责任,要动员和凝聚全社会力量广泛参与。要坚持专项扶贫、行业扶贫、社会扶贫等多方力量、多种举措有机结合和互为支撑的"三位一体"大扶贫格局。

脱贫主体:强调脱贫致富终究要靠贫困群众用自己的辛勤劳动来实现,从尊重贫困群众的主体地位和首创精神、实现稳定脱贫可持续发展的战略高度,提出"激发内生动力"。脱贫致富贵在立志,只要有志气、有信心,就没有迈不过去的坎。扶贫不是慈善救济,而是要引导和支持所有有劳动能力的人,依靠自己的双手开创美好明天。

脱贫质量:始终强调扶真贫、真扶贫和脱真贫、真脱贫,从严明党的政治纪律和政治规矩、不折不扣地落实党中央决策部署、确保实现高质量脱贫的战略高度,提出"实施最严格考核评估"。必须坚持把全面从严治党要求贯穿脱贫攻坚工作全过程和各环节,实施经常性的督查巡查和最严格的考核评估。扶贫工作必须务实,脱贫过程必须扎实,脱贫结果必须真实,让脱贫成效真正获得群众认可、经得起实践和历史检验。

全球减贫:倡导消除贫困是人类的共同使命,从更充分发挥我国软实力促进在全球治理中增强话语权、树立大国形象的战略高度,提出"共建一个没有贫困、共同发展的人类命运共同体"。每个国家在谋求自身发展的同时,要积极促进其他各国的共同发展。中国在致力于自身消除贫困的同时,始终积极开展南南合作,力所能及向其他发展中国家提供不附加任何政治条件的援助,支持和帮助广大发展中国家特别是最不发达国家消除贫困。"一带一路"建设承载着我们对共同发展的追求,将帮助各国打破发展瓶颈,缩小发展差距,共享发展成果,打造甘苦与共、命运相连的发展共同体。

三、习近平总书记精准扶贫战略思想

精准扶贫即"扶贫对象精准、项目安排精准、资金使用精准、措施到户精准、因村派人精准、脱贫成效精准",也就是说,精准化的理念要贯穿从扶贫对象识别到结果监测的全过程以及所有扶贫主体的所有扶贫活动中。从20世纪80年代中期开始的扶贫开发先后把瞄准对象设定在县级、村级和重点区域,这是一种以区域瞄准为主的识别方式,这种扶贫方式可以在短时期内通过瞄准一定区域并投入大量资金和人力改变当地的基础设施,帮助一部分贫困人口脱贫致富,但是区域外的贫困人口和区域内的非贫困人口的存在也稀释了区域瞄准的精确性,同时由于区域瞄准的前提是贫困成因的一元性,从而容易忽视个性化的贫困需求,导致扶贫工作成效不可持续性增强,扶贫资源浪费。精准扶贫强调根据贫困群体的状况提出针对性措施,不仅是一种工作方法的改变,也是一种工作理念的转变。这种转变不仅要求政府扶贫的转变,也要求包括非专职扶贫部门和社会力量及市场在内的所有扶贫力量的转变。就社会组织扶贫而言,长期以来社会组织在扶贫的过程中一直践行着精准扶贫理念。社会组织通常力量较小、较为专业,在扶贫过程中必须把有限的资金和物资针对最需要帮助的人,如很多社会组织在扶贫过程中会通过多种途径和方法使扶贫资源落实到真正的贫困人口,中国妇女发展基金会"母

亲邮包"项目以中国邮政寄递业务为依托,将主要由生活必需品组成的"母亲邮包"准确递送至贫困母亲手中,希望工程采取直通车方式,将助学金直拨至受助学生家庭及个人银行账户,从而保障了社会组织扶贫较高的瞄准度和成功率。

党的十八大及十九大开创了扶贫攻坚的新局面,明确了脱贫攻坚目标任务,确立了精准扶贫、精准脱贫基本方略,改革创新了扶贫体制机制,构建了"三位一体"大扶贫格局。

(一)总体思路

全面贯彻党的十九大和十九届二中、三中全会精神,以习近平新时代中国特色社会主义思想为指导,充分发挥政治优势和制度优势,坚持精准扶贫、精准脱贫基本方略,坚持中央统筹、省负总责、市县抓落实的工作机制,坚持大扶贫工作格局,坚持脱贫攻坚目标和现行扶贫标准,聚焦深度贫困地区和特殊贫困群体,突出问题导向,优化政策供给,下足"绣花"功夫,着力激发贫困人口内生动力,着力夯实贫困人口稳定脱贫基础,着力加强扶贫领域作风建设,切实提高贫困人口获得感,确保到2020年贫困地区和贫困群众同全国一道进入全面小康社会,为实施乡村振兴战略打好基础。

(二)任务目标

到2020年,巩固脱贫成果,通过发展生产脱贫一批,易地搬迁脱贫一批,生态补偿脱贫一批,发展教育脱贫一批,社会保障兜底一批,因地制宜综合施策,确保现行标准下农村贫困人口实现脱贫,消除绝对贫困;确保贫困县全部摘帽,解决区域性整体贫困。实现贫困地区农民人均可支配收入增长幅度高于全国平均水平,实现贫困地区基本公共服务主要领域指标接近全国平均水平。

(三)工作要求

坚持严格执行现行扶贫标准;坚持精准扶贫,精准脱贫基本方略;坚持把提高脱贫质量放在首位;坚持扶贫同扶智相结合;坚持开发式扶贫和保障性扶贫相统筹;坚持脱贫攻坚与锤炼作风锻炼队伍相统一;坚持调动全社会扶贫的积极性。扶贫做到六个精准:扶持对象精准、项目安排精准、资金使用精准、措施到户精准、因村派人精准、脱贫成效精准。

(四)政策措施

强化到村到户到人精准帮扶10项举措。加大产业扶贫力度,全力推进就业扶贫，深入推动易地扶贫搬迁，加强生态扶贫，着力实施教育脱贫攻坚行动，深入实施健康扶贫工程，加快推进农村危房改造，强化综合保障性扶贫，开展贫困残疾人脱贫行动，开展扶贫扶志行动。

加快补齐贫困地区基础设施短板4项举措。加快实施交通扶贫行动，大力推进水利扶贫行动，大力实施电力和网络扶贫行动，大力推进贫困地区农村人居环境整治。

落实四项支撑保障。强化财政投入保障，加大金融扶贫支持力度，加强土地政策支持，实施人才和科技扶贫计划。

动员全社会力量，加大东西部扶贫协作和对口支援力度，深入开展定点扶贫工作，扎实做好军队帮扶工作，激励各类企业、社会组织扶贫，大力开展扶贫志愿服务活动。

做好精准扶贫、精准脱贫基础性工作。一是强化扶贫信息的精准与共享。二是健全贫困退出机制。取消行业部门与扶贫无关的"搭车任务"。三是开展国家脱贫攻坚普查。2020年至2021年年初对脱贫摘帽县进行一次普查，重点围绕脱贫结果的真实性和准确性，调查"两不愁、三保障"落实情况、获得帮扶情况、贫困人口参与情况。

加强和改善党对脱贫攻坚的领导。一是进一步落实脱贫攻坚责任制；二是压实中央部门扶贫责任；三是完善脱贫攻坚考核监督评估机制；四是建强贫困村党组织；五是培养锻炼过硬的脱贫攻坚干部队伍；六是营造良好舆论氛围；七是开展扶贫领域腐败和作风问题专项治理；八是做好脱贫攻坚风险防范工作；九是统筹衔接脱贫攻坚与乡村振兴。

进一步落实脱贫攻坚责任制。脱贫攻坚任务重的省（自治区、直辖市）党委和政府每季度至少专题研究一次脱贫攻坚工作，贫困县党委和政府每月至少专题研究一次脱贫攻坚工作。贫困县党政正职每个月至少要有5个工作日用于扶贫。实施五级书记遍访贫困对象活动。省（自治区、直辖市）党委书记遍访贫困县，市（地、州、盟）党委书记遍访脱贫攻坚任务重的乡镇，县（市、区、旗）党委书记遍访贫困村，乡镇党委书记和村党组织书记遍访贫困户。

习近平总书记强调，"全面建成小康社会，最艰巨、最繁重的任务在农村，特别是在贫困地区。没有农村的小康，特别是没有贫困地区的小康，就没有全面建成小康社会"①。我国实现小康社会的决定性因素不在城市，而在农村，在于农村贫困地区和贫困人口这块"短板"。扶贫是全面建成小康社会的重点和难点，更是实现伟大中国梦首先要解决好的问题。精准扶贫、精准脱贫是习近平总书记关于扶贫开发重要战略思想的最鲜明特征，也是推动扶贫工作提质增效的关键之举。只有始终把科学规划、因地制宜、抓住重点的精准性要求贯穿于扶贫攻坚的全过程，才能提高扶贫开发的系统性、针对性和有效性，进一步加快贫困群众脱贫致富的步伐。"小康"一词，今天已经被中国共产党人赋予了更深刻的内涵。在"四个全面"战略布局中，全面建成小康社会是处于引领地位的战略目标。全面小康与中国梦相互激荡，凝聚为全社会的最大公约数，成为中国共产党带领全国各族人民共同奋斗的时代主题。

四、精准扶贫的工作特点

党的十八大以来，我国扶贫开发事业迎来了时代和实践赋予的新挑战。全面建成小康社会目标宏伟而紧迫。针对精准扶贫，习近平做了一系列重要讲话、重要论述、重要指示，形成了一个思想深邃、内涵丰富、逻辑严密的理论体系，体现了以下四个特点：

一是以人为本的扶贫攻坚理念。习近平在党的十九大工作报告中提出："人民是历史的创造者，是决定党和国家前途命运的根本力量。必须坚持人民主体地位，把人民对美好生活的向往作为奋斗目标，依靠人民创造历史伟业。"习近平在他所著的《摆脱贫困》一书中也强调，贫困地区独特的地理位置和经济发展的具体条件，决定了它的发展变化只能是渐进的过程。要从根本上改变贫困、落后的面貌，需要广大人民群众发扬"滴水穿石"般的韧劲和默默奉献的艰苦创业精神，进行长期不懈的努力，才能实现。当下，正值脱贫攻坚关键时期，习近平要求各级党委要增强紧迫感和主动性，要把脱贫攻坚作为"十三五"期间头等大事和第一民生工程来抓，坚持以脱贫攻坚统揽经济社会发展全局。2015年6月，习近平在贵州再次明确"扶贫开发是全党、全社会的共同责任，要动员凝聚全党全社会力量，要坚持专项扶贫、行业扶贫、社会扶贫等多方力量有机结合和互为支撑的'三位一体'大扶贫格局"②。

---

① 习近平：全面建成小康社会，最艰巨最繁重的任务在农村，特别是在贫困地区 [EB/OL]. http://www.suiyang.gov.cn/ztzl/qmjcxkshzl/zyjl/201610/t20161026_1415337.html.

② 习近平在贵州召开部分省区市党委主要负责同志座谈会 [EB/OL]. http://politics.people.com.cn/n/2015/0619/c70731-27183846.html.

二是精准化脱贫的扶贫理念。2013年11月，习近平赴湘西调研扶贫攻坚时正式提出"精准扶贫"。纵观历史，我国的扶贫经历了"普惠式"扶贫、县级瞄准扶贫、15万个村级扶贫，到14个集中连片特困地区成为重点扶贫对象，不难发现以往扶贫都是区域瞄准，没有精准到户到人。这种"大水漫灌"的扶贫模式虽然能够在短期内集中政策、人力、物力、财力，切实帮助部分贫困人口脱贫，但是在实现共同富裕伟大目标过程中，却存在难以回避的不足——不同贫困户对同质性的扶贫政策适应能力存在一定差异，难以面面俱到、实现全面脱贫；部分已脱贫家庭或因病、或因生产经营不善等返回贫困，导致扶贫工作成效不可持续。习近平通过总结历史扶贫经验教训，最终提出现阶段的精准扶贫，包含精准识别、精准帮扶、精准管理和精准考核，四个环节互为前提和支撑，任何一个环节都离不开其他三个环节。当下，实施精准扶贫必须找到"贫根"，对症下药，靶向治疗。"扶持谁、谁来扶、怎么扶、如何退，全过程都要精准，有的需要下一番'绣花'功夫"。

三是全面小康的扶贫目标。消除贫困、改善民生、实现全面小康，是社会主义的本质要求，更是共产党的重要使命。"小康社会"最早是由国家第二代领导人邓小平提出，改革开放带来了经济高速发展，社会主义各项事业蒸蒸日上，人民生活水平有了极大改善，达到了总体小康水平，但是不全面的小康水平。所以，习近平在党的十九大报告中指出："全面建成小康社会，一个不能少，共同富裕路上，一个不能掉队，要保证全体人民在共建、共享发展中有更多获得感，不断促进经济的全面发展、人民共同富裕。"① 全面建成小康社会是"四个全面"的重要组成部分，对全面深化改革、全面依法治国和全面从严治党意义重大。习近平多次在重要讲话中强调贫困问题与全面小康关系密切，例如，2012年12月，习近平在河北阜平提出："各级党委和政府要把帮助贫困群众特别是革命老区、贫困地区的困难群众脱贫致富摆在更突出的位置，各项扶贫政策要进一步向革命老区、贫困地区倾斜。"② 2015年，习近平在陕西强调："全面建成小康社会，没有老区的全面小康，特别是

---

① 习近平：决胜全面建成小康社会，夺取新时代中国特色社会主义伟大胜利——在共产党十九次全国代表大会上的报告［EB/OL］．http：//www.ccdi.gov.cn/toutiao/201710/t20171027_126167.html．

② 习近平在河北慰问困难群众并考察扶贫开发工作［EB/OL］．http：//www.gov.cn/wszb/zhibo547/content_2314098.htm．

没有老区贫困人口脱贫致富,那是不完整的。"① 所以,习近平所提出的扶贫攻坚包含每一个贫困地区、每一个贫困家庭,这是全面小康的关键步骤。

四是人类命运共同体的扶贫理念。作为世界上最大的发展中国家,中国在专注于自身贫困缩减的同时,还十分重视其他发展中国家的扶贫事业,为世界积累了宝贵的实践经验。尤其是习近平总书记关于新时代精准扶贫的重要论述,已然成为我国扶贫开发新的理论成果,对其他具有相似经济社会发展基础的国家来说,这不仅提供了理论方法,更提供了具体而明确的路径和实施方略借鉴,习近平在党的十九大报告中提出,"坚持和平发展道路,推动构建人类命运共同体"。这是因为消除贫困、共建没有贫困的人类命运共同体不但是人类的共同使命,更是当今世界各国需要共同面对的全球性挑战。在2015年减贫发展高层论坛上,习近平向世界各国呼吁:"让我们携起手来,为共建一个没有贫困、共同发展的人类命运共同体而不懈奋斗。"习近平的精准扶贫、精准脱贫重要论述倡导共建人类命运共同体,立足中国的实践经验,依托制度优势,提供了具有指导意义的精准扶贫体系,为世界贫困治理、为人类命运共同体的建立,贡献了中国的方案及智慧。

---

① 把革命老区发展时刻放在心上——习近平总书记主持召开陕甘宁革命老区脱贫致富座谈会侧记 [EB/OL]. http://cpc.people.com.cn/n/2015/0217/c64094-26578457.html.

第三章
湖北省十堰市郧阳区金融扶贫案例分析

前面两章的内容着重于对金融扶贫基本概念和理论知识方面的介绍,从本章开始将针对金融扶贫在中国的具体实践案例展开分析。本章重点分析湖北省十堰市郧阳区在金融扶贫工作方面的举措,具体通过十堰市郧阳区的基本情况、政策支撑、保障措施及模式创新等四个方面来展开。

第一节 湖北省十堰市郧阳区基本情况

郧阳区隶属于湖北省十堰市,地处鄂豫陕三省边沿,秦岭南坡与大巴山东延余脉之间,位于汉水上游下段,是南水北调中线工程水源区。境内矿产、水产及水等自然资源丰富,潜藏巨大的经济开发价值,辖区内16个镇、3个乡大多拥有各自的特色农业产品,具备培育和发展产业基地的条件。但因境内地形复杂、地势险要等先天不利的地理环境,使其金融脆弱性凸显,难以吸引社会资金实现当地发展,从而经济基础建设相对落后,市场发展程度不高,最终使得生活在农村的人群极易陷入贫困境况。

作为秦巴山集中连片特困地区的国家级重点贫困县,郧阳区近年来抢抓国家精准扶贫政策机遇,聚焦精准、聚焦产业,通过创新金融扶贫方式,发挥金融资金的引导和协同作用,将产业投资基金应用于扶贫开发工作中,通过设立扶贫产业投资基金带动专项扶贫、行业扶贫、社会扶贫,快速发展当地特色产业,促进自身经济建设,激发贫困地区和贫困群众脱贫致富的内在活力,实现贫困地区和贫困群众自我发展能力。2017年9月4日,郧阳区通过主办"全国金融扶贫现场观摩会"全面介绍了郧阳扶贫产业投资基金的做法、经验和取得的成效。

一、湖北省十堰市郧阳区地理环境与自然资源

（一）湖北省十堰市郧阳区地理环境

郧阳区地处偏远山区、地形复杂，位于湖北省十堰市北部（小部分在十堰市西部）秦岭南坡与大巴山东延余脉之间，汉水上游下段，是南水北调中线工程水源区。郧阳区地处鄂豫陕三省边沿，汉江上游下段，秦岭巴山东延余脉褶皱缓坡地带。北部属秦岭余脉，南部属武当山，海拔多在800米以上；中部汉江谷地为海拔250~500米的丘陵区。

郧阳区气候水文较适宜，适合各类农业发展。境内版图面积3863平方公里，山场、耕地、水域、道路和村庄分别占版图面积的81.2%、10.3%、4%、4.4%，大体构成"八山半水一分田，半分道路和庄园"的格局。并且，郧阳区的气候属于亚热带湿润性季风气候，年均降水量824毫米，年均温13~16℃。当地共有大小河流766条，河流总长3351公里，主要河流有汉江、滔河、堵河、曲远河和将军河。

郧阳区地理位置重要，其东北部与河南省淅川县相依，西南部与竹山县毗邻，西部与陕西省白河县交界，西北部与郧西县相交，北部与陕西省商南县相接，南部与十堰市相依，区人民政府所在地——郧阳区城关镇（古为郧阳府城），位于汉江北岸，距省会武汉市535公里，距十堰市仅27公里。

郧阳区的地理环境整体来看相对较差，不利于当地的现代化经济建设和城市发展，容易出现陷贫和返贫的现象，贫困程度较深，是脱贫攻坚重点关注的地方。

（二）湖北省十堰市郧阳区自然资源

郧阳区虽然地理条件相对较恶劣，但正由于其特殊的地理环境和自然条件，使得境内拥有大量丰富的自然资源。

1. 矿产资源

截止到2017年郧阳区共发现各类矿产40余种，其中20种矿产探明储量。全区矿产资源潜在的经济价值约2450亿元以上。各类矿产、矿田、矿点、矿化点220多处，分别占十堰地区已发现矿产50种和矿产地566处的80%和38.9%。区内矿产资源在空间上的分布大体可划分为五个成矿带，大、中、小型矿床50余处，其中特大型矿床2处，大型矿床5处，中型矿床19处。

2. 水产资源

截止到 2013 年郧阳区有水面 22.8 万亩，可养水面在 16.5 万亩以上，占总水面的 72.6%。境内有大面积的汉江河谷沿岸的许多河湾库叉及 914 座小型水库，2772 口塘堰，总面积为 15114 亩。境内自产鱼种，有 5 目 9 类 41 种。有 23 种名贵鱼，如汉江翘嘴鲌鱼等。

3. 林业资源

郧阳区总面积 3863 平方公里，其中林面积 186.92 万亩，森林覆盖率 32.3%，林木积蓄量 157 万立方米。经济林 22.9 万亩，占森林总面积的 12.3%，特种林占 2.5%，境内树种有 70 种，141 属，299 个品种，其中幼林面积占近 50%。

4. 土地资源

郧阳区地处鄂西北汉江上游，系秦岭、大巴山余脉之间。郧阳区版图面积 3863 平方公里，土地总面积为 579.45 万亩，其中耕地面积 60 万亩，占 10.4%；山场面积 496.68 万亩，占 85.7%；水面面积 22.77 万亩，占 3.9%。截至 2017 年，郧阳区农用地面积 4235216.6 亩，其中耕地面积 591739.6 亩，园地 146574.3 亩，林地 3302416.3 亩，其他农用地面积 194486.4 亩；建设用地总面积 135889.3 亩，其中居民点及工矿用地区 115166.9 亩（当中城市用地 5490.3 亩），交通运输用地面积 8249.2 亩，水利设施用地 12473.2 亩；未利用地面积 1366919.6 亩。

5. 水资源

郧阳区多年平均降水量 829 毫米，径流深 263.4 毫米，多年平均地表水资源总量 10.17 亿立方米，多年平均地下水资源量 4.12 亿立方米，扣除两者重复计算水量 4.12 亿立方米，郧阳区水资源总量为 10.17 亿立方米，平均产水模数 26.3 万立方米/平方公里·年。人均水资源量 1721 立方米，比全国平均值偏少 30%，比全省平均值偏少 15.6%，耕地亩均水资源量 2012 立方米。比全国平均值偏多 6.6%，比全省平均值偏多 19.8%。在郧阳区 766 条河流中，水能资源理论总蕴藏量 89812 千瓦，可开发利用量为 39608 千瓦，占总开发量的 44.1%。

郧阳区所拥有的这些自然资源潜藏着巨大的经济开发价值，辖区内 16 个镇、3 个乡大多拥有各自的特色农业产品，具备培育和发展特色农业产业基地的条件，也为实施金融扶贫提供了可行性的作用对象。

二、湖北省十堰市郧阳区经济发展现状

郧阳区由于地理环境弱势因素影响，相比于湖北省其他县（市）区在经济基础建设方面较落后，经济发展状况较差。国家脱贫攻坚战实施以前，郧阳区在湖北省105县（市）区的经济实力排行十分靠后，2015年也仅位于第87名。

随着脱贫攻坚战的扶贫开发工作在连片特困地区深入展开，郧阳区的经济发展呈现快速增长态势。在2016年和2017年，郧阳分别全年实现地区生产总值100.7亿元、111亿元，同比增长8.4%、10.2%；地方一般公共预算收入8.1亿元、9亿元，同比增长21%、11%；城镇以上固定资产投资172.8亿元、202亿元，同比增长17.7%、21%；规模以上工业增加值50.6亿元、58亿元，同比增长10.1%、14%；社会消费品零售总额69.6亿元、78.2亿元，同比增长12.9%、13%；城镇常住居民人均可支配收入23704元、25840元，同比增长8.4%、9.0%；农村常住居民人均可支配收入8507元、9360元，同比增长9.3%、10%。《2017年湖北省县域经济工作考核报告》公布显示，郧阳区综合排名跃升至全省31个同类县市区第8位，且上述各项重要经济指标增速分别排名全省同类县市区第6位、第4位、第5位、第3位、第13位、第27位，其中城镇、农村常住居民人均可支配收入增速分别加快1.26个、0.57个百分点（见表3-1、图3-1）。

表3-1 2015—2017年郧阳区经济发展状况

序号	指标	总量			同比增量（%）		同类县市区增速排名
		2015年	2016年	2017年	2016年	2017年	2017年
1	地区生产总值（亿元）	92.9	100.7	111	8.4	10.2	6
2	地方一般公共预算收入（亿元）	6.7	8.1	9	21.0	11.0	4
3	规模以上工业增加值（亿元）	46.0	50.6	58	10.1	14.0	5
4	社会消费品零售总额（亿元）	61.6	69.6	78.2	12.9	13.0	3
5	城镇常住居民人均可支配收入（元）	21867.2	23704	25840	8.4	9.0	13
6	农村常住居民人均可支配收入（元）	7783.2	8507	9360	9.3	10.0	27

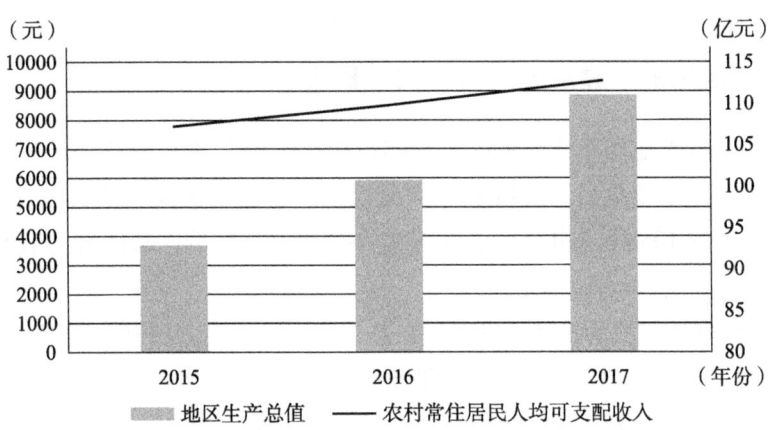

图 3-1 2015—2017 年郧阳地区生产总值和农村常住居民人均可支配收入

近年来,郧阳区在经济建设方面发展较快,但相较于其他县域地区来看,其在转型发展上仍存在经济总量不大、发展质量不高、产业结构不优的问题,依然面临不少困难和挑战。未来,郧阳区既处在发展环境深刻变化的新时期,更处在深化改革加快转型的机遇期。从宏观环境看,世界经济复苏艰难曲折,全球新一轮科技和产业革命孕育兴起,我国经济发展总体平稳、稳中向好,党的十九大为深化改革开放、推进转型升级、增进民生福祉指明了方向路径。从发展机遇看,面临着国家实施脱贫攻坚、移民后扶、对口协作等大好政策机遇,湖北省实施汉江生态经济带和十堰市支持当地加快建设十堰生态滨江新区、建成"六极"的战略机遇,郧阳作为十堰建设区域性中心城市的重要支点大有可为。从自身基础看,历经多年的十堰生态滨江新区建设实践和各领域改革创新探索的经验,为当地开展金融扶贫,加快发展经济,打赢脱贫攻坚增添了强大动力。

三、湖北省十堰市郧阳区扶贫现状

郧阳区既是集老、少、边、贫、库于一体的国家级贫困县,又属于秦巴山集中连片特困地区,基础条件薄弱、发展空间受限,贫困面广、量大、程度深,脱贫任务重、返贫概率高,成为国家重点扶贫地区。按照我国 2016 年设定的人均年收入 3000 元最新贫困线标准统计,当年郧阳全区已建档立卡全年可支配收入低于国家贫困线标准线的人口有 164272 人,家庭成员的平均收入低于国家贫困标准的贫困户达到 49737 户,全区的贫困村达到 340 个,省重点贫困村 85 个,贫困发生率高达 34.2%。

近年来，随着我国精准脱贫攻坚战在连片地区的深入开展，郧阳区抓住机遇大力创新推进精准扶贫，整合各方资源，通过产业开发、项目带动、结对帮扶、转移就业、政策兜底等方式，不断加快贫困人口脱贫致富步伐，扶贫开发事业取得空前成果。

在金融扶贫方面，创设全国第一只扶贫公益股，打通资本市场直接服务脱贫通道；推出全国第一张综合性大保单，筑牢风险防控底线；建立全国第一家县级资本市场服务脱贫攻坚工作站，投放全国农发行系统首笔"三产融合金融扶贫"贷款，服务企业带动群众脱贫；村村建立扶贫互助合作社、电商公司和金融扶贫工作站，创新种养小微贷款、产业互助贷款和亲属委托贷款三种模式，优化贷款流程，全区普惠金融受益面达到90%。

在产业扶贫方面，政府通过设立扶贫产业投资基金，壮大了一批企业，发展了一批产业。投资5亿余元，建设秦巴片区产业扶贫示范园；招商盘活闲置和低效用地近1000亩、闲置厂房18万平方米、企业15家，提供就业岗位3000多个。吸引华林杭萧、上海驰亚智能科技有限公司等优质企业落户，盘活12家困难企业、近10万平方米闲置厂房和500余亩低效用地，带动发展产业基地10万亩，为贫困群众提供就业岗位10000余个。为缓解经济下行风险，郧阳区还推出了企业重组上市与就业脱贫相结合、金融扶贫与产业发展同谋划等一系列组合拳，破解了融资难题，促进了当地经济发展。

在财政扶贫方面，区财政为扶贫对象每人购买200元的大额医疗补充保险和慢性病补充保险，重病兜底目标基本实现。发放救助资金1.7亿元，救助各类弱势群体7万余人；城乡居民养老保险综合参保率98.7%；新增城镇就业5212人，转移贫困劳动力1542人。

经过这几年来的扶贫，郧阳区在经济发展和社会事业上全面进步，社会保障持续加强，贫困人口和贫困发生率持续下降（见表3-2、图3-2）。

表3-2 郧阳贫困发生率和贫困人口

年份	2011	2014	2015	2016	2017
贫困发生率（%）	39.52	32.80	28.30	20.70	13.50
贫困人口（万人）	22.68	20.51	19.32	16.31	6.13

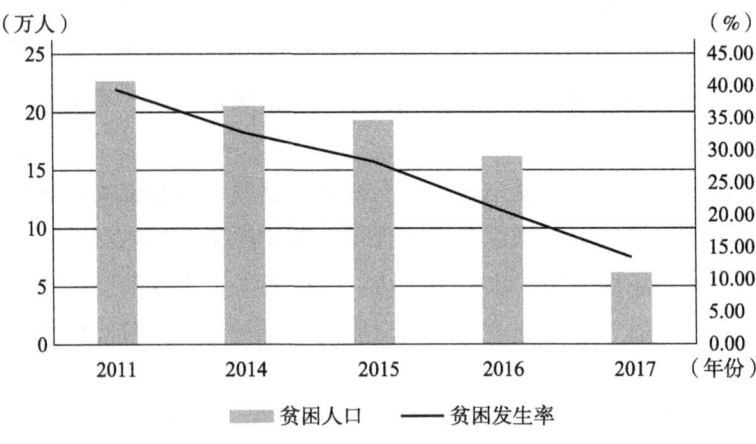

图 3-2　郧阳地区扶贫成效

第二节　湖北省十堰市郧阳区金融扶贫政策支撑

一、针对扶贫信贷的金融扶贫相关政策

按照《郧阳区人民政府关于支持实体经济发展促进就业脱贫的若干意见》（郧政发〔2016〕37 号）有关精神，支持实体经济发展，带动建档立卡贫困户就业脱贫，提出了以下内容：

（一）建档立卡贫困户产业发展资金扶持

对象：全区建档立卡贫困户（五保贫困户除外，以下简称"贫困户"）。

办法：2016 年及以前脱贫且能稳定持续增收的，2017 年、2018 年、2019 年每年各扶持 500 元产业发展脱贫巩固提升资金；2017 年脱贫的，年初兑付 1500 元产业发展起步扶持资金，年底达到脱贫标准的给予 1000 元产业发展致富脱贫资金，2018 年、2019 年各奖补 500 元产业发展脱贫巩固提升资金；2018 年脱贫的，年初兑付 1500 元产业发展起步扶持资金，年底达到脱贫标准的，给予 1000 元产业发展致富脱贫资金，2019 年奖补 500 元产业发展脱贫巩固提升资金；2019 年脱贫的，年初兑付 1500 元产业发展起步资金，年底达到脱贫标准的，给予 1000 元产业发展致富脱贫资金。

用途：贫困户产业发展扶持资金主要用于发展脱贫增收致富产业。

程序：兑付产业发展起步扶持资金、产业发展致富脱贫资金、产业发展脱贫巩固提升资金，按照"贫困户自主申请、包户干部签字、村民小组群众代表评议公示、村委会审核公示、乡镇人民政府审批、区精准扶贫工作指挥部备案"的程序办理。

（二）建档立卡贫困户小额扶贫贷款扶持

对象：全区建档立卡贫困户（五保贫困户除外，以下简称"贫困户"）。

额度：根据贫困户脱贫产业项目贷款需求，按户均每年1.5万元提供小额扶贫贷款。

标准：贫困户每年贷款不超过10万元。具体信贷额度由村金融工作站根据包户干部签字认可的贫困户产业发展项目贷款需求和区央行统一评定的信用等级情况确定。

责任：区农商行负责安阳镇、青曲镇、大柳乡、白桑关镇、谭山镇、刘洞镇、梅铺镇、鲍峡镇、胡家营镇、五峰乡、叶大乡、红岩背林场等12个乡镇（场），区农行负责茶店镇、城关镇、杨溪铺镇、青山镇等4个乡镇，区邮储银行负责南化塘镇、白浪镇、谭家湾镇等3个乡镇，楚农商村镇银行负责柳陂镇。根据责任片区，按照评定的信用等级，对贫困户有脱贫项目贷款需求的应贷尽贷。

程序：贫困户小额扶贫贷款及贴息按照"贫困户自主申请、包户干部签字、村民小组群众代表评议公示、村级村民代表评议公示、村金融工作站初审公示、乡镇政府复审、区扶贫部门审核、区金融机构审批、区财政部门备案"的程序办理。

要求：全部贷款实行免担保、免抵押、全贴息、按期还贷。由负责片区主办银行足额安排到村，村金融工作站按照程序对有贷款需求的贫困户全部放贷到户。

（三）新型农业生产经营主体贷款扶持

对象：全区生产经营正常、征信可靠的新型农业生产经营主体（包括专业合作社、家庭农场、种养大户、专业协会等）。

办法：每带动一户建档立卡贫困户就业脱贫，给予信用贷款10万元、最高不超过200万元扶持。贷款免抵押、免担保，财政贴息3%、按期归还。

程序：贷款及贴息按照"新型农业生产经营主体自主申请、村委会初审、乡镇人民政府复审、区扶贫部门审核、区人社部门复核公示、区金融机构审批、区财政部门备案"的程序办理。

（四）工商业市场主体政策性资金扶持

对象：全区从事加工业、服务业的企业、公司等市场主体。

办法：市场主体带动建档立卡贫困户脱贫，按贡献情况由区人社部门牵头负责评定"星级贡献奖"，给予基础设施、公共服务、股权投资等政策支持或政策性资金扶持。"一星级"带动 10~30 名贫困人口就业且经营良好的，每年可申请 200 万~300 万元的政策性资金扶持；"二星级"带动 31~50 名贫困人口就业且经营良好的，每年可申请 400 万~500 万元的政策性资金扶持；"三星级"带动 51~70 名贫困人口就业且经营良好的，每年可申请 600 万~700 万元的政策性资金扶持；"四星级"带动 71~90 名贫困人口就业且经营良好的，每年可申请 800 万~900 万元的政策性资金扶持；"五星级"带动 91~100 名贫困人口就业且经营良好的，每年可申请 1000 万~2000 万元政策性资金扶持；对带动 100 人以上就业且经营良好的，授予特别贡献奖，每年可申请 2000 万元以上政策性资金扶持。

程序：资金扶持按照"工商业市场主体自主申请、区人社部门审核、区扶贫部门复核、区精准扶贫工作指挥部协调解决"的程序办理。

意见自 2017 年 1 月 1 日起执行，2019 年 12 月 30 日截止。

二、针对金融扶贫服务体系的相关政策

（一）金融扶贫工作站

2017 年 8 月，郧阳区政府为了充分发挥村级金融扶贫工作站的核心作用，保障郧阳区金融扶贫小额信贷工作顺利推进，根据郧阳区人民政府办公室《关于印发〈郧阳区开展扶贫小额信贷业务实施方案〉的通知》（郧政办发〔2017〕32 号）等文件要求，特制定《郧阳区村级金融扶贫工作站管理办法》。对金融扶贫工作站的管理细节做了八项要求：统一悬挂标示标牌、配齐配优办公设施、集中展示资料清单、整齐摆放档案资料、实行需求登记管理、及时衔接贷款各个环节、及时公示授信放贷结果、加强站点日常监督管理。

2017 年 9 月 27 日，郧阳区人民政府办公室印发《郧阳区创建村级金融精准扶贫示范工作站实施方案》，旨在加快推进金融精准扶贫工作，充分发挥村级金融工作站的支撑作用，确保全区脱贫攻坚目标如期实现。村级金融精准扶贫工作站形象鲜明，特点突出，示范引导效应明显，在金融扶贫领域，具有表率作用，可以为其他地方金融精准扶贫工作提供可借鉴、可推广、可复

制的经验。以示范引领、复制推广为原则,对村级金融扶贫工作站打分,并且对获得最佳村级金融扶贫工作站的进行奖励及表彰。

(二)征信管理

郧阳区政府根据国务院《征信业管理条例》和《社会信用体系建设规划纲要(2014—2020)》精神,按照省、市金融生态办的统一要求,决定在全区范围内开展农村信用体系建设工作,并于2017年3月10日颁布了《郧阳区农村信用体系建设实施方案》。该方案坚持"政府主导、央行推动、多方参与、先易后难、稳步推进"的原则,加快推进农户信用信息采集,建好农村信用信息数据库,实现涉农银行信用信息数据共享。将农村信用体系建设与开展信用农户、信用村、信用乡镇、信用区(市)创建活动相结合,与金融精准扶贫评级授信和扶贫小额信贷工作相结合,切实提升农户和农村经济主体的诚信意识,积极营造"守信光荣、失信可耻"的良好社会氛围,改善农村地区的信用环境,加快金融扶贫攻坚步伐,促进郧阳区农村信用与经济良性互动、农村经济与金融协调发展。

2017年11月,为进一步加大信用环境和金融生态建设工作力度,促进郧阳区经济金融协调健康发展,构建普惠金融长效机制,根据《湖北省金融信用市州县评定指标修订方案》(鄂金生发〔2017〕1号)和关于印发《金融信用市州县考评指标涉及工作分解参考表》的通知(鄂金生办〔2017〕4号)文件精神,郧阳区政府结合实际,2017年10月19日颁布了《郧阳区创建2017年度全省最佳金融信用县(市、区)实施方案》,以科学发展观为指导,紧紧围绕省政府关于金融生态环境建设的战略部署,大力开展区域信用工程、企业信用工程、农村信用工程和社区信用工程等"四大信用工程"建设,坚持"政府主导、央行推动、部门配合、经济金融为主体,社会广泛参与"的信用环境和金融生态建设工作机制,突出抓好郧阳区信用环境建设,全面优化经济发展环境,提升诚信意识,全力将郧阳区打造成为全省最佳金融信用区,为郧阳区招商引资和地方经济金融健康发展创造良好的投资和经营环境。

三、针对金融扶贫体制建设的相关政策

(一)村级金融扶贫工作站管理

2017年8月,郧阳区政府为了充分发挥村级金融扶贫工作站的核心作用,保障郧阳区金融扶贫小额信贷工作顺利推进,根据郧阳区人民政府办公室《关

于印发〈郧阳区开展扶贫小额信贷业务实施方案〉的通知》(郧政办发〔2017〕32号)等文件要求,特制定《郧阳区村级金融扶贫工作站管理办法》,对金融扶贫工作站的管理细节做了八项要求:统一悬挂标示标牌、配齐配优办公设施、集中展示资料清单、整齐摆放档案资料、实行需求登记管理、及时衔接贷款各个环节、及时公示授信放贷结果、加强站点日常监督管理。并且,为了加快推进金融精准扶贫工作,充分发挥村级金融工作站的支撑作用,确保全区脱贫攻坚目标如期实现,还特地制定了考核标准,具体如表3-3所示。

表3-3 创建村级金融精准扶贫示范工作站(自评表)考核表

被考核单位: 银行(保险公司):

项目		创建标准	实际扣分	得分
金融基础设施完善(10分)	建立标准标牌(2分)	金融精准扶贫工作站1分;金融精准扶贫工作站人员公示1分		
	较好的便民服务环境(5分)	金融扶贫咨询台1分;金融扶贫小额信贷资料收集处1分;宣传手册1分;专用电脑、打印机、复印机、文件柜及办公桌椅等办公设施2分		
	档案资料摆放齐整(3分)	村评贷委员会开会记录、扶贫小额贷款空白表、贫困户已填写好的扶贫小额贷款资料2分,贫困户小额信贷需求登记簿1分		
金融信用诚信度较高(50分)	本村信用户100%(50分)	还款信用户未达到100%,实行一票否决。达到100%,本项目得分50分。通过村规民俗、标语、工作制度、LED显示屏等多种方式进行大力宣传,让贫困户讲信用、守信用		
扶贫小额信贷良性循环(20分)	小额信贷覆盖率达到70%以上(12分)	小贷4分、小微贷5分、互助贷1分、委托贷1分、合作社贷款1分		
	合理使用小贷资金(4分)	种植业2分、养殖业项目2分		
	成立专业合作社和电商平台(4分)	专业合作社2分、电商平台2分		

续表

项目		创建标准	实际扣分	得分
金融服务水平较高（20分）	统计贫困户贷款需求（2分）	在贫困户小额信贷需求登记簿1分，认真填写1分		
	规范展示资料与清单（3分）	资料清单、样本表、业务流程1分，全部公开张贴2分		
	公示准确及时（5分）	贫困户评级授信一览表2分、小额信贷一览表3分		
	开辟现代化金融服务渠道（10分）	开办电话银行、网上银行等电子银行5分，为村民快捷办理存款、贷款、转账等手续5分。		
合计				

考核组长：　　　　　　　　　　　考核组成员：

（二）农民专业合作社建设

2017年6月15日，郧阳区人民政府办公室颁布的《关于加快农民专业合作社建设助推精准扶贫精准脱贫工作的通知》围绕增收减贫目标，立足产业特色，以市场为导向，培育一批带动能力强、市场前景好的新型市场主体或农民专业合作社，建立健全市场主体与贫困户的利益联结机制，形成一批市场化运作、贫困户参与的农业产业经营模式，实现合力发展、共同致富的目标，旨在实现农民专业合作社有效带动建档立卡贫困户脱贫致富目标，助推精准扶贫、精准脱贫工作。

该通知为在2017年8月底以前，实现全区341个行政村村村有新型市场主体或农民专业合作社的建设目标，将创建任务细化到每一个村，具体信息见表3-4。

表3-4　郧阳区农民专业合作社创建任务分配表

乡镇	村数量	农民专业合作社空白村	新建任务
杨溪铺镇	15	财神庙村、关门山村、钟山村、	3
安阳镇	23	前湾村、大峪村、二龙山村、冷水庙村、安阳山村	5
青曲镇	18	弥陀寺村、魏家铺村、店子河村	3
大柳乡	12	余粮村、双坪村	2
白桑关镇	24	石门凳村、龙头村、杨家河村、郑家垭村、梅子营村	5
南化塘镇	28	四泉村、罗堰村、长新村、玉皇观村、磊石河村、长富沟村、周庄村、观沟村	8

续表

乡镇	村数量	农民专业合作社空白村	新建任务
刘洞镇	15	杨河村、鹁鸽峪村、姚沟村、五股泉村、程营村、李家沟村	6
白浪镇	10	白浪村、寺沟村、叶庄村	3
梅铺镇	17	财神庙村、曹西沟村、草庙岭村、李家沟村、李家湾村、杨营村	6
谭山镇	18	八龙庙村、后河村、柳泉村、塘城村、西王村、渔塘河村	6
青山镇	12	蓼池村、琵琶滩村	2
茶店镇	11	花庙沟村、神河社区、长岭沟村	3
柳陂镇	28	大桥村、马鞍槽村、肖家湾村	3
五峰乡	22	安城沟村、鲍家河村、曹家湾村、大石沟村、大树垭村、蒿坪村、黑滩垭村、花瓶沟村、彭家湾村、石门村、西峰村、肖家河村、张家楼村	13
鲍峡镇	25	小泂水村、陈湾村、赵湾村、高桥村、小花果村	5
胡家营镇	19	大桥村、陈庄村、大南沟村、店子沟村、胡家营村、漆沟村、上红庙村、沙沟村	8
叶大乡	13		0
红岩背林场	3		0
城关镇	14	堰河村、金岗村、红河村	3
谭家湾镇	14	东茶亭村、陈家堰村、香炉山村	3

（三）农村信用体系建设规划

2017年9月，为贯彻落实好全区社会信用体系建设领导小组及办公室的工作部署，充分发挥区社会信用体系建设领导小组联络员在推进全区社会信用体系建设工作中的中坚骨干作用，加强联系沟通，提高工作效率，促进区社会信用体系建设领导小组联络员工作的制度化、规范化，确保履行领导小组各成员单位和联络员工作职责，郧阳区人民政府办公室特制定了《郧阳区社会信用体系建设领导小组联络员工作细则》（以下简称《细则》）。

《细则》中对于领导小组各成员单位和联络员的工作职责，提出了八点要求：①协助本单位领导（领导小组成员及分管领导）做好本单位社会信用体系建设相关工作，负责全区社会信用体系建设工作任务在本单位的具体贯彻落实；②负责本单位与领导小组办公室的联系工作，及时反馈社会信用体系建设工作的有关情况，报送相关工作信息；③按时参加区社会信用体系建设领导小组联络员工作会议，组织落实会议确定的由本单位分工负责的工作；④负责组织协调本单位所涉行业领域信用记录征集和信用数据与市、区信用信息公共服务平台共享事宜；⑤负责就本单位在开展社会信用体系建设工作中需要协调其他相关成员单位协同配合的事项，提请领导小组办公室研究协调；⑥负责配合领导小组办公室做好日常社会信用体系建设工作，积极向领导小组办公室提出工作建议；⑦负责协调做好本单位信用宣传工作；⑧负责做好社会信用体系建设其他相关工作。

《细则》还对工作制度和工作保障做出了明确规定，其中工作制度具体涉及工作会议制度、工作报告制度和工作信息交流制度；工作保障涉及联络员名单确定、发布制度以及联络员表扬制度等。

第三节　湖北省十堰市郧阳区金融扶贫的保障措施

一、金融扶贫的机构设置

（一）专设区金融扶贫服务大厅

金融扶贫大厅由"两中心"和"两站"组成，设有12个"办事窗口"，主要承载全区扶贫小额信贷集中会签和资本市场管理运行等功能。

"两中心"即扶贫小额信贷会签中心和建档立卡贫困户信息中心。由信贷资料受理区、贫困户信息对比区、央行初审区、人社和财政复审区、保险出单区和银行审贷区等6个工作区域组成，共设10个"办事窗口"。主要职责是对乡镇报送的贫困户扶贫小额贷款资料进行确认；通过扶贫信息系统对比，对贷款人是否为建档立卡贫困户进行甄别；对贫困户贷款用途是否正当、期限是否合理、利率是否合规、银行与保险资料是否共享等进行审核。对市场主体带动贫困户等进行核实；对财政能否贴息进行确认；对贫困户是否具备人身意外伤害保险、扶贫小额信贷保证保险的条件进行确认；收集资料、办理保单；按照相关要求按时对申请贷款的贫困户发放贷款。"两中心"是扶贫小额信贷具体办理机构，其主要作用是以往贫困户申请贷款"围着银行转"为相关单位集中办公、集中会签解决贷款事项，打通贫困户扶贫小额信贷"最后一公里"问题，实现贫困户扶贫小额信贷"一次签字、贷款到手"的"一站式"服务。

"两站"：即"一司一县"长江证券郧阳工作站和郧阳区资本市场服务脱贫攻坚工作站。设"长江证券工作站"和"资本市场服务脱贫攻坚"2个"办事窗口"，主要为全区企业提供挂牌上市辅导、管理培训和风险防控等服务。

（二）搭建村级金融扶贫工作站

1. 建设目的

建立健全农村金融服务体系，旨在打通金融精准扶贫的"最后一公里"，拉近贫困户与金融机构的距离，准确获取当地广大贫困户真实信息，实现贫困户建档立卡覆盖，大力宣传金融精准扶贫政策，落实贫困户对特惠金融的获取，实现脱贫致富。

2. 任务职责

村级金融扶贫工作站为非营利性工作性质的金融平台，只提供信息收集及反馈，为金融服务进村提供联络沟通、组织协调、咨询宣传等方面的支持，不开展吸收存款、投资、理财等业务。

村级金融扶贫工作站主要负责收集与建立村内各类经济主体的信用信息档案，协助金融机构组织开展信用培植和信用评级工作，收集与反馈融资服务、保险服务等金融需求信息，协助做好贷款申请与贷后管理、保险办理和保险理赔等工作，协调管理村内惠农金融服务联系点，促其规范动作，提质增效。

组织召开村评贷委员会，对有贷款需求的贫困户集中评议；协助银行开展评级授信，对结果予以公示；帮助贫困户收集和整理扶贫小额贷款资料（含银行资料、保险资料、个人资料及审批表）；本村贫困户小额扶贫贷款资料达5份后，与银行预约，并配合银行入户调查；贷款到位后进行公示帮助贫困户发展生产，协助开展保险理赔，督促按时还贷；村级金融扶贫工作站具备一定的便民服务金融功能，依托主办银行的网上银行和相关电子银行服务工作，可以为村民办理存款、贷款、转账等手续，并与扶贫互助合作社、电子商务平台连接。

3. 管理办法

统一悬挂标示标牌。工作站牌子必须落实到人，必须将站长、第一副站长（驻村工作队长）、副站长（银行工作人员）、党员代表、群众代表

（贫困户代表）的姓名、照片、联系电话全部在牌子中填写和张贴，不得漏项或随意填写。金融扶贫工作站和惠农金融服务站的牌子必须在村部大门口醒目位置悬挂；工作人员信息和各类制度标牌要在办公场所合适的位置集中上墙。

配齐配优办公设施。各村要为金融扶贫工作站开展工作提供一定的便利，配备专用办公桌椅、文件柜，有条件的还要配备电脑、打印机、复印机等设备。

集中展示资料清单。由主办银行将小额信贷资料清单 1 张（含审批表、银行资料、保险资料、个人资料、评级授信资料等内容）、样本表 1 份、空白表 5 份、业务流程 1 张，发放到位。小额信贷资料清单、样本表、业务流程，要张贴在一起，便于贫困户填写和驻村工作队指导。

整齐摆放档案资料。制作有"金融扶贫小额信贷资料收集处"等标签，标签要贴在档案柜上或档案盒中，将空白表 5 份、贫困户已经填好的小额信贷资料全部分别归类，集中摆放整齐。

实行需求登记管理。要建立贫困户小额信贷需求登记簿，表中要有姓名、申请贷款时间、资料是否收齐、用途、银行入户调查时间等栏目。只要贫困户有贷款需求，就应该认真核实，召开村级评贷委员会，然后按照小额信贷资料样本表，指导贫困户备齐资料，填写清楚，按上手印。

及时衔接贷款各个环节。本村贫困户小额信贷资料达到 5 份以上，就要通知主办银行信贷员入户调查，并通知贫困户，协助银行做好具体贷前调查工作。

及时公示授信放贷结果。工作站要及时公示贫困户评级授信结果、小额信贷结果等内容。

加强站点日常监督管理。村级金融扶贫工作站的监督与管理由区精准扶贫指挥部、央行郧县支行、乡镇人民政府共同实施。

（三）创建村级扶贫互助合作社

1. 建设目的

创建村级扶贫互助合作社是为了发展新型农村合作金融组织，发挥农村合作经济组织对内联结贫困户和对外联结市场的作用，发挥对内信用组织和对外经济组织的作用，互帮互助实现共同富裕。

2. 任务职责

区政府成立由副区长为组长，区农办、扶贫办、经管局、工商局、农业局、林业局、畜牧局、财政局、农机局、文旅局等单位负责人为成员的工作领导小组，全面负责新型市场主体或农民专业合作社建设工作。各乡镇也要成立相应的领导专班，明确专人，具体抓好此项工作；区农业、林业、畜牧等部门要有针对性地开展实用技术指导和培训，提高贫困户生产技术水平，围绕产业发展抓好产前、产中、产后的技术指导服务，做好疫病防控和农产品质量安全检测，确保农产品质量安全，帮助贫困户掌握产品市场动态，做好产销对接服务，不断拓展农产品营销渠道，确保新型市场主体或农民专业合作社良性发展，健康运行。

3. 管理办法

区政府定期对各乡镇新型市场主体或农民专业合作社建社完成情况进行全面的验收考核。考核组由区经管局牵头，抽调有关业务人员，采取听汇报、查资料、看现场的办法，对各乡镇发展新型市场主体或农民专业合作社规范化建设、带动贫困户增收情况进行考核验收。对工作不重视，没有完成既定工作目标任务的乡镇，将按照精准扶贫有关工作约谈规定，对乡镇主要领导进行工作约谈，并纳入年度目标考核严格执行并兑现。

二、金融扶贫的人员部署

（一）成立郧阳区农村信用体系建设工作领导小组

由区委常委、区政府常务副区长刘军任组长，副区长陈茹任副组长，区政府办、金融办、发改局、财政局、公安分局、检察院、人社局、扶贫办、农业局、中国人民银行郧县支行、中国农业银行郧阳支行、中国邮政储蓄银行郧阳区支行、郧县农村商业银行、郧县楚农商村镇银行等单位主要负责人为成员。领导小组办公室设在区信用环境建设领导小组办公室，由中国人民银行郧县支行行长罗国强兼任办公室主任，中国人民银行郧县支行副行长王慧、中国农业银行郧阳支行行长庹恒、中国邮政储蓄银行郧阳区支行行长王春华、郧县农村商业银行行长周文、郧县楚农商村镇银行行长徐蔚林任办公室副主任，办公室工作人员从各成员单位抽调，具体负责农村信用体系建设工作的指导、协调和调度。

（二）成立各乡（镇、场）农村信用体系建设领导小组

各乡（镇、场）成立相应的农村信用体系建设领导小组，乡（镇）长任组长，明确2~3名工作人员，主要负责组织本辖区的农村信用体系创建工作，具体组织各村信用信息采集、更新，开展诚信教育宣传、信用环境整治，配合金融机构对农户、建档立卡贫困户和新型农业经营主体进行信用等级评价，并对授信农户进行跟踪管理等工作。

（三）在各行政村全面建立金融精准扶贫"两站"

按照主办银行划分的包片责任区，在重点贫困村全面建立金融精准扶贫工作站，在非重点贫困村全面建立惠农金融服务站，实现金融精准扶贫"两站"村村全覆盖。各村支部书记任站长，主办银行信贷人员、扶贫工作队队长、主办保险公司业务人员任副站长，党员代表和群众代表各一名为工作人员，具体负责做好本村农户信用信息采集、更新、评级授信、对农户开展诚信教育宣传和对已授信农户的跟踪管理。

三、金融扶贫的机制形成

（一）做实信贷扶贫，为产业发展提供资金支撑

针对银行"不敢贷"和农民"贷不到""贷不起""还不了"的实际，十堰市郧阳区积极探索金融扶贫创新工作，推行"政策引导、银行参与、农户贷款、政府贴息"的金融扶贫新机制，实施产品定制和计划编制、站点建设和评级授信、项目推动和贷款发放"三大行动"：一是开展产品定制和计划编制行动。推出扶贫小额信贷创新产品近20个。其中，农商行十堰分行承诺三年新增扶贫贷款60亿元，农行十堰分行承诺三年投放新增24亿元。二是开展站点建设和评级授信行动。全市共建金融精准扶贫工作站456个，评级授信贫困户11万户，授信额度59.6亿元，向贫困户发放贷款18.9亿元、产业扶贫龙头企业贷款19.3亿元。三是开展项目推动和贷款发放行动。今年上半年，各项扶贫贷款余额达122亿元，其中：个人精准扶贫贷款余额达18.9亿元，覆盖贫困人口6.2万户。这"三大行动"的实施，确保小额信贷贷得出、用得好、还得起、无风险，有效缓解了产业发展中的资金供需矛盾，有效地"贷"动了贫困户创业增收，为农业产业企业插上了金融的翅膀，使贫困群众享受到了金融普惠政策。

（二）做大资本市场扶贫，为持续发展注入市场活水

资本市场发展的快慢，直接影响全面小康的速度和质量。当前，郧阳区面临着资本市场扶贫政策支持、长江产业基金扶持等重大机遇，资本市场建设和企业上市迎来新的契机。十堰市将资本市场扶贫政策利好转化为脱贫攻坚的实际成效，走出了一条"引进优质企业、盘活闲置资产、推动企业上市、带动农户脱贫"的创新之路。首先是引进优质企业。运用贫困地区企业IPO"绿色通道"政策机遇，引进优质企业20余家，长江医药、裕国菇业、万润新能源等企业入驻郧阳区。其次是推动企业上市。全区遴选65家上市后备企业，建立市领导联系"金种子"企业机制，实施上市后备企业"金种子"计划，助推企业挂牌上市38家，直接融资102.5亿元。再次是带动农户脱贫。建立企业+基地+农户、公司+合作社+农户等模式，让群众流转土地收租金、入园打工挣薪金、带资入股分股金，有效带动近5000名贫困群众脱贫致富。最后是设立企业扶贫公益股。设立产业扶贫基金，遵循市场规则，投入拟上市企业培育资金，将该基金转化为扶贫公益股，企业上市后溢价部分，全部回馈贫困地区用于精准扶贫。扶贫基金和扶贫平台的启动实施，引导更多的社会资本流向贫困地区。

（三）做强保险扶贫，为精准脱贫提供风险保障

由于具有"融资点多面广""金额小""时效性强""信用基础弱"等特点，贫困户资金需求让不少金融机构望而却步。面对难题，郧阳区引入扶贫保险机制，实行保医、保业、保底，为金融扶贫保驾护航。第一，建立大病补充保险，防止因病返贫。探索推行贫困对象大病补充保险试点工作，按照每人200元的标准，全区统筹1.6亿元资金建立大病医疗补充保险，精准扶贫对象大病患者费用核销比例提高到90%。第二，推进产业、公益林、农房等保险，护航特色产业发展。累计赔付3000多万元，其中，马头山羊赔付168万元，烟叶赔付12万元，农房赔付2800万元。第三，推行"政银保"模式，防范金融风险。积极构建政府、银行、保险三方参与的"政银保"扶贫模式，累计为1145位农户提供4908万元的还贷保障。2017年，全区共建立金融扶贫贷款风险补偿金2.53亿元，全市小额贷款不良率控制在1%以内。通过保险为贫困户"兜底"，为银行贷款提供"双保险"，不仅消除了农户贷款忧虑，而且稀释了银行风险，破解了贫困户贷不起、银行不愿贷的老大难问题，放大了银行放贷数额，实现了扶贫资金"以小博大"。

第四节　湖北省十堰市郧阳区金融扶贫的模式创新

一、创新小额信贷模式

（一）扶贫信贷服务创新：五步工作法

贫困户有了贷款意愿之后下一个急需解决的就是贷款手续多、审核门槛高、放款时间长等问题。这些问题导致有贷款需求、有贷款意愿的贫困户想贷款却不好贷款，郧阳区在贷款的办理程序方面找到了突破口。具体工作流程如下：

1. 集中评级授信

打破传统的评级授信模式，不以农户是否有抵押物为评级基础，而是看贫困户是否有贷款意愿、是否有劳动能力。村村成立金融工作站，负责对辖区内贫困户进行全覆盖评级授信，评级授信采取"五评"模式，即信用等级评价在银行的指导下，由金融精准扶贫站"两站"的站长1名，由村支部书记担任，副站长2名，分别由驻村扶贫工作队队长（保险公司业务代表）和主办银行信贷业务主管担任，其他2名工作人员由所在村的群众代表、党员代表各1人组成。重点组织全体贫困户参加评贷会议，做到授信有依据、贷款有项目、全程有监督。评级以金融扶贫工作站为主，授信以主办银行为准。确保每个有需求的贫困户都有机会贷到款。

2. 集中收集资料

将扶贫小额信贷所需的24件资料统一简化为以"两表一证一卡"为主的13件。

3. 集中面签

由扶贫工作队员负责按照贫困户需求，入户核实，集中收集资料并填写，然后组织群众进行一次面签，让群众一次办结。

4. 集中审验会签

申贷对象资料收集齐全、村评贷委初审后，以村为单位直接报镇评贷委和区精准扶贫工作指挥部金融扶贫会签服务平台。区人社局、财政局、扶贫办、人民银行、保险公司、农业银行、农商行、邮储银行和村镇银行抽调专人全天候在区精准扶贫工作指挥部金融扶贫会签服务平台集中办公，即报即签。会签流程见图3-3。

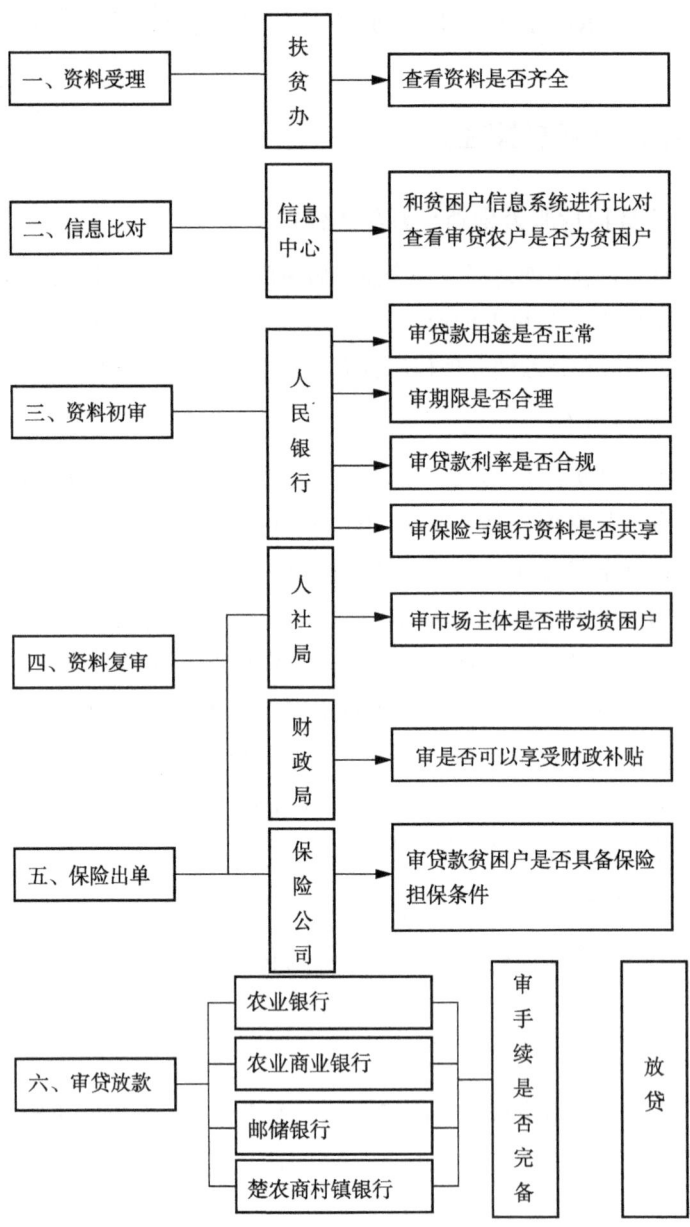

图3-3 郧阳区小额信贷集中会签工作流程

5. 集中发放贷款

所有审核通过的贷款以村为单位集中发放，确保一周内全部发放到贫困

（二）扶贫小额信贷模式创新：产业互助贷、亲属委托贷、种养启动贷

十堰市郧阳区把扶贫小额信贷作为开展农村金融的核心产品和加速脱贫攻坚的重要工具，郧阳区为了解决不愿贷难题，激发贫困户的融资需求，为了解决不敢贷问题，郧阳区建立风险补偿、贷后监督、尽职免责、奖励激励等工作机制，引导各主办行比着贷。在各个方面进行了不同程度的创新。郧阳区精准对接贫困户需求，针对部分特殊困难群体有贷款需求却不能贷等难题，坚持问题导向，分类精准施策，为每个贫困户量身定制小贷产品，让每个贫困户都有适合自己的小额信贷模式，做到应贷尽贷。郧阳区针对贫困户的贷款需求推出了产业互助贷、亲属委托贷和种养启动贷。

1. 产业互助贷款

"诚信贫困户+老年贫困户"的产业互助贷款的贷款对象是年龄超过银行规定但是有产业发展能力和产业发展意愿的贫困户，郧阳区以村为单位，选择一批评级授信额度高的诚信贫困户与老年贫困户自愿结成产业发展互助组。以诚信贫困户为互助贷款主体在银行范围内按人均2000元的标准统一贷款，无抵押、无担保，政府全贴息。

第一步，村级金融扶贫工作站受理产业发展互助组中的诚信贫困户的贷款申请，对贷款项目可行性进行摸底调查。调查后确定是否接受其贷款申请。

第二步，当地的村级金融工作站负责收集所有贷款资料，在接到贷款申请的当天，当地的金融扶贫工作站帮助其完成资料填写。首先，银行和保险公司将样表和空白表全部发放到站。其次，工作站指导借款人填写相关表格，提供个人身份资料，资料包括：借款申请书、个人信用报告查询授权书、银行卡或存折复印件、个人贷款保证保险投保单、意外伤害保证保险投保单、个人保险及配偶特别声明和承诺书、身份证复印件、户口簿复印件、基础资料、农户信用信息采集表、评级授信表、郧阳区建档立卡贫困户小额贷款及贴息审批表。

第三步，当贷款资料收集达5份以上时，当地村级金融扶贫工作站联系负责该片区的主办银行入户调查。信贷员及时完成贷前调查报告并将10份（保险资料3份、个人资料3份、审批资料2份及调查报告、征信报告各1份）资料及时移交给乡镇扶贫专干。

第四步，提交郧阳区小额信贷集中会签中心。首先是资料受理，先由区扶贫办查看资料是否齐全，然后到信息中心贫困户信息系统进行比对查看审贷农户是否为贫困户。由人民银行对材料初审，审核贷款用途是否正常、审核期限是否合理、审核利率是否合规、审核负责其片区的保险公司和银行是否实现了资料共享。由人社局审核主体是否带动贫困户发展，由财政局审核是否可以享受贴息。由保险公司审核贷款贫困户是否具备保险担保条件。最后，扶贫办、央行、财政局、人社局等部门当天会签，即报即签，会签后的资料分类转交保险公司和主办银行。

第五步，保险公司收到会签资料后最迟3天内出具保险单。主办银行收到保险单后3天内完成放款。

"诚信贫困户+老年贫困户"的产业互助贷款统一贷款，分散使用，贷款用来发展产业，带动老年贫困户共同脱贫。目前，已优选贫困户68户，与205户老年贫困户自愿结成对，申请贷款160.2万元。

2. 亲属委托贷款

有些贫困户外出务工，回家办理信贷手续费用高，而父母留守在家发展产业需求资金。针对有这类贷款需求的贫困户郧阳区创新推出了亲属委托贷款。无抵押，无担保，政府全贴息

第一步，村级金融扶贫工作站受理留守贫困户代替子女提出的贷款申请，子女出具委托书，工作站对贷款项目可行性进行摸底调查。调查后确定是否接受其贷款申请。

第二步，摸底调查合格的农户，信贷员对贷款人采取电话确认贷款意向的办法，并且对电话记录进行存档。

第三步，当地的村级金融工作站负责收集现有贷款人父母的贷款资料，在接到贷款申请的当天，当地的金融扶贫工作站帮助其完成资料填写。工作站指导借款人父母填写相关表格，提供借款人父母的个人身份资料，资料包括：委托借款申请书、银行卡或存折复印件、身份证复印件、户口簿复印件、基础资料、农户信用信息采集表、评级授信表、郧阳区建档立卡贫困户小额贷款及贴息审批表。

当贷款资料收集达5份以上时，当地村级金融扶贫工作站联系负责该片区的主办银行入户调查。信贷员及时完成贷前调查报告并将资料及时移交给乡镇扶贫专干。

第四步，提交郧阳区小额信贷集中会签中心。首先是资料受理，先由区扶贫办查看资料是否齐全。然后到信息中心贫困户信息系统进行比对查看审贷农户是否为贫困户。

由人民银行对材料初审，审核贷款用途是否正常、审核期限是否合理、审核利率是否合规、审核负责其片区的保险公司和银行是否实现了资料共享。由人社局审核主体是否带动贫困户发展，由财政局审核是否可以享受贴息。由保险公司审核贷款贫困户是否具备保险担保条件。最后，扶贫办、央行、财政局、人社局等部门当天会签，即报即签，会签后的资料分类交转保险公司和主办银行。

第五步，保险公司收到会签资料后最迟3天内出具保险单。主办银行收到保险单后3天内完成放款。

3. 种养启动贷款

种养启动贷款的贷款对象是对发展种养殖业缺少起步资金，但资金需求又不大的贫困户。种养启动贷款是人均2000元的小微扶贫信用贷款，用来解贫困户的燃眉之急，无抵押，无担保，政府全贴息。

第一步，村级金融扶贫工作站受理贫困户的贷款申请，对贷款项目可行性进行摸底调查。调查后确定是否接受其贷款申请。

第二步，当地的村级金融工作站负责收集所有贷款资料，在接到贷款申请的当天，当地的金融扶贫工作站帮助其完成资料填写。首先，银行和保险公司将样表和空白表全部发放到站。工作站指导借款人填写相关表格，提供个人身份资料，银行资料（4份）：借款申请书、夫妻个人信用报告查询授权书、夫妻共同还款承诺书、银行卡或存折复印件；保险资料（3份）：个人贷款保证保险投保单、意外伤害保证保险投保单、个人保险及配偶特别声明和承诺书；个人资料（3份）：夫妻双方身份证复印件、户口簿复印件、结婚证复印件；基础资料（2份）：农户信用信息采集表、评级授信表；审批资料（1份）：郧阳区建档立卡贫困户小额贷款及贴息审批表。

第三步，当贷款资料收集达5份以上时，当地村级金融扶贫工作站联系负责该片区的主办银行入户调查。信贷员及时完成贷前调查报告并将10份（保险资料3份、个人资料3份、审批资料2份及调查报告、征信报告各1份）资料及时移交给乡镇扶贫专干。

第四步，提交郧阳区小额信贷集中会签中心。首先是资料受理，先由区扶贫办查看资料是否齐全,然后到信息中心贫困户信息系统进行比对查看审贷农户是否为贫困户。由人民银行对材料初审,审核贷款用途是否正常、审核期限是否合理、审核利率是否合规、审核负责其片区的保险公司和银行是否实现了资料共享。由人社局审核主体是否带动贫困户发展,由财政局审核是否可以享受贴息。由保险公司审核贷款贫困户是否具备保险担保条件。最后,扶贫办、央行、财政局、人社局等部门当天会签,即报即签,会签后的资料分类交转保险公司和主办银行。

第五步,保险公司收到会签资料后最迟3天内出具保险单。主办银行收到保险单后3天内完成放款。

扶贫小额信贷为建档立卡户发展产业提供了本钱,激发了贫困户勤劳致富、自主脱贫的内生动力,达到了开发式精准扶贫的效果,实现了从依赖"输血"到主动"造血"的转变。扶贫小额信贷直接增加了贫困村、贫困户经营性收益,间接改善了农村生产生活体条件,带动了贫困村出列、贫困村脱贫。

二、创新扶贫再贷款使用方式

(一)扶贫再贷款的创新

扶贫再贷款资金不同于财政资金。贫困地区地方法人金融机构必须坚持商业可持续原则,运用扶贫再贷款资金发放涉农贷款,自主经营,自担风险,并按期足额归还扶贫再贷款本金和利息。

与普通支农再贷款相比,扶贫再贷款主要有两个特点:一是实行比支农再贷款更优惠的利率;二是累计展期次数最多达到4次,从而使扶贫再贷款的实际使用期限最长达到5年。

扶贫再贷款的支持范围是连片特困地区、国家扶贫开发工作重点县,以及未纳入上述范围的省级扶贫开发工作重点县;发放对象是上述贫困地区的农村商业银行、农村合作银行、农村信用社和村镇银行等4类地方法人金融机构。要求使用扶贫再贷款的地方法人金融机构建立台账,确保涉农信贷投放在数量、用途、利率等方面符合扶贫再贷款管理要求。

作为人民银行支持"三农"的重要政策工具,支农再贷款通过总量供给扶贫、结构调整扶贫、价格控制扶贫、政策辅助扶贫,起到了一定的金融扶贫效果。

（二）扶贫再贷款的实际应用

郧阳区通过创新使用扶贫再贷款，利用"合作社+基地+农户+市场"的产业扶贫模式多样化发展，解决企业带动贫困户脱贫载体少、贫困户无发展项目增收渠道少、贫困村无产业集体经济收入少的问题。

以村级扶贫互助合作社为载体，上联优质企业，下联建档立卡贫困户，使贫困群众生活在经济组织中、依附在产业链上，长期受益、增收脱贫。建立村级扶贫互助合作社（村级电商公司），推行"公司+合作社+基地+贫困户"精准扶贫模式来带动贫困户脱贫减贫。因地制宜帮助贫困群众谋划脱贫产业，告诉贫困户愿意发展什么产业项目，银行就支持什么项目。群众生产什么产品，区、乡、村电商公司就帮助群众销售什么产品，并通过全程保险，解除群众后顾之忧，让群众能放心贷款，大胆用款。其具体实施过程如下：

第一步，在全区341个贫困村成立村级扶贫互助合作社和电商公司，贫困户、电商公司以村为单位，按照平等、公平、互助、自愿的原则入股合作社。合作社作为本村贫困户的"法人代表"，由区担保公司提供担保，向银行申请扶贫再贷款，委托村级电商公司作为投资方，参与到优质企业的产业链中获取稳定收益。

第二步，为了鼓励银行参与，区财政局委托区担保公司建立"资金池"，在贷款主办银行开立专户，存入贷款本金的10%作为担保保证金。优质企业实行全额反担保，由公司董事会出具担保决议和大股东承担连带担保责任，或者请第三方有资质担保公司担保。财政和企业的"双重"担保为银行提供了可靠保障，运用政府的贴息政策和扶贫再贷款创新使用模式来调动银行的积极性。

第三步，为保障财政担保金、银行放贷资金和合作社贷款资金的安全，区政府积极参与指导，源头筛选优质企业，中国银行、农发行、工商银行和建设银行，全程参与扶贫互助合作社的项目选择、优质企业筛选、合作社与优质企业间的合同制定，全程监管企业账户，参与企业管理，降低投资风险。政府提高合作企业的门槛，凡是与村级扶贫互助合作社合作的企业，必须是已在资本市场挂牌上市、拟于近两年进入IPO或将在新三板上市的发展前景好的优质企业，必须经过区投资决策委员会严格把关，最大限度地规避风险。

第四步，优质企业与合作社之间、合作社与带动贫困户之间，分别签订帮扶协议书，确定生产、技术、资金、市场、用工等帮扶方式及内容。银行与合作社之间签订扶贫再贷款协议，由银行把钱贷给合作社，由合作社参与到优质企业的生产环节中，企业由此获得较大额度的无息发展资金。合作企业在主办银行开设结算账户，签订账户监管协议，约定资金归还比例，由主办银行实时监控资金使用状况，防止企业将资金挪作他用，防止出现较大经营风险。

第五步，参照扶贫再贷款的办法，按照人民银行基准贷款利率，精准及时放贷。合作社在使用贷款时严格按照《扶贫信贷业务合作协议》和政府确定的项目用途使用，实行封闭管理，不得将贷款资金用于其他项目。合作社参与企业产业链，合作社与优质企业的购销环节实现稳定的经营收益，并享受企业提供的生产、技术、用工等帮扶措施，当企业出现经营风险时，还可申请贷款主办银行、担保公司向司法部门提出财产保全建议。政府提供的贴息贷款、企业带来的稳定收益和可靠的技术指导，消除了贫困户缺资金、缺技术、产品无销路、价格无保障等顾虑，充分调动了贫困户参与合作社的积极性。

第六步，区政府选派部分村级扶贫互助合作社法人代表担任企业运营监督员，指定专门的法律顾问和聘请第三方专业风险评估机构，协助监督企业生产经营、资金运营、回购产品等情况，确保合作社、贫困群众应得利益不受损失。

三、设立扶贫产业基金首创扶贫公益股

（一）扶贫公益股的概念

扶贫公益股是由国务院扶贫办开发指导司提出。2017年6月，郧阳区组织32家企业负责人赴京举办"郧阳区资本市场服务脱贫攻坚专题论坛"。论坛上，吴华副司长首次提出贫困县可探索尝试设立扶贫公益基金，用于支持精准扶贫事业。首先，成立扶贫产业基金，由扶贫产业基金向郧阳区拟上市企业进行投资，基金收益全部投入到郧阳区扶贫事业，包括对本地区拟上市公司进行再投资，落实国家扶贫小额贷款政策、保险扶贫政策、教育扶贫政策等。普通合伙人和有限合伙人均不参与基金的收益和处置。

（二）扶贫公益股的运作

1. 依法设立扶贫公益股

（1）精心组建基金

一是组建产业基金管理公司。成立由区国有投资公司昌欣生态修复公司发起，万润工贸公司和清控汇金公司两家民营公司控股的十堰市清控郧阳扶贫产业投资管理有限公司。十堰市清控郧阳扶贫产业投资管理有限公司将作为扶贫产业基金的普通合伙人。公司经营范围为受托管理股权投资基金，从事股权投资管理及相关服务。

二是成立扶贫产业投资基金。十堰市清控郧阳扶贫产业投资管理有限公司作为普通合伙人，联合湖北天神公司、湖北吉龙公司、十堰郧诚建设公司三家民营企业，按照1%和99%的持股比组建了郧阳扶贫产业投资基金。扶贫产业投资基金从事非证券类股权投资活动及相关的咨询服务业务；管理或受托管理股权类投资并从事相关咨询服务业务。支持并投资当地扶贫产业，主要投资于节能环保、文化旅游、新材料、新能源、信息技术、高端制造、健康医疗、生物医药、农副产品、食品加工等领域。十堰市郧阳扶贫产业基金（有限合伙）的收入包括因处置任何投资项目的全部或部分权益而取得的现金和因投资而获得的股息、利息以及其他分配所产生的当期现金收益。十堰市郧阳扶贫产业基金（有限合伙）根据本协议而取得的滞纳金、违约金、补偿金视为本合伙企业的收入。

十堰市郧阳扶贫产业基金（有限合伙）的收入在扣除合伙企业运营的管理费、其他相关费用和成本后，剩余资金将在本合伙企业内自动滚存，不对全体合伙人进行任何分配，原则上将继续用于投资扶贫产业项目。具体由执行事务合伙人制定相应方案并予以处理和支配。

全体有限合伙人确认，十堰市郧阳扶贫产业基金（有限合伙）投资收益如前所述，将继续用于扶贫项目的投资，无须对全体合伙人进行任何分配。

三是精选企业设立扶贫公益股。郧阳扶贫产业投资基金出资3500万元投资拟在主板上市企业——湖北万润1%的股权，设立郧阳区扶贫公益股。

（2）精心选择企业

一是精心选择基金管理公司。按照资质好、实力强、讲诚信、社会责任感强的标准，选定清华汇金资本管理有限公司参与管理郧阳扶贫产业投资基金。二是精心选择本地合伙企业。按照"本土优质骨干企业，示范带动作用明显；成长性强，贡献度高，发展稳健，经营状况良好；口碑好，富有社会责任感，感恩党和人民，热心于扶贫公益事业"等标准，精选本地合作企业。选择了2家普通合伙企业（昌欣生态修复公司、万润工贸公司）和3家有限合伙企业（湖北天神公司、湖北吉龙公司、十堰郧诚建设公司）。三是精心选择投资企业。按照"注册地和生产经营均在郧阳区的、有实力的、成长性好的、效益好的，拟上市的、讲诚信的民营企业；有强烈的社会责任感，有主动参与扶贫事业的愿望；愿意出让一部分企业的股权给政府用作扶贫公益事业"等标准，聘请资深中介机构开展尽调，选择了湖北万润新能源公司作为股权投资企业。

（3）精心制定方案

反复调查研究，广泛征求意见，制定了《郧阳区"扶贫公益股"实施方案》。一是限定收益分配。制定《十堰市清控郧阳扶贫产业投资管理有限公司章程》《十堰市郧阳扶贫产业基金（有限合伙）合伙协议》《关于郧阳区设立扶贫公益基金投资湖北万润新能源公司股权的方案》，经过司法公证，十堰市清控郧阳扶贫产业投资管理有限公司（普通合伙人）的所有股东和3家有限合伙企业均自愿放弃扶贫基金所有受益权及处置权，各类收益全部用于郧阳区的扶贫投资，体现公益性质。二是明确投资方向。扶贫基金的投资范围限定于支持并投资区内扶贫产业，主要投资方向为节能环保、文化旅游、新材料新能源、信息技术、高端制造、健康医疗、生物医药、农副产品深加工等领域。

2. 规范操作，管好用好扶贫公益股

（1）成立决策机构规范投资

郧阳区"扶贫公益股"由区扶贫产业投资基金具体实施，设立董事会，授权投资决策委员会具体负责投资，投资决策委员会由清控汇金公司、昌欣生态修复公司、万润工贸公司各推荐一名委员组成。投资决策委员会负责决定投资项目的立项、对拟投资项目进行评审、初步拟定投资方案、决定项目投资和退出等。

（2）突出公益性质定向使用

郧阳扶贫产业基金及增值收益，在2020年以前全部由建档立卡贫困户共同享有，2020年之后由全区困难户享有。增值收益一部分投入到区政府投资平台，用于解决脱贫产业发展、扶贫小额信贷风险补偿、保险扶贫、教育扶贫等；一部分对拟上市优质企业进行股权投资、滚动发展、良性循环，增值收益再用于扶贫公益事业。闲置资金只能用于提高资金使用效益的理财投资。严格按照《十堰市郧阳扶贫产业基金（有限合伙）合伙协议》，基金收入在扣除合伙企业运营费用和成本后，剩余资金自动滚存，继续投资扶贫产业项目，不对全体合伙人进行任何分配。

（3）健全规章制度强化监管

依法健全一系列严格的规章制度，明确股东会、董事会、监事、总经理职权，约定基金经营范围、投资方向、闲置资金使用投资限制、再投资及收益分配等内容，严禁基金和管理公司对外质押和提供担保，并建立财务审计、信息披露等制度，接受全体合伙人监督，维护公司、股东和债权人合法权益，规范公司组织行为，确保资金使用安全。

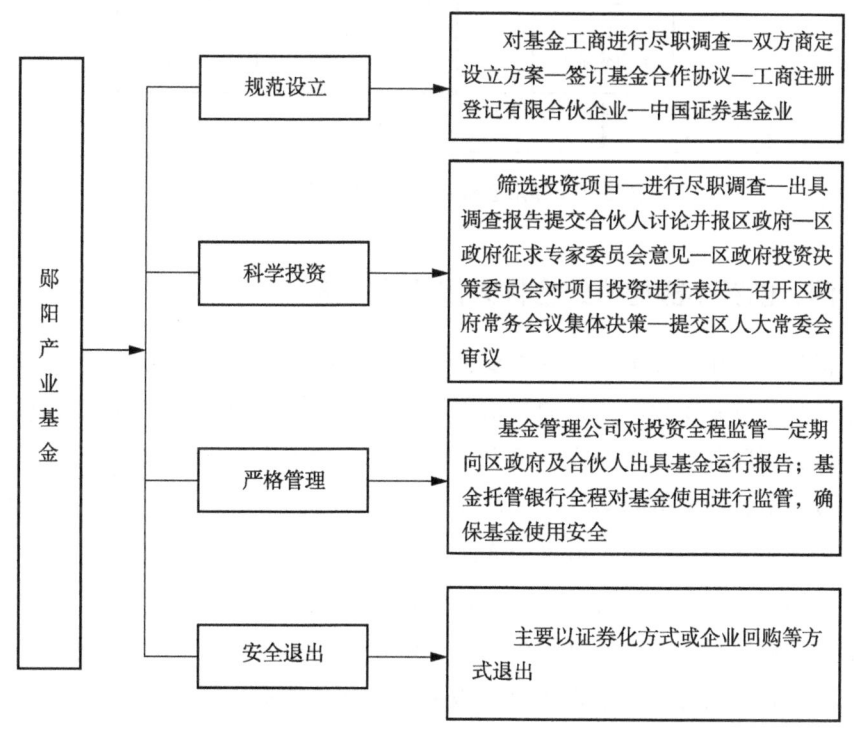

图 3-4　郧阳产业基金的运作方式

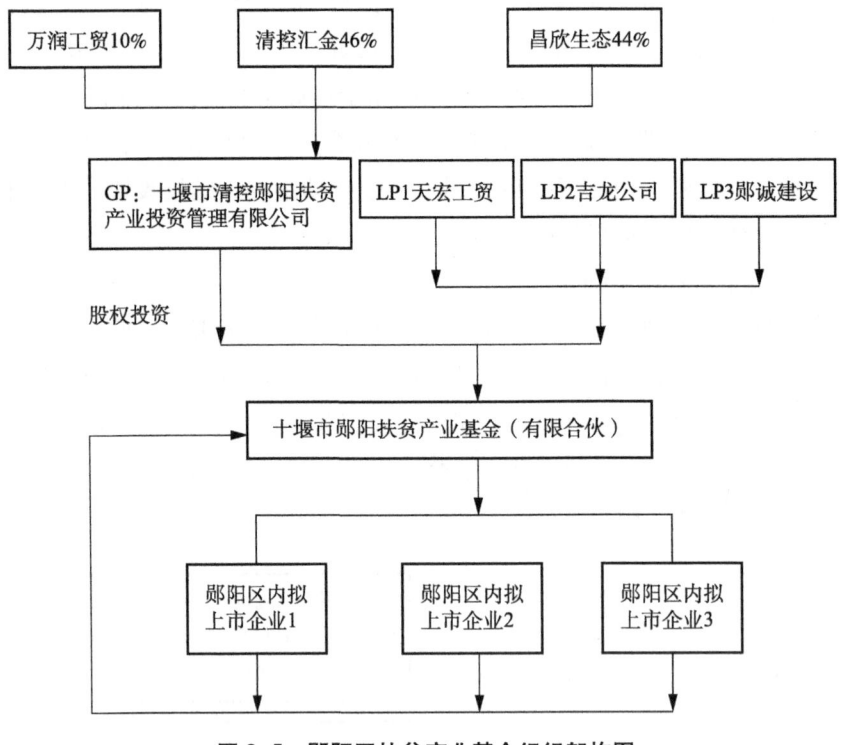

图 3-5 郧阳区扶贫产业基金组织架构图

四、创新小额信贷综合性大保单的思路

保险扶贫作为金融扶贫的重要内容，在精准扶贫、开发扶贫中起着重要作用，是扶贫开发政策体系的有机组成部分。保险机制的保障功能和融资功能可以直接服务于扶贫开发，提升贫困地区和贫困人口的风险保障，增加扶贫开发资金融通渠道的多样性。保险机制的杠杆功能可以有效放大财政扶贫资金的使用效用，在更大范围内实现扶贫开发资源的优化配置。保险机制的增信功能可有效分担银行等金融机构的信贷风险，推动信贷资源向贫困地区投放。郧阳区在扶贫攻坚过程中重视保险机制的引入，因地制宜地探索创新产品，在较短的时间内取得了突出效果。尤其是扶贫小额贷款方面，截止到 2017 年 8 月底，郧阳区获得扶贫小额信贷的贫困户数由 2016 年的 36 户迅速增长到 2.1 万户、贷款总额由 227 万元增加到 2.2 亿元，覆盖率由不足 0.01%提高到 48.7%，取得如此巨大且高效的成绩，保险机制的创新性应用功不可没。

扶贫小额信贷的投放对象是无资产、无抵押的建档立卡贫困户，如何最大限度保障扶贫小额信贷资金的安全，是推行扶贫小额信贷的关键，起着四两拨千斤的作用。郧阳区政府与人保财险十堰分公司开发了基于扶贫小额信贷的综合性大保单，以小额信贷保证保险为核心，同时涵盖种植业养殖业保险、价格指数保险、借款人意外保险，不仅在短时间内促成了扶贫小额信贷的高效推进，同时帮助农户抵御农业生产中面临的风险，有成效，可持续，是郧阳金融扶贫工作的一大亮点。

（一）综合性大保单的概念

小额信贷是扶贫开发金融政策的优选项目，但长期以来由于投放成本大、风险高、利润低，很多商业银行开展此项业务的主动性不足，而承担了大量投放任务的农村中小金融机构又出现小额贷款逾期率高的现象。贷款保证保险可有效分担银行等金融机构的信贷风险，帮助贫困户更便捷地获得贷款，是破解这一困境的有效手段。

郧阳区在推进扶贫小额信贷的工作中，正是找准了这一突破口，通过引入保险机制为广大贫困农户提供信用增级服务，推动信贷资源的投放。产品设计虽然涵盖了众多项目，但都明确围绕保证信贷资金安全这一核心目标，最大限度地降低了银行等放贷机构的风险，撬动了扶贫贷款快速、高效地投放。

1. 以贫困户的实际需求为导向，开发全程式综合性保单

精准扶贫需要做到对贫困人口的精准服务，需要确确实实以贫困户的实际需求为导向，开发式扶贫需要调动贫困人口的积极性和创造性，激发内生动力，增强自身"造血"能力。这些目标的实现都需要以贫困户的实际需求为导向。郧阳区贫困户的主要脱贫途径是种植业养殖业等传统农业生产，这也是扶贫小额贷款的主要投放项目。郧阳区政府与人保财险十堰分公司在产品开发中综合考虑了贫困户使用贷款的全过程及全风险，创立了"多险同保""全区一单"的创新模式。

立足农户贷款使用的全过程。贫困户获得贷款后开展种植、养殖生产过程，作物或牲畜成熟后进行销售回收资金，进入销售过程，最后归还银行贷款，实现脱贫。

2. 涵盖农户用贷还贷的全风险

种植业生产活动几乎都是在自然条件下完成的，气象灾害、地质灾害、

病虫灾害等都对收成造成威胁，这些自然灾害风险是种植业的主要风险；养殖业主要面临疫病等养殖风险。这两方面的风险可以通过种植业保险、养殖业保险来化解。农作物和养殖产品在销售过程中面临市场风险，主要表现为农产品价格波动的风险，这一风险可以通过农产品目标价格保险进行分散和转移。另外，农户作为生产者，一旦遭受因意外事故等原因造成的人身伤害，也会造成生产中断、无法履约归还贷款的风险，贫困户人身意外险可以应对这一风险。以上三项险种基本涵盖了贫困户"还不上"贷款的各类客观原因，大大降低了违约风险。作为最后一道防线，小额信贷保证保险可以有效转移贫困户的信用风险。通过全程式的险种设计，原本银行"不愿贷"的扶贫小额贷款项目风险大大降低，银行和贫困户的积极性都获得极大的调动，保证了扶贫小额贷款的快速落地发放。

3. 以政银保立体式精准合作为组织保证，实现信贷扶贫的高效推进

扶贫小额信贷及其保证保险基于市场机制，但市场机制在精准扶贫中的作用需要由政府的引导和统筹来保证。郧阳区政府作为当地扶贫工作的主导者和责任人，通过"政银保"立体式精准合作，以及两级金融工作站的建立，作为扶贫小额信贷工作的组织保证。在各行政村全面建立金融精准扶贫"两站"，实现金融精准扶贫"两站"村村全覆盖。各村支部书记任站长、主办银行信贷人员、扶贫工作队队长、主办保险公司业务人员任副站长，党员代表和群众代表各一名为工作人员，具体负责做好对本村贫困户建档立卡、评级授信、贷款审批、贷款发放、教育宣传和跟踪管理，乡镇人民政府负责统筹协调、督办推进。

（二）小额信贷综合性大保单的运作

1. 综合性"大保单"的保险项目

综合性"大保单"包含四个保险项目，分别是：种养产业险、农产品价格指数险、借款人意外伤害险以及扶贫小额贷款保证保险。

种养产业保险是种植业产业险和养殖业产业险的合称，为农户在种植业和养殖业生产过程中所遭受的自然灾害、意外事故、疫病、疾病等保险事故造成的经济损失提供保障。"大保单"中的种养产业险，以生产者生产过程的贷款金额为限，对生产者因遭遇种养产业风险事故所造成的损失予以赔偿。

农产品价格指数保险对农业生产经营者因市场价格大幅波动，农产品价格低于目标价格或者价格指数造成的损失给予经济补偿。以目标农产品的成

本价格作为标准，当被保险人产品价格低于成本价格时，由保险人按照具体的差额进行补偿。

借款人意外险承保贫困户因意外伤害导致死亡或者伤残时无力偿还贷款的风险。作为被保险人的借款人，有遭受意外事故致死致残的可能性，一旦发生事故就有可能使贷款人蒙受损失。借款人意外险的受益人为贷款人，在被保险人即借款人遭受灾害事故致死致残而无力偿还贷款的情况下，由保险人在责任范围内代为归还贷款，减小了贷款人承担的风险。借款人意外险是人身意外险的一种，保险人在代为归还贷款后对被保险人不具有追偿权。"大保单"协议中规定，当被保险人遭遇意外死亡或一级伤残时，由被保险人代为归还全部的贷款本金；当被保险人遭遇十级至二级伤残的，保险人按照伤残等级分别代为归还10%~90%的贷款本金。

贷款保证保险是保证保险的一种，是指借款人与保险人签订保险合同，由保险人向贷款人担保借款人信用的保险。贷款保证保险所承保的是借款人不能按照贷款合同约定偿还贷款的风险。当发生借款人不能如约向贷款人归还贷款的情况时，保险人应对贷款人遭受的损失先行予以补偿，并在补偿之后享有对于借款人借款的追偿权。贷款保证保险收取的保险费实质上是一种手续费，是利用保险人自身名义提供担保所获得的报酬。贷款保证保险的保险费往往要按照贷款金额的一定比例收取，比例的具体确定既要参照行业的一般水平，又要根据保险人对借款人实际的资信状况所做的正确判断，因而在承保贷款保证保险时，保险人必须对被保险人即借款人的资信状况进行严格的审查。"大保单"贷款保证保险中的保险人——人保财险十堰分公司按照贷款金额2%的比例收取保费，建立相应的保险基金，在承保范围内为郧阳区政府倡导大力发展的种植业、养殖业项目向银行提供贷款担保，并在贷款发生违约风险时承担一定的损失赔偿责任。"大保单"贷款保证保险以保险人提供担保的方式，降低了商业银行对于贫困户贷款抵押物的要求，在促进郧阳区信用发展的过程中发挥了很好的作用。

2. "大保单"保险合同的主体及其责任

保险合同的主体由作为保险合同当事人的保险人、投保人，作为保险合同关系人的被保险人，受益人以及一些保险合同辅助人等构成。郧阳区综合性"大保单"中，郧阳区政府是保险合同的主体投保人，人保财险十堰分公司是保险人，郧阳区建档立卡贫困户以及新型农业经营主体为被保险人，贷款银行是贷款保证保险和借款人意外保险的受益人、郧阳区建档立卡贫困户以及新型农业经营主体是种养产业险和农产品价格指数险的受益人。

保险人（人保财险十堰分公司）责任：一是在约定的责任范围内对郧阳区政府投保的各项风险提供保险保障服务。包括：对符合《湖北省小额贷款保证保险试点工作实施方案》的贷款本息提供小额贷款保证保险，为贷款农户提供种养产业险、农产品价格指数保险和借款人意外险。二是参与贷前、贷后管理。三是当贷款农户逾期不还款时，承担逾期贷款本息的70%损失补偿责任。在接到贷款人索赔申请并且审核无误后，应在10个工作日内向贷款人先行赔付，之后保持对于借款人的追偿权。

投保人（郧阳区政府）责任：一是设立村级金融工作站，作为扶贫贷款发放尽职调查单位，进行小额信贷及保险项目的宣传、贫困户授信评级等工作，监督贫困户的贷款使用及生产过程；二是统一出资缴纳保费；三是设立扶贫小额贷款保证保险风险补偿专项资金，当贷款农户逾期不还款时，承担逾期贷款的20%；四是协助保险人对违约贫困户的资金追讨。

放贷人（银行）的责任：一是对符合相关规定的扶持对象提供贷款；二是当贷款农户逾期不还款时，承担逾期贷款的10%。

3. 保险金额与保险费率

该综合性"大保单"以目标扶贫贷款发放额为保险金额，以贷款额的8%为保险费率。其中，贷款保证保险保费费率为2%，借款人意外险保费费率为0.5%，种养产业险的保费费率为5.5%。保费均由财政补贴全部负担。

在2017年7月郧阳区政府和人保财险十堰分公司签订的《郧阳区政府"扶贫贷"项目合作协议》中，确定2017年7月25日前完成发放小额扶贫贷款2亿元的工作目标，"大保单"即以2亿元为保险金额，保险费为8%即1600元。

4. 综合性"大保单"的风险管控

"大保单"作为综合性风险保险，具有承保金额大、参保人员多、保障范围广等具体特点。这些特点就决定了在对其进行风险管控时，不能只进行常规的、单一的、普通的风险管控，必须建立切实有效的风险管控体系，才能保证保险保障功能的正常发挥。"大保单"具体的风险管控体系可以分成前期、中期、后期三个方面。

(1) 前期的风险管控

前期的风险管控是整个风险管控体系最基础的部分，涉及对风险的识别、衡量、认知等具体的方面。

郧阳区政府应当担负起主要的尽职调查责任，包括：营造良好的金融生态环境，确保扶贫贷资金去向的真实性、有效性，督促被保险人诚实守信，建立风险补偿专项基金等。落实到具体的工作方案里面，郧阳区政府要完成三个方面的工作：第一，要按照国家标准梳理和确认辖区内的建档立卡贫困户以及新型农业经营主体，确保每一户贫困户的真实性，保证贷款者是有意愿、有精力、有能力在扶贫贷支持下，通过诚实劳动致富的人。这是政府代替保险人对承保单位进行的初步筛选。第二，郧阳区政府协同银行、保险等机构，建立以村支书为站长，包含保险人员、银行人员三方合作的村级金融扶贫工作站，直接入驻乡村，接触贫困户，现场办公、现场调查。金融扶贫工作站是负责扶贫贷发放的尽职调查单位，一般由村支书担任尽职调查责任人，并对尽职调查的情况负主要责任。这一举措实际上是完成了风险管控当中实地调查的部分。对于调查后符合条件的借款人、借款项目，由村级金融扶贫工作站汇总推荐，经由乡镇上报区一级的金融扶贫领导小组，由区级金融扶贫工作单位再次审核无误后，与保险、银行签订担保协议，实施放款。由村到镇再到区，由村级金融扶贫工作站到区级的金融扶贫工作组，政府在整个风险管控的过程中，通过设立机构建立了较为完备的风险识别和衡量体系，代替（实际金融扶贫工作站当中包含保险人员）保险人对潜在的承保个体进行了多层次的筛选，起到了很好的风险管控作用。并且相对而言，金融扶贫工作站的站长村支书对于贫苦户的了解必定远超过保险人，由村支书进行的实地调查将更为有效。第三，郧阳区政府要拓宽种养产业产品的销售渠道，通过与村级、镇级、区级、市级等层级电商的合作，加强本地区产品的变现能力，保证扶贫贷资金去向的真实性，使用效果的有效性。这一举措在风险管控当中属于防患于未然的风险处理办法。政府通过这些帮扶举措提高了建档立卡贫困户以及新型农业经营主体从事生产经营活动的收益，从而在一定程度上保证了贷款资金的安全性，最终可以减少保险人因信用违约等情况需要承担的风险。

(2) 中期的风险管控

保险在整个的政银保三方协议当中，实际上起到了多层的防火墙作用。"大保单"是一揽子的综合性保险协议，承保的内容基本涉及了郧阳区种养产业生产的各方面、全过程。通过种养产业保险、农产品价格指数保险、借款人意外保险，借款人在生产经营过程中所要经受的风险，被以保险的形式层层剥离。保险本身就是基金互助的产品，实际上是用多数人缴纳的少部分资金来补偿少部分人在遭遇风险时经受的较大额度的损失。多种保险的结合，使得保险的保障作用充分地发挥了出来，使得部分个体较大的风险得以分散。经过层层剥离，实际上是对贷款保证保险的承保个体进行了变相的筛选，使得最终被保险人在贷款保证保险中变成"低风险"的群体。相对于银行而言，其贷款发放所面临的信用违约风险大大减小。这正是保险产品利用其本身的保障性特点，相互配合，用系统的方式对风险进行分散、剥离，最终达到风险管控的目标。

(3) 后期的风险管控

"大保单"的最终签订建立在郧阳区政银保三方合作协议达成的基础上。政银保三方协议是郧阳区政府会同保险、银行签订的金融扶贫战略性协议。协议中规定郧阳区政府财政出资 4650 万元建立风险补偿专项基金，用于承担贷款本息损失的 20%，以及部分超出协议约定的保险人赔付范围之外的贷款本息损失。由此建立了由政府、保险、银行三方参与的风险共担以及赔偿机制，三者在贷款本息损失赔偿中的占比分别为 2∶7∶1。风险补偿专项基金的建立，实际上是政府主动扮演了风险管控中最后风险担当人的角色，对于整个风险管控体系而言至关重要。

风险共担机制之外，保险同政府还设定了暂停机制，约定：当小额贷款保证保险的赔付率达到 130% 时，暂停小额信贷保证保险业务，并继续履行之前的保险责任；对赔付率超过 130% 后的赔付部分，由风险补偿专项基金补偿保险人 80% 的赔付；对赔付率超过 150% 后的赔付部分，由风险补偿专项基金补偿保险人全额的赔付。暂停机制的实施，是动态的风险管控举措，在实际的业务进行过程中，根据赔付的具体情况，政府设置的风险保障基金及时地参与，降低了保险人同时承保大量个体、大量险种的风险，是给小额贷款保证保险上的"保险"。

第四章
河南省三门峡市卢氏县金融扶贫案例分析

2017年7月4日,中央政治局常委、书记处书记刘云山同志到河南省三门峡市卢氏县调研,对卢氏县抓党建促脱贫的做法给予充分肯定。全省金融扶贫现场会在卢氏召开、全国金融扶贫观摩会在卢氏观摩,金融扶贫"卢氏模式"得到中央领导和国务院扶贫办肯定,要求在全国推广;"推广卢氏县金融扶贫经验"写入《中共河南省委关于深入学习贯彻党的十九大精神决胜全面建成小康社会开启新时代河南全面建设社会主义现代化新征程的意见》;"推广金融扶贫卢氏模式"写入河南省十三届人大一次会议《政府工作报告》。卢氏县在金融扶贫体系建设方面具有突出的表现,对全国其他贫困地区的金融扶贫具有相当高的借鉴和推广意义。本章将对卢氏县金融扶贫的成功经验进行详细具体的介绍和剖析。

第一节 河南省三门峡市卢氏县基本情况

一、河南省三门峡市卢氏县地理环境与自然资源

卢氏县北邻灵宝,东连洛宁、栾川,南接西峡,西南与陕西省的洛南、丹凤、商南三县接壤,属秦巴山系的秦岭余脉,地处中原经济区、豫晋陕黄河金三角区域协调发展综合试验区和关中—天水经济区结合部。县域面积4004平方公里,辖9镇10乡,352个行政村,全县户籍人口38.27万人。卢氏县是革命老区县、三门峡地区唯一划归秦巴山片区的国家扶贫开发工作重点县、河南省"三山一滩"扶贫工作重点县和河南省省长陈润儿扶贫包扶县。卢氏县自西汉元鼎四年(公元前113年)建县,2100多年来县名未改,城址未移,是全国为数不多的"双千年"古县。

卢氏县自然资源相对较丰富,主要拥有矿产资源、生物资源和水能资源。其中,已勘探出的矿产达52种,其中金属矿产20种;境内水能资源蕴藏量

为13.8万千瓦，可开发量8.3万千瓦。各种植物共2400余种，其中野生植物有104科602种，有野生动物400余种。境内原始生态保存完好，山水风光迷人神奇，素有"中原绿宝石""河南后花园"和"河南小西藏"之称。其还是全国重点生态功能保护区，森林覆盖率达69.34%，被中国国土学会评为"全国第三届百佳深呼吸小城"。2017年，全年完成林业生态建设26.9万亩，成功创建沙河乡沙河村等2个省级生态示范村、狮子坪乡花园寺村等5个市级生态示范村，累计创建国家级生态乡镇1个，省级生态乡镇11个，省级生态村48个，市级生态村95个。

卢氏县当地盛产香菇、黑木耳和核桃，其中，卢氏香菇分为野生和人工栽培两种方式。野生主要生长在枯死的檀香、栎、栗树上，子实体于立冬后至次年清明前后产生，成熟时直径达4~5厘米；人工栽培一般采用锯木屑、麸皮、秸秆作培养料，塑料袋室内培养。卢氏黑木耳为国家地理标志产品。耳朵大肥厚、品相佳，营养丰富，含蛋白质、糖和矿物质。卢氏核桃，为卢氏县山区特产之一，个大、皮薄、肉肥、色白、味香，为卢氏传统出口商品和河南省的主要出口商品之一。这些特色农产品成为当地开展金融助推产业扶贫的重要抓手。

二、河南省三门峡市卢氏县经济发展现状

河南省共108个县市，卢氏县作为国家级贫困县，经济实力排行一直处于末位，据2015年河南108县（市）实力排行榜公布显示，卢氏县排行第94位，2016年排名三门峡市以及河南全省的最后一位，当地经济发展的落后程度可见一斑，贫困状况也是相当严重。

近年来，在国家大力扶贫政策支持下，卢氏县抓住机遇，以脱贫攻坚统揽全县工作大局，以金融扶贫试验区建设为有力抓手，以改善民生为出发点和落脚点，着力加快经济转型提升发展，全县经济呈现稳中有进的良好态势。

2017年，全县地区生产总值完成911027万元，同比增长9.1%，与2016年相比增速提高1.1个百分点。其中：第一产业增加值217779万元，同比增长4.8%；第二产业增加值290460万元，同比增长8.3%；第三产业增加值402788万元，同比增长12.5%。三次产业比例为23.9∶31.9∶44.2，与2016年相比三产比重提高1.7个百分点。一般公共预算收入完成6.31亿元，同比增长18.1%；规模以上工业增加值完成13.9亿元，同比增长9.2%；社会消费品零售总额完成45.5亿元，同比增长11.3%；城镇居民人均可支配收入达

到 24613.7 元，同比增长 9.1%；农村居民人均可支配收入达到 8817.7 元，同比增长 10%。

表 4-1 卢氏县 GDP 增长情况 单位:%

	生产总值增长速度（累计同比）			
	第一季度	上半年	前三季度	全年
2016 年	6.2	8.6	7.9	8.0
2017 年	7.0	8.1	8.7	9.1

图 4-1 卢氏县经济 GDP 增长情况

卢氏县围绕绿色农业、特色工业、全域旅游，加大招商引资力度，签约项目明显增加，到位资金大幅提升，招商引资工作取得重大突破。全县招商引资完成 28.98 亿元，签约项目 17 个，签约金额 63.28 亿元，累计完成投资 22.31 亿元，完成进出口 7.12 亿元。紧盯重点项目建设，投资保持高位增长。确定总投资 620.6 亿元的 115 个重点项目，完成年度投资 127.4 亿元，占目标任务的 101%。

卢氏县还大力发展"果、牧、菌、烟、药、菜"等特色优势产业，打造四大产业片区，实施"四个一百"工程，实现贫困户核桃、连翘等长效产业增收项目全覆盖。林果业，新发展核桃 20 万亩，新建基地 56 个，全县核桃总面积超过 70 万亩；新发展猕猴桃、大樱桃等特色水果 1 万亩，新建基地 8 个；建成无刺花椒基地 4 个，面积突破 4000 亩。林果业产值 6.04 亿元。畜牧业，先后引进科尔沁集团、三阳畜牧等养殖企业 6 家，建成基地 12 个，发展特色养殖合作社 133 个，畜禽总存栏量达到 154.9 万头（只），同比增长 28.2%，总产值 6.5 亿元，同比增长 30%，带动 3350 户，户均增收 4000 余元。食用菌，建设食用菌产业园 2 个，生产基地 12 个，发展食用菌 1.26 亿袋，实现产值 9.16 亿元，带动贫困群众 4199 户。烟叶，种植 7.5 万亩，收购 17.33 万担，税收 0.45 亿元，带动贫困群众 1000 余户。中药材，完成连翘人工种植14万亩，建成范里镇柏坡村等万亩示范基地5个，横涧乡青山村等千亩示范基地34个，人工种植总面积达20.4万亩。蔬菜，建成沙河乡果角等高山有机蔬菜基地8个，大棚367个，带动贫困群众105户，户均增收2万余元。新认证绿色产品8个，累计完成"三品一标"认证51个；新注册商标72件，新培育省著名商标2件，累计完成商标注册410件。

近两年卢氏县当地的经济增长虽然较快，但脱贫攻坚任务还相当艰巨。农村贫困人口多、贫困面大、贫困程度深，基础设施和公共服务建设仍需提速，部分行业扶贫部门重视程度不够；贫困群众脱贫内生动力不足，面对优惠政策不能紧抓机遇，部分群众依然存在"等靠要"思想。带动产业的龙头企业依然较少。骨干财源少，经济体量小、实力弱，抵御市场风险能力不强，多数龙头企业还在建设期，带贫效果不明显。城镇承载能力明显较弱。城乡建设欠账多，基础设施薄弱，公共服务水平低，支撑保障能力不足，城镇可持续发展的制约因素依然较多。第三产业发展相对滞后。旅游等服务业对县域经济的支撑作用和对就业带动吸纳能力还较弱，发展动力仍需加强。

三、河南省三门峡市卢氏县扶贫现状

卢氏县是革命老区县、三门峡地区唯一划归秦巴山片区的国家扶贫开发工作重点县、河南省"三山一滩"扶贫工作重点县和河南省省长扶贫包扶县。全县总面积4004平方公里，辖9镇10乡，352个行政村，37万人。截至2016年底，全县仍有未脱贫贫困户16301户、贫困人口50628人、贫困发生率15.23%，是河南省贫困发生率最高、贫困程度最深的县。

近年来，卢氏县为全面打赢脱贫攻坚战，促进当地经济发展，在近年来实施了五大举措：一是围绕打造"果、牧、烟、菌、药"五大特色产业，以"绿色""有机"为方向，大力发展核桃和连翘产业，巩固提升特色养殖和食用菌、烟叶等优势产业。二是基础设施提升行动。做好蒙华铁路的协调服务工作，推进卢氏到栾川、卢氏到洛南高速公路建设。三是公共服务上水平行动。落实教育优先发展战略，办人民满意的教育事业；加快医疗卫生服务体系建设，提高公共卫生服务和健康保障水平；完善社会保障体系，提升群众获得感。四是新型城镇化提速行动。加快推进以人为核心的新型城镇化，主动融入全市"一核、两翼、三带、多点"城镇空间格局，努力打造全市城镇化的绿色之翼、美丽之翼、活力之翼，让整洁畅通有秩序成为卢氏鲜明的外在特征。五是产业集聚区上台阶行动。加快区内道路、供电、管网、标准化厂房等硬件建设，搭建融资、担保等公共服务平台，将产业集聚区打造成改革创新试验区、产城融合示范区和经济发展增长极。

截至 2017 年末，全县实现 1.09 万名贫困人口稳定脱贫，超上级下达减贫目标 1.87%。贫困发生率由 15.23% 下降为 12.03%。卢氏县金融扶贫试验区成功创建。全年新增扶贫贷款超过 10 亿元，是上年度的 11.5 倍，贫困户户贷率同比提高 43 个百分点；同时，卢氏县还被国家开发银行确定为全国"开发性金融精准扶贫示范点"；全国先后有 101 批次 81 个市、县（区）3000余人次，到县内交流学习"卢氏模式"。易地扶贫搬迁大头落地。2017 年计划搬迁的 4423 户 16201 人全部分房到户，"十三五"扶贫搬迁工程 2018 年上半年将全部具备入住条件。产业扶贫初见成效。全县农业龙头企业达到 44家，合作社达到 1349 家，家庭农场 13 家。建成培训就业基地 19 个、产业扶贫就业基地 176 个、产业扶贫增收大棚 1213 个，带动贫困群众 12985 人，户均增收 3500 余元。基础设施和公共服务明显提升。交通、水利、电力、通讯、教育、文化、卫生等项目建设加快实施，为脱贫致富奔小康构筑了坚实的支撑，63 个贫困村达到"五有六通"标准。

卢氏县的试点工作以"政银联动、风险共担、多方参与、合作共赢"为基本思路，突出了政府和银行在工作推进、风险防控等方面合作机制的建立，注重体制机制的系统设计，较好地实现了扶贫小额信贷运行模式的创新。如今，得益于卢氏县推出的金融扶贫政策和当地独特的产业模式，被扶贫的农户不仅从中获得了实惠和收益，而且，卢氏县贫困群众的生活也发生了翻天覆地的变化。

当前，在金融精准扶贫思路下，卢氏县正着力推进"三级联动"服务体系建设，进一步健全金融扶贫服务机制；着力推进"三位一体"风险防范体系建设，实现金融扶贫的可持续性；着力推进全覆盖的金融扶贫供给体系建设，丰富金融服务供给主体；着力推进产业带动、小额扶贫贷款并举的扶贫贷款投放机制形成，完善金融扶贫模式；着力推进金融基础设施建设长效机制的形成，优化金融扶贫环境，高标准、高质量、高速度地做好试验区建设工作，努力实现对符合条件建档立卡贫困户的扶贫小额信贷全覆盖，以金融扶贫的强大杠杆撬动产业大发展，助推卢氏县经济社会转型提升和跨越式发展。

展望未来，"卢氏模式"围绕着金融扶贫，会继续建立健全一整套稳定金融脱贫的长效机制，尤其是不断加大金融科技的赋能力度，让数字普惠金融的阳光普照扶贫农户,而这也正是全国脱贫攻坚战一直在寻找的典型和样本,期待能尽快在全国以及更广阔的领域如"一带一路"沿线国家进行复制和推广,而金融机构应充分借鉴"卢氏模式",努力加快扶贫金融模式和产品创新。当然,为积极支持金融扶贫,还应进一步完善及明确国家金融扶贫的相关制度和政策,并且制定相应的操作规程,便于操作,从而为金融扶贫提供更大的便利。

第二节　河南省三门峡市卢氏县金融扶贫的政策支撑

一、针对扶贫信贷的金融扶贫相关政策

(一)《金融助推卢氏县脱贫攻坚试验区工作方案》

2017年3月,由省财政厅、省扶贫办、省金融办、央行郑州中心支行等6部门联合推出的《金融助推卢氏县脱贫攻坚试验区工作方案》(以下简称《方案》)主要内容有:以贫困户和带贫农业龙头企业为扶持对象,以参与金融扶贫的银行为贷款主体,通过建设和完善信用体系,建立金融助推扶贫机制。实现对符合条件建档立卡贫困户的扶贫小额信贷全覆盖。

《方案》明确提出,贷款对象有两类:一是贫困户。条件是有贷款意愿、有就业创业潜质、有一定技能素质和有较强信用意识的建档立卡贫困户。二是带贫农业龙头企业。即符合贷款条件、签订带贫协议、带动贫困户达到一定规模的农业龙头企业。对带贫农业龙头企业的贷款,对农民合作社(带动一定数量贫困户的农民合作社、贫困户参与新组建的农民合作社)比照带贫农业龙头企业扶持政策执行。

《方案》中还规定了,在银行贷款利率方面,对符合贷款条件的建档立卡贫困户的贷款,参照贷款基准利率执行;对带贫农业龙头企业的贷款,原则上按照贷款基准利率上浮不超过10%。贷款期限不超过3年。在担保和再担保费用方面,省农信担保公司对建档立卡贫困户免收担保费,对带贫龙头企业按1%/年收取担保费;省担保集团为省农信担保公司提供一定比例的连带责任再担保,并按照在保额的0.2%/年收取再担保费。县级政府统筹相关资金对扶贫小额信贷借款给予贴息支持,对符合条件建档立卡贫困户的扶贫小额信用贷款,给予全额贴息;对符合条件的带贫农业龙头企业的担保贷款,

按照年贴息率3%进行贴息。

（二）《卢氏县人民政府办公室关于印发〈卢氏县金融助推扶贫机制风险补偿基金管理等五个办法（试行）〉的通知》

卢氏县为实现金融扶贫创新金融服务，有效提升县域信贷资金可获得性，促进证、银、企、农合作对接，加大信贷资金投放，优化经济结构，培育农户信用意识，激励守信和严惩失信，培育和建设良好的社会诚信风气，防范和降低农户信用贷款的风险。2017年5月26日，当地政府特颁布了《卢氏县人民政府办公室关于印发〈卢氏县金融助推扶贫机制风险补偿基金管理等五个办法（试行）〉的通知》（卢政办〔2017〕56号），该通知中的其他四个政策分别为《卢氏县金融扶贫贷款管理办法（试行）》《卢氏县金融扶贫贷款贴息办法（试行）》《卢氏县农户信用贷款激励约束机制实施办法（试行）》和《卢氏县农户信用信息管理办法（试行）》。这一系列办法的制定推出为助推脱贫攻坚提供了政策上的保证。

《卢氏县金融助推扶贫机制风险补偿基金管理办法（试行）》是为规范金融助推扶贫机制下县级政府扶贫贷款风险补偿基金的管理，确保业务顺利开展所制定的。该办法明确规范了卢氏模式开展业务的县级风险基金的设立、使用、补充、返还和监督管理等具体要求，还提出县级风险基金遵循公开透明、统筹管理、加强监督的原则，实行"专人管理、专户储存、专账核算、专项使用"的管理办法，确保资金使用安全高效，并指定河南省农业信贷担保有限责任公司（以下简称"省农信担保"）财务资金部为县级风险基金的管理部门，负责对应资金账户的开立管理、利息核算、支出审核等工作。

《卢氏县金融扶贫贷款管理办法（试行）》是根据财政部、农业部、银监会《关于做好全国农业信贷担保工作的通知》（财农〔2017〕40号）和省财政厅、扶贫办等6部门下发的《金融助推卢氏县脱贫攻坚试验区工作方案》（豫财办函〔2017〕1号）有关要求，以有效提升县域信贷资金可获得性为重点，积极促进政、银、企、农合作对接，加大信贷资金投放，优化经济结构，助推脱贫攻坚，卢氏县特制定的。该办法明确规定了金融扶贫贷款发放准入条件，包括农户准入条件、带贫农业经营主体（龙头企业、专业合作社、家庭农场等）准入条件；贷款金额、贷款期限、融资成本的标准以及贷款流程和贷后（保后）管理等具体措施。

《卢氏县金融扶贫贷款贴息办法（试行）》是根据省财政厅、扶贫办等6部门下发的《金融助推卢氏县脱贫攻坚试验区工作方案》（豫财办函〔2017〕1号）及《河南省产业化扶贫贷款贴息资金管理办法》（豫财农〔2015〕9号）有关精神，为创新金融服务，加快当地金融扶贫示范区建设，助力脱贫攻坚，特制定的。该办法明确规定了贴息对象、贴息标准、贴息期限、贴息规模、贴息方式、贴息程序、带贫要求、监督和管理等，并且提供了卢氏县产业扶贫贷款贴息项目扶贫带贫协议书和产业扶贫贷款贴息项目标准文本以供工作具体可行。

《卢氏县农户信用贷款激励约束机制实施办法（试行）》是为大力培育农户的信用意识，激励守信和严惩失信，加快推进金融助推卢氏县脱贫攻坚试验区工作，推广应用信贷+信用扶贫小额贷款发放模式，防范和降低农户信用贷款的风险，加大产业扶贫信贷资金投放，培育和建设良好的社会诚信风气，特制定的。

其基本原则为：守信激励、失信惩戒，普惠授信、全面覆盖，多方联动、严控风险，注重普惠，银农共赢。

其激励办法为：对于按照用途使用且按期归还银行贷款（含本息，下同）的诚实守信的农户，给予必要的激励措施，增强其守信意识；对本村金融扶贫服务部工作开展管理好、农户信用贷款工作支持好、协助贷款收回效果好、金融宣传工作配合好，且本村当年信用贷款不良率控制在3%及以下的，由县财政给予适当奖励，并在扶贫项目实施安排和各类普惠、扶贫资金拨付上给予优先考虑；并授予该村"信用村"荣誉称号；对本乡镇金融扶贫服务站工作开展管理好、所有行政村农户信用贷款工作支持好、协助贷款收回效果好、金融宣传工作配合好，且本乡镇当年信用贷款不良率控制在2%及以下的，由县财政给予适当奖励，并在扶贫项目实施安排和各类普惠、扶贫资金拨付上给予优先考虑；并授予该乡镇"信用乡镇"荣誉称号；对农户信用贷款发放成效好、投放力度大（占各项贷款比例高）的金融机构，政府将实施相应的激励措施。

其惩戒措施为：对失信农户（含贫困农户）要采取必要的惩戒措施，以促使其增强信用意识，提高失信成本；当全村贷款不良率超过5%时，全县所有金融机构有权停止对该村所有农户的新增授信，同时乡镇政府将追究该村"三委"责任并在全乡镇进行通报；当全乡镇超过30%行政村贷款不良率超过5%时，全县所有金融机构有权停止对该乡镇所有农户的新增授信；同时县政府将追究该乡镇党政一把手责任并在全县进行通报；对农户信用贷款发放成效不好、投放力度小的金融机构，政府将实施相应的制约措施。

《卢氏县农户信用信息管理办法（试行）》是为规范卢氏县农户信用信息采集、整理、变更、保存和评级管理，推动卢氏县农村信用体系建设，营造良好的金融生态环境，促进经济社会健康发展，根据有关法律法规，结合卢氏县实际，制定的。该办法明确提出，中国人民银行卢氏县支行负责组建农户信用信息系统（以下简称农户信用信息系统），承担农户信用信息系统日常的维护与管理；农户信用信息系统建设坚持以"政府牵头、央行指导、多方参与、信息共享"原则，指导辖区开展农户信用信息的采集、更新与信用评级，提供信息查询服务；农户信用信息系统采集内容、信用评级办法及各指标权重设定等由县政府金融办、县央行、各金融机构等共同协商确定；农户信用信息系统根据《卢氏县金融扶贫服务体系建设工作方案》和《卢氏县农村信用体系建设工作实施方案》要求，建立多渠道的农户信用信息采集机制，组织协调相关部门开展农户信用信息采集工作，合理审慎进行信用评级，为辖区农户、政府职能部门、金融机构以及法律、法规规定的其他用途提供有关信息服务。

二、针对金融扶贫服务体系的相关政策

（一）《卢氏县金融扶贫服务体系建设工作方案》

卢氏县为积极探索可复制、能推广的金融扶贫服务体系新模式，更好发挥金融助推扶贫的作用，提供优质高效的金融服务，结合卢氏县实际，就金融扶贫服务体系建设，于2017年2月27日，当地政府颁布了《卢氏县金融扶贫服务体系建设工作方案》。

该方案中指明，县、乡、村金融扶贫服务体系是指在县级设立金融扶贫服务中心、在乡镇级设立金融扶贫服务站、在村级设立金融扶贫服务部，三级金融扶贫服务体系实行信息共享、协同办公、各司其职、三级联动。县乡村三级金融扶贫服务组织必须有固定办公场所、明显标志，有专职工作人员，除本办法规定的兼职人员外，县乡两级金融扶贫服务组织抽调的人员一经确定，必须专职从事金融扶贫服务工作。县乡两级根据工作需要，安排必要的办公经费，提供必要的条件保障。建立专门的金融扶贫服务评价奖惩机制，对各级金融扶贫机构工作人员进行评价，奖优罚劣，工作人员评价结果反馈

原工作单位，作为绩效、晋级主要依据。

该方案以金融精准扶贫和普惠金融工作目标为指引，有效整合"政、银、担、保、投"等各类资源，加大信用体系建设力度、盘活农村生产要素、创新信贷产品，积极推动"信用+信贷""支农再贷款+银行贷款+风险担保基金+保证保险""三权"（农村居民宅基地使用权、土地承包经营权、林权）抵押贷款等信贷模式落实，为建档立卡贫困户和扶贫作用明显的龙头企业、全县农户、农村专业合作社及其他新型农村经营主体提供快捷、高效的一站式金融服务，实现金融支持精准扶贫和精准脱贫的目标。

（二）《深化金融扶贫"卢氏模式"实施办法（试行）》

在前期金融扶贫服务体系建设工作的基础上，坚持问题导向，经过细化完善，卢氏县委办公室、政府办公室，于2017年9月29日联合颁布了《深化金融扶贫"卢氏模式"实施办法（试行）》（卢办〔2017〕51号）。

该办法针对县金融扶贫服务中心、乡金融扶贫服务站、村金融扶贫服务部，指明了实现厘清服务职责、完善机构设置、加强信息管理、强化风险防范等的具体措施。其中，服务职责方面要求各级服务机构平台负责金融扶贫政策的宣传培训及普惠金融一网通、卢氏县金融服务网的推广使用、信用评级、申贷督办、风险防控、贴息拨付、不良处置、业务督导、投诉处理，等等。风险防控方面要求针对以村部和党支部为主体的农户风险防控和以金融机构为主体的合作社、企业等风险防控，金融扶贫机构协助，在贷前审查、贷后跟踪和贷款催收等方面进行细化强化。县法院专设金融法庭，开辟绿色通道；金融机构、金融扶贫服务机构根据监管情况拨付资金；县中心根据风险防控需要，对资金使用情况开展专项审计；引入资产管理公司业务，建立不良贷款追偿机制，降低银行放贷风险；对扶贫贷款不良率超过5%的行政村和熔断村个数达到30%的乡镇采取熔断措施。

该办法针对建档立卡贫困户、带贫企业和新型农业经营主体，明确了优化的贷款流程。并从加大宣传力度、强化经费保障、完善考评机制、建设信用生态环境等多个方面入手以落实金融扶贫服务体系建设的保障措施。

该办法中还制定了统一标准的农户贷款申请书、带贫企业和新型农业经营主体贷款申请书、贷款承诺书、中小企业信息采集和更新一览表及卢氏县中小企业信用评审办法五个具体准则和办法。

三、针对金融扶贫体制建设的相关政策

(一)《卢氏县金融扶贫试验区总体方案》

卢氏县为深度贯彻落实党中央、国务院决策部署，根据《中共中央关于打赢脱贫攻坚战的决定》（中发〔2015〕34号）、《国务院关于印发推进普惠金融发展规划（2016—2020年）的通知》（国发〔2015〕74号）等文件要求，借鉴河南省兰考县普惠金融改革试验区经验，探索创建可复制、能推广的金融扶贫新模式，为全省扶贫开发工作积累经验、做出示范，特制定颁布了《卢氏县金融扶贫试验区总体方案》（以下简称《方案》）。

《方案》中第四条对金融扶贫体制建设提出了四点要求：一是加强组织领导，成立卢氏县金融扶贫示范区领导小组，制定规划，统筹安排，稳妥推进示范区建设工作。二是加强统筹协调，示范区工作领导小组要主动加强与省级有关部门的沟通汇报，在组织资源、调研论证、制定规划等方面，积极争取省级有关部门的指导和支持，认真指导落实卢氏县金融扶贫示范区各项工作，遇到重大问题及时向省政府请示、报告。卢氏县有关部门要统一思想，协调联动，充分发挥积极性和主动性，共荣推进金融扶贫示范区建设。三是加强组织实施，示范区领导小组要结合卢氏县实际，制定具体实施方案与细则，明确分工，分解落实具体任务及实施时间表。对示范区建设任务的落实情况建立评价指标体系，实行目标管理，建立定期报告、考评、验收机制，强化社会公众监督，确保示范区建设工作顺利开展。四是加强宣传推广，示范区工作领导小组要研究制定宣传工作方案，营造良好的舆论氛围。各级各类媒体要紧紧围绕金融扶贫示范区建设，采取多种方式加大宣传力度，充分调动各部门的积极性。同时积极对示范区创建中取得的成效进行宣传推广，充分发挥示范区的带动作用。

《方案》通过对金融扶贫体制建设的安排，得以实现着力推进"三级联动"服务体系建设，在完善金融扶贫服务机制上做示范；着力推进"三位一体"风险防范体系建设，在实现金融扶贫的可持续上做示范；着力推进全覆盖的金融扶贫供给体系的建设，在丰富贫困地区金融服务供给主体上做示范；着力推进产业带动、小额扶贫贷款并举的扶贫贷款投放机制的形成，在金融扶贫模式上做示范；着力推进金融基础设施建设长效机制的形成，在金融扶贫环境建设上做示范。

(二)《金融助推卢氏县脱贫攻坚试验区建设市县联合办公机制的通知》

2017年7月3日，卢氏县人民政府、中国人民银行三门峡市中心支行联合颁布的《金融助推卢氏县脱贫攻坚试验区建设市县联合办公机制的通知》（卢政文〔2017〕35号）部署了联合办公机制的组织成员及机构设置，并明确了各成员的具体职责和联合办公机制的议事规则。

该通知中对实现联合办公机制的成员组成、成员职责以及议事规则做出明确规定。其中，联合办公机制由卢氏县人民政府常务副县长、中国人民银行三门峡市中心支行主管信贷副行长任召集人，成员单位有卢氏县政府金融办、扶贫办、发改委、财政局，等等；人行三门峡市中心支行办公室、货币信贷管理科、调查统计科、支付结算科，等等。联合办公机制下设办公室，由卢氏县政府金融办主任任办公室主任，中国人民银行卢氏县支行行长、中国人民银行三门峡市中支货币信贷管理科科长任副主任，具体负责联合办公机制日常工作的开展。其中，议事规则包括：联合办公机制召集人定期（每周）通过面对面或电话等方式进行沟通，了解试验区建设工作开展情况，交换意见和建议；每季度召开一次成员单位联合办公会议；不定期召开专门会议、开展专项活动和联合调研；做好信息通报和交流；及时向省政府，三门峡市委、市政府及上级主管部门汇报试验区建设进展情况。

该通知的制定和颁布强力地推进了金融助推卢氏县脱贫攻坚试验区工作方案的落实，实现了市县两级直接联动，减少中间环节，提升了卢氏县金融扶贫工作效率。

第三节　河南省三门峡市卢氏县金融扶贫的保障措施

一、金融扶贫的机构设置

卢氏县着眼于农村金融机构网点少、人员不足，金融服务薄弱的现实，充分发挥行政机关与金融机构的合力，在当地创新构建了"三级联动、银政融合"的服务体系。

所谓"三级联动"的金融服务体系，就是指在县级设立金融扶贫服务中心、在乡镇级设立金融扶贫服务站、在村级设立金融扶贫服务部，三级金融扶贫服务体系实行信息共享、协同办公、各司其职、三级联动。

第四章 河南省三门峡市卢氏县金融扶贫案例分析

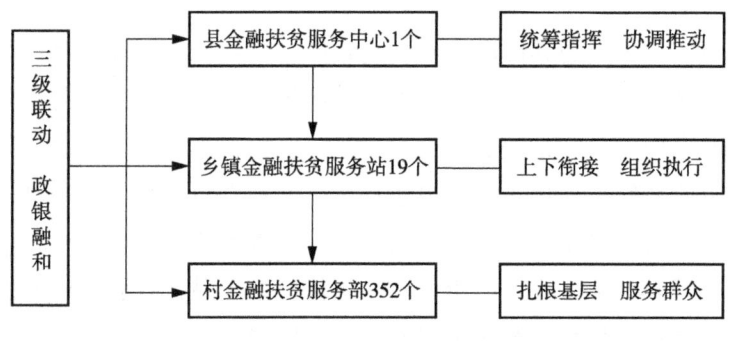

图 4-2 卢县三级金融扶贫服务体系

（一）县级金融扶贫服务中心

县级金融扶贫服务中心设主任 1 名，副主任 3 名，分别由县扶贫办、县政府金融办、人民银行卢氏县支行的负责同志担任。该中心人员由县扶贫办、金融办、人社局、国土资源局、林业局、农牧局、公安局、法院、央行及各专业金融机构等单位抽调专人组成，实行全员脱产，集中办公；内设综合部、信用信息部、信贷受理部、风险防控部、保险证券部 5 个部门。

县级金融扶贫服务中心工作人员的具体职责：一是负责全县信用体系建设工作，在乡村两级金融扶贫服务机构信息采集的基础上，整合多部门信息资源，对全县农户和中小微企业信用评级进行指导，建立完善、共享的信用信息数据库。二是负责全县建档立卡贫困户和带贫作用明显的中小微企业贷款申请的受理、批转和督办。受理、登记各类主体的贷款申请，批转相应金融机构启动贷款流程，督导相关部门按照办结时限完成。三是负责全县扶贫担保基金、风险补偿基金平台建设和业务运转。四是负责全县农村产权评估、流转交易平台、融资担保和风险缓释机制建设和业务运转。五是负责扶贫小额贴息贷款利息补贴的及时拨付。六是负责全县不良资产处置及不良贷款清算、偿付工作。七是对全县金融扶贫服务站、金融扶贫服务部进行监督管理，实施业务指导。八是开通金融扶贫热线电话，受理举报投诉。

（二）乡镇级金融扶贫服务站

乡镇级金融扶贫服务站设主任 1 名，由主管扶贫工作的副书记负责，设副主任 2~3 名，分别由乡镇扶贫办主任和驻该乡镇金融机构负责人担任，另抽调 3~5 名专职人员（驻该乡镇的金融机构至少 2 人以上参加）负责具体工作；办公地点可因地制宜，设在乡镇扶贫办或驻乡镇合作金融机构，联合办

131

公，专人专职。

服务站工作人员的具体职责：一是政策宣传：收集、整理党和国家的各项扶贫攻坚政策，定期、不定期开展扶贫政策宣传活动，让广大群众充分了解并熟知扶贫政策；二是信息整合：收集、审核、整理村级金融服务部农户信息，建立全乡镇农户信用信息电子档案，实现农户信用信息共享；做好上情下达、下情上达等工作；三是申贷受理：收集整理农户和新型农业经营主体贷款申请及其他金融服务需求，及时上传县级金融扶贫服务中心；四是监督管理：对区域内村级金融扶贫服务部进行监督管理，对县级金融扶贫服务中心安排到村级金融扶贫服务部的工作进行督办；五是投诉办理：受理、处置本辖区金融扶贫投诉、举报；六是产权盘活：农村产权确权、办证、评估、流转、交易、收处等工作；七是不良处置：协助金融机构对本辖区不良贷款清收。

（三）村级金融扶贫服务部工作

村级金融扶贫服务部设主任 1 名，由村干部、合作银行客户经理、村金融扶贫信息员组成。设主任 1 名，由村支部书记担任；工作人员 3~5 名，办公地点原则上设在村委会，实行定期联席办公，原则上每周固定 2 个工作日集中受理贫困户贷款申请，由乡镇统筹安排。

村级金融扶贫服务部工作人员的具体职责：一是政策宣传：收集、整理党和国家的各项扶贫攻坚政策，定期不定期开展扶贫政策宣传活动，让广大群众充分了解并熟知扶贫政策；二是信息整合：采集、整理本村农户基础信息，建立农户信用信息档案，并实施动态管理；三是申贷受理：收集整理农户贷款申请及其他金融服务需求，及时上传乡级金融扶贫服务站；四是配合工作：配合县级金融扶贫服务中心、乡镇级金融扶贫服务站做好信用体系建设、土地承包经营权流转、不良资产清收等工作；五是完成乡级金融扶贫服务站安排的临时性工作。

金融扶贫服务机构的建设是以保障金融精准扶贫和普惠金融有效实施为目标，可有效整合"政、银、担、保、投"等各类资源，加大信用体系建设力度、盘活农村生产要素、创新信贷产品，积极推动"信用+信贷""支农再贷款+银行贷款+风险担保基金+保证保险""三权"（农村居民宅基地使用权、土地承包经营权、林权）抵押贷款等信贷模式落实，为建档立卡贫困户和扶贫作用明显的龙头企业、全县农户、农村专业合作社及其他新型农村经营主体提供快捷、高效的一站式金融服务，有利于实现金融支持精准扶贫和精准脱贫的目标。为了积极探索可复制、能推广的金融扶贫服务体系新模式，更好发挥金融助推扶贫的作用，提供优质高效的金融服务。

二、金融扶贫的人员部署

卢氏县为保障金融扶贫顺利有效地开展，在人员部署上针对各类金融扶贫措施专门成立了相应的领导小组和组织构架，明确各方的职能分工。

例如，为加快卢氏县农村信用体系建设，特地成立了卢氏县金融扶贫工作领导小组，以重点推进信用体系建设工作开展。

为进一步加强当地与国家开发银行的开发性金融合作，利用国家开发银行的贷款促进当地经济社会发展，为打赢脱贫攻坚战奠定坚实基础，卢氏县专门成立了开发性金融脱贫攻坚合作领导小组，卢氏县的县长为组长，下设副组长和组员，组员包括县政府办主任、县政府金融办主任、县发改委主任、县远达投资公司总经理、扶贫开发公司董事长以及各乡镇镇长等各政府部门负责人，同时领导小组下设办公室。

为加强当地清理整顿各类交易场所工作的组织领导，卢氏县专门成立了卢氏县清理整顿各类交易场所工作领导小组。组长为县委常委、常务副县长，牵头单位为县政府金融办、县商务局、县文广新局，成员单位包括：县政府法制办、县委宣传部、县委农办、法院、检察院、发改委、工信委、公安局、财政局、国土资源局、环保局、水利局、林业局、工商质监局、人民银行卢氏县支行、电信公司、联通公司、移动公司。同时，领导小组下设办公室，办公室设在县政府金融办，办公室主任主要负责组织协调有关部门对重点单位进行排查，结合排查结果协调有关部门开展清理整顿工作，并向县政府清理整顿工作领导小组报告相关情况。对出现的紧急情况要做好应急管理工作，确保清理整顿工作顺利推进，维护社会稳定。

为做好互助保险协会的管理工作，组织会员开展承保理赔工作，监督互助保险资金的使用情况，切实提高会员农业生产抵御自然灾害、意外事故等风险的能力，维护会员的经济权益，促进会员增收和特色农业发展。卢氏县专门设立理事会，由县金融办、农牧局、财政局、扶贫办、中原农险和会员代表（龙头企业、合作社、家庭农场、种植大户）共同组成。其中，机关单位各1人，中原农险三门峡服务组和卢氏县服务组各1人，会员代表（龙头企业、合作社、家庭农场、种植大户）4人。不同险种分别成立理事会，除会员代表作相应调整外,其他理事单位不变。

特色农业互助保险理事会会员组成情况如下:

理事长单位为金融办,副理事长单位为农牧局,理事会会员单位包括财政局、扶贫办、中原农险三门峡服务组、中原农险卢氏县服务组,理事会秘书处为中原农险卢氏县服务组,理事会农户会员代表另行产生。

其中,金融办为理事长单位,负责主持理事会全面工作,成员可增加相关专业部门或者协会人员代表,另菌办、林果办等作为理事会技术顾问。财政局负责保费补贴政策兑现,确保保费补贴及时到位。农牧局以及协会代表负责在承保验标、查勘定损、防灾防损等环节提供专业技术指导。扶贫办负责协调贫困户相关工作。中原农险负责设计保险产品,提供承保、理赔等专业化服务,并代为管理互助保险资金,定期对外公布资金使用情况。理事会秘书处负责拟定互助保险会的发展规划和年度承保计划,编制互助保险会的年度财务预、决算及各项资金使用草案,建议互助保险会经营方针和管理机构的设置,提出互助会章程和实施细则修改建议及理事会授权的其他事项。

三、金融扶贫的机制形成

着眼于贫困地区金融脆弱性所导致的信贷风险大的现实困境,金融扶贫的风险防控体系的建设具有重要意义,通过建立风险补偿机制、风险分担机制、项目资金监管机制和激励约束熔断机制等,加强贷前信用提示、贷中用途管理和贷后违约追责,织密安全网,设好防火墙,大大提升了银行信贷的发放量和覆盖面。

(一)服务体系监管机制

利用卢氏县建立的三级服务体系通过贷款的初审、审核及贷后监管,确保贷款资金用在发展产业项目上,实现有效的监管机制。

在严格准入条件下,建档立卡贫困户准入条件必须是在县政府组织开展的信用评定中获得A级(含)以上、以产业发展实现脱贫、符合参与银行业金融机构贷款条件的贫困户。带贫企业准入条件必须是带动能力强、产业基础好、带贫效果明显的企业和农民合作社。贫困户、带贫企业自愿申报,县、乡、村三级金融扶贫服务组织严格按照相关程序受理、审核、公示、推荐;相关银行业金融机构、政府性担保机构按照各自制度要求,进行贷前调查、审批授信。

县、乡、村三级金融扶贫服务组织密切关注着借款人的生产经营情况、家庭生活情况、资金使用情况等，发现有弄虚作假、改变贷款用途、家庭出现重大变故、经营出现重大问题等异常现象，要第一时间通报各方；相关机构及时采取措施，防范化解风险。

县、乡、村三级金融扶贫服务组织还要和相关银行业金融机构、政府性担保机构、有关县直部门、乡镇政府信息共享、协调联动、形成合力，加强对建档立卡贫困户和带贫企业（含农民合作社，下同）的贷前审查、贷后管理，建立风险化解、分散、处置机制，完善风险防控体系，切实维护金融机构债权安全。

（二）项目资金监管机制

项目资金监管机制主要针对带贫企业和新型经营主体贷款，根据项目建设进度，按照项目资金监管办法，采取委托支付、分期支付，严格监管资金使用。

贷款发放后，合作各方密切关注借款人资金使用情况。对带贫企业大额信贷（农民合作社50万元〔含〕以上，带贫企业100万元〔含〕以上）的资金管理由县金融扶贫服务中心、相关银行业金融机构、县直项目主管部门、项目所在地乡镇政府共同负责按以下流程严格监管：

首先，贷款手续办结后，带贫企业根据已经县金融扶贫服务中心审批的项目实施方案，向县金融扶贫服务中心提交项目总体资金使用计划（如项目实施进度、时间节点、资金用途及类别等）。

其次，带贫企业按照资金使用计划分批次向县金融扶贫服务中心提出用款申请，并提交相关证明材料（如土地流转手续、支付地租证明、交易合同、劳务支出费用、资金流水明细、财务报表等）。

再次，县金融扶贫服务中心审核同意后，按照项目实施进度，分批次通知相关银行业金融机构通过受托支付方式办理贷款资金转账或提取等手续。

复次，相关银行业金融机构、县金融扶贫服务中心、县直项目主管部门、项目所在地乡镇政府每季度实地察看项目实施进度不低于1次，了解借款主体履约与持续经营等情况。

最后，相关银行业金融机构若发现带贫企业没有将贷款资金用在约定的贷款用途，及时预警，并有权终止资金拨付。如确认资金使用违规，要求带贫企业限期归还并会同县、乡、村三级金融扶贫服务组织清收。

（三）保险跟进防范机制

保险公司跟进，为农户、带贫企业、新型农业经营主体提供贷款保证保险、人身意外保险、公共责任保险和农产品自然灾害保险。

一是通过保险跟进防范机制来弥补融资信用短板，提升贫困主体的融资发展能力。保险机构凭借自身的风险管理和资金优势，通过发展贷款保证保险、开展农业保单抵押贷款和开展支农专属资管产品等途径，可帮助新型农业经营主体突破缺乏有效担保和抵押物的瓶颈，满足生产和再生产的融资需求。

二是通过保险跟进防范机制来化解市场机制风险，提升带贫组织和企业的规模化经营能力。由于农产品需求弹性较小，农业生产容易受到市场价格波动的冲击，新型农业经营主体在关注自然灾害风险的同时，更加关注价值实现环节的市场风险。引入农产品价格保险机制，将市场风险纳入农业保险保障范畴，可为贫困主体应对价格波动风险提供有效的制度安排，解决贫困地区农业经营主体推进规模化经营的后顾之忧。

三是通过保险跟进防范机制来管理农机设备风险，提升贫困地区农业生产的农机化发展水平。现代科学技术和物质装备是新型农业经营主体的重要支撑。通过完善保险机制，使农机损坏能够得到及时补偿和修理，农机伤人事件能够得到及时处理和赔偿，能够有效降低农机事故对生产经营活动的影响，鼓励贫困地区利用现代技术装备提升农业生产力，充分发挥农业机械推动规模经营的重要作用。

四是通过保险跟进防范机制来完善人身保险保障，提升贫困地区对高素质人才的吸引力。依托保险机构建立面向新型职业农民、更高水平的养老、医疗、意外伤害等保险计划，可实现对社保制度的替代和补位，有利于新型农业经营主体吸引和留住高素质人才。

（四）风险共担缓释机制

风险共担缓释机制即"政府+银行+农信担保+担保集团再担保"四位一体或政银企、政银保、政融保等分担缓释机制。

建档立卡贫困户逾期偿还的贷款由乡、村两级金融扶贫组织负责清收，其他各方协助。带贫企业逾期偿还的贷款由县、乡、村三级金融扶贫组织负责清收，其他各方积极配合，追偿所得扣除费用的余额部分，按风险分担比例退还到各方指定账户。如果追偿收回的资金不足以支付追偿费用，差额部分由各方按照风险分担比例各自负担，具体实施方式由各方按协议执行。

相关银行业金融机构、省农信担保公司等政府性担保机构加大对跨行业、混业经营带贫企业的风险识别力度，合理控制贷款规模。贷款到期前30天，风险防控主体根据不同情形采取风险预警措施；借款主体逾期，相关银行业金融机构设置70天缓冲期。缓冲期内，合作各方积极督促借款主体还款；相关银行业金融机构创新风险化解机制，对符合条件的借款主体，利用风险缓释手段化解风险。县政府逐步建立扶贫贷款临时周转金制度，为暂时性资金周转困难的借款主体续贷提供帮助。

县级扶贫小额信贷风险补偿金、相关银行业金融机构、省农信担保公司等政府性担保机构和省担保集团对缓冲期结束仍未能偿还的借款本金和正常利息，按约定比例分担风险。

县级风险补偿金由省农信担保公司作为统一托管机构，在托管银行统一开立专户管理。县级风险补偿金须在确定托管银行后10个工作日内划入托管专户。

对缓冲期结束仍未能偿还的借款，启动代偿、补偿程序。除县级风险补偿金须严格履行应承担的风险补偿责任外，对省农信担保公司参与项目形成的风险，省农信担保公司对自身及省担保集团应承担的部分给予代偿；省辖市、贫困县政府性担保机构对自身及省担保集团应承担的部分给予代偿。

同时，当出现特殊情况，县级风险补偿金难以履行补偿责任时，对省农信担保公司参与的项目，由省农信担保公司先行垫付，先行垫付资金来源为省级财政预拨的省级风险代偿补偿金。

（五）诚信文明激励机制

诚信文明激励机制即对诚信文明户、信用村、信用乡镇在荣誉、资金、项目等方面给予倾斜支持，树立导向。卢氏县充分利用各类媒体、媒介，采用群众喜闻乐见的宣传方式，加大对诚信典范的宣传力度，引导贫困户和带贫企业增强信用意识，培养良好的信用行为。并针对按规定履约还款的贫困户提高贷款额度上限和更多优惠条件，以此激励贫困地区诚信文明的弘扬。

（六）失信约束熔断机制

失信约束熔断机制即对贷款违约超过一定限额的扶持对象采取停止授信、贷款发放、金融环境整治等措施来实现风险的控制。

卢氏县通过建立健全风险熔断机制，对贷款不良率超过5%的乡镇、贷款不良率超过7%的行政村，相关银行业金融机构暂停贷款发放；通过清偿，实现贷款不良率下降到设定标准，再恢复贷款发放。

卢氏县还专门成立由县政府、公安局、法院、法制办等部门组成的扶贫贷款清收小组，出台相关措施，加大对逾期贷款的清收力度。对落实扶贫协议不好的带贫企业限期整改；对弄虚作假套取贴息资金的，一经发现，即全额收回贴息资金，并取消其今后享受贴息的资格，列入黑名单，同时要追究有关人员责任。构成犯罪的移交司法机关处理。

第四节　河南省三门峡市卢氏县金融扶贫的模式创新

一、因地制宜形成金融扶贫"368"模式

脱贫攻坚战工作中，卢氏县根据当地实际情况，因地制宜量身打造金融扶贫定制模式，成功成为省级金融扶贫试验区，破解贫困地区"融资难、融资贵"难题，推进卢氏县如期脱贫，从而探索出金融扶贫的"卢氏模式"，给当地发展产业带来了希望。卢氏县以贫困户和带贫农业龙头企业为扶持对象，以参与金融扶贫的银行为贷款主体，以信用体系建设为抓手，以政府增信为手段，建立"政银联动、风险共担、多方参与、合作共赢"金融助推扶贫机制，并且在实践中成功地形成了"368"模式。

所谓368模式，即包括农户、合作社和带贫企业3类贷款主体；农户+合作社、农户+带贫企业、合作社+带贫企业、带贫企业自贷、合作社自贷、农户自贷6种放贷方式；生产带动、劳务增收、产权入股+劳务、设施租赁+劳务、订单农业、合作经营、带资入股、自主创业8种扶贫模式。

卢氏县三类扶贫贷款主体的贷款流程如图4-3所示。

第四章 河南省三门峡市卢氏县金融扶贫案例分析

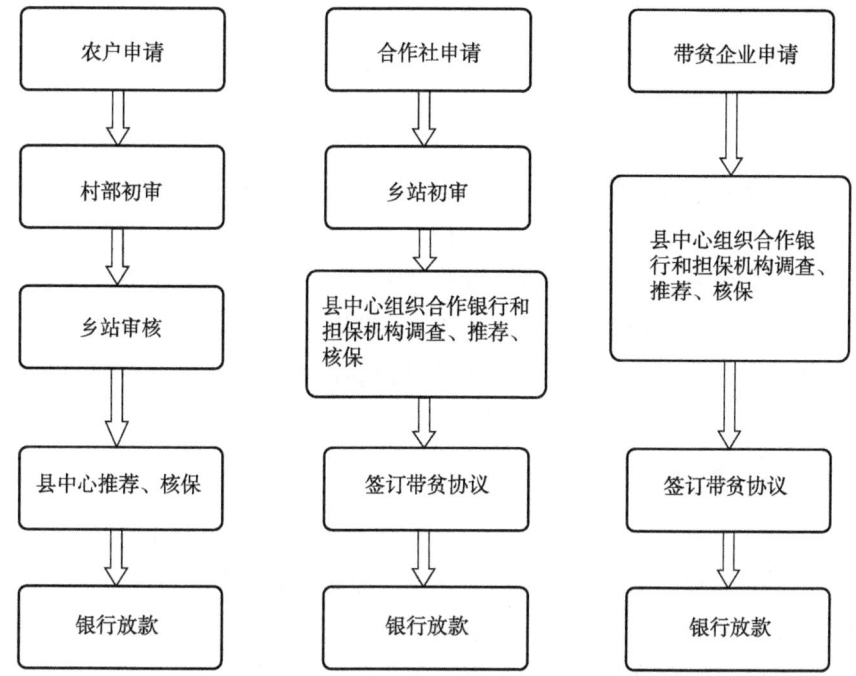

图 4-3 卢氏县三类扶贫贷款主体的贷款流程

卢氏县的"368"模式在三类贷款主体的前提下，通过生产主体自身或两两结合帮扶形成六种贷款形式，最终通过八种生产经营方式实现贫困户脱贫，具体如下：

（一）自主创业模式

针对有生产经营能力、有生产经营项目，但缺少发展资金的贫困户，直接向其发放扶贫小额贷款，用于自主经营。贫困户主要依靠自己的资本、资源、信息、技术、经验以及其他因素通过向合作银行申请贷款，选择可行项目，自己创办实业，自主经营，解决脱贫致富问题。

卢氏县对于自主创业的优惠支持政策如下：

省级优秀创业项目资助：省每年从贫困县推荐的创业项目中评选一批省级优秀项目，每个项目给予2万~15万元的资助。

创业服务补贴：乡镇、村创办的实体吸纳贫困家庭劳动力就业达到30%以上，可申请创业服务补贴，主要用于补贴实体发生的物管、卫生、房租、水电等费用。补贴标准是3年内给予不超过当月实际费用50%的补贴，年补贴最高限额10000元。

创业孵化基地奖补：贫困县农民工创业园区达到市级示范性创业园区标准的，由所在省辖市给予一次性奖补；达到国家和省级标准的，省财政给予50万元的一次性奖补。

创业培训补贴：有创业意愿和创业能力的贫困家庭劳动力参加创业培训的，可申请创业培训补贴。补贴标准是1500元/人；其中，创业意识培训补贴200元/人、创业实训补贴300元/人、创办（改善）企业培训补贴1000元/人。

一次性创业补贴：自主创业、取得营业执照并正常经营6个月以上的贫困家庭劳动力，可申请一次性创业补贴。补贴标准是5000元。

省级优秀创业项目资助：省每年从贫困县推荐的创业项目中评选一批省级优秀项目，每个项目给予2万~15万元的资助。

（二）劳务增收模式

企业在卢氏县投资建生产基地，合作银行直接向企业发放贷款，企业通过吸纳贫困户就业、流转农民土地等方式，带动贫困户实现脱贫。金融支持，企社发展，农户务工，增收脱贫。例如，卢氏县的贫困户在基地蔬菜大棚和食用菌大棚务工，年实现劳务收入可达2万元；e家政与卢氏县阳光职业培训学校签署战略合作协议，投资筹建e家政河南运营管理中心，该劳务平台合作协议达成，将提高转移就业的质量和水平，实现"就业一个、脱贫一家、带动一片"的目标，破解卢氏县就业渠道少的难题，充分促进农村劳动力，特别是建档立卡贫困户转移就业，早日实现增收脱贫。

卢氏县为鼓励和支持企业吸纳建档立卡贫困户劳动力就业还制定了一系列优惠政策。

1. 实行职业培训补贴

在卢氏县行政区划内，领取了企业法人营业执照，积极吸纳当地建档立卡贫困户劳动力，并签订6个月以上劳动合同，按时足额发放劳动报酬，按照岗位、工种需求，对所吸纳就业的建档立卡贫困户劳动力开展了相应的岗位技能培训的企业，可以申请培训补助。补助标准：企业与建档立卡贫困户劳动力签订6个月以上不满1年劳动合同的，按1000元/人的标准给予补助；签订1年以上（含1年）劳动合同的，按2000元/人的标准给予培训补助。

2. 实行职业技能提升补贴

企业为吸纳的建档立卡贫困户劳动力累计足额缴纳失业保险费36个月以

上，自 2017 年 1 月 1 日起取得由县人社局颁发和组织实施的初级（五级）、中级（四级）、高级（三级）国家职业资格证书的建档立卡贫困户劳动力，可申领职业技能提升补贴。补贴标准为：初级（五级）1000 元，中级（四级）1500 元，高级（三级）2000 元。

3. 提高稳岗补贴标准

在卢氏县行政区划内，领取了企业法人执照，积极吸纳当地建档立卡贫困户劳动力就业，企业依法参保、足额缴纳上年度失业保险费，且上年度裁员率低于甘肃省城镇登记失业率控制指标的，可申领稳定岗位补贴。补贴标准：上年度未裁员或者裁员率低于 4%（含 4%）的，补贴标准为企业及职工上年度实际缴纳失业保险费总额的 50%。

（三）生产带动模式

生产带动模式即扶贫龙头企业或扶贫合作社通过向银行贷款用于自身的发展，前提是要签订带贫协议跟踪服务于建档立卡贫困农户，贫困农户根据生产要求分散经营，扶贫龙头企业和扶贫合作社统筹统销的带贫模式。

在基层调研时了解到，一些地方在金融扶贫中采取"户贷企用"的扶贫模式，即以贫困户的名义申请财政贴息的小额贷款，而资金则提供给农业企业使用，企业每年支付贫困户数千元的"利息费"。

表面来看，"户贷企用"既解决了农业企业融资难的问题，又让贫困户获得一定收益，可谓一举两得。然而深入来看，这种做法并没有起到"造血"作用，贫困农户自我发展的内生动力难以形成，同时，一旦政府优惠政策有变或企业出现经营危机，经营风险和债务负担将转嫁到贫困户身上，不仅有违扶贫初衷，还可能引发其他社会问题。

对此，各地不能只图眼前效应，要充分了解"户贷企用"的弊端和风险，对于已发放的"户贷企用"贷款，稳妥做好后续管理和风险防范工作，同时结合实际情况，谨慎发放或不发放"户贷企用"贷款，避免有些企业"钻空子"用来融资，切实保障扶贫小额信贷用得精、用得准、用得好。

（四）产权入股+劳务模式

企社贷款发展，农户产权入股，参与企业务工，股金薪金脱贫。开展贫困户评级授信工作，支持金融机构为贫困户提供免担保、免抵押的扶贫小额信贷，由财政按基准利率贴息，确保符合条件的贫困户得到有效支持。探索

"贫困户贷款+带资入企+就业分红"等方式,将贷款以受托支付方式交由龙头企业、农民合作社等经营主体集中使用,贫困户参与经营和分配,实现创业增收。

农村集体经济组织在明晰集体产权归属基础上,将经营性资产和预期可以带来收益的资源型资产折股量化到本集体经济组织成员,成立股份合作社。农村集体经济组织成立的股份合作社按照一定比例设立集体扶贫股,扶贫股收益分配给"建档立卡"户中自主创收能力弱,特别是失能弱能的贫困户,使其获得更多分红收益。

贫困户以承包土地经营权、林权、住房财产权、农机具等要素入股农村集体经济组织牵头成立的土地股份合作社或农民合作社、基层供销合作社、龙头企业、各类公司等经营主体,采取"保底收益+按股分红"等方式,实现收入增长。通过财政补助办法引导贫困户将承包土地经营权、林权通过出租、转包、代耕代种、联耕联种、土地托管等形式,有序流转到家庭农场、种养大户、农民合作社等新型经营主体增加资产收益。

贫困户持有的扶贫股可以参加收益分配,但无所有权,不得转让或出售;凡实现脱贫的农户可继续拥有3年巩固持股期,期满后不再持有扶贫股。在巩固期后,及时履行收回扶贫股手续,并转授给新的符合持有扶贫股的贫困户,实行滚动使用,最终实现贫困户整体脱贫。

全部贫困户稳定脱贫后,扶贫股转为集体股,实行全体村民同股同权。股权量化后,实施主体要向持股成员(贫困户以户为单位)颁发县级统一格式的股权证、扶贫股权证。

(五)设施租赁+劳务模式

设施租赁是承租人为租赁其从制造商或买主那里自行选定的设备而与出租人订立较长期限的租赁。设备租赁行为中,一般规定,在一定时间内(至少为一年以上),以出租人在法律上拥有出租设备所有权为前提,收取租金为代价,将该项设备的使用权出租给承租人;承租人则对租用设备在经济上拥有使用权,即在规定的时间内(通常称之为租期)它有权占有,并正常使用该项租赁设备,但必须按期支付租金。设备租赁是以商品资本形式表现的借贷资本的运动形式,兼有商品信贷和资金信贷的两重性。出租人通过出租设备商品的形式,向承租人提供了信贷便利,承租人直接接入设备商品,取得了商品的使用权,实质上是获得了一笔资金信贷。

设施租赁+劳务模式即建档立卡贫困户向银行申请贷款用于购买和建设农业生产相关的设施，扶贫合作社或扶贫龙头企业以租赁的方式来使用，并且贫困农户还通过劳务参与到生产环节中，既获取提供设施的租金又能赚取劳动的薪金，从而实现脱贫。

（六）订单农业模式

订单农业是指农产品订购合同、协议，也叫合同农业或契约农业，是近年来出现的一种新型农业生产经营模式，农户根据其本身或其所在的乡村组织同农产品的购买者之间所签订的订单，组织安排农产品生产的一种农业产销模式。

订单农业模式签约的一方为企业或中介组织包括经纪人和运销户，另一方为贫困户或贫困户群体代表。订单农业具有市场性、契约性、预期性和风险性。订单中规定的农产品收购数量、质量和最低保护价，使双方享有相应的权利、义务和约束力，不能单方面毁约。因为订单是在农产品种养前签订，是一种期货贸易，所以也叫期货农业。订单履约有一段生产过程，双方都可能碰上市场、自然和人为因素等影响，也有一定的风险性。但比起计划经济和传统农业先生产后找市场的做法，订单农业则为先找市场后生产，可谓市场经济的产物，也是一种进步。订单农业很好地适应了市场需要，避免了盲目生产。

卢氏县针对有生产经营能力，无生产经营项目的贫困户，向其发放扶贫小额贷款，用于向企业或合作社购买生产资料，然后在企业或合作社管理指导下进行生产，企业或合作社保证产品回收。户社贷款订料，独立自主经营，企业跟踪服务，保护价格回收，保险跟进防控。由农户通过申请小额扶贫贷款或自筹资金，订购公司菌棒自行管理，保险公司对售出菌棒提供农业生产保险保障，产品由公司保护价收购，双方收益按股分成，保证参加合作社的贫困户每袋净收益不低于1元（不足部分由公司补齐），高出部分双方五五分成。

（七）合作经营模式

合作经济经营方式是合作经济组织生产经营活动的一定运行形式。合作经济领域广阔，组织形式多样，其经营方式也各异。

农业龙头企业引导贫困户、农户组建成立合作社，农商行向合作社发放贷款，企业为合作社提供担保，合作社在企业的统一指导管理下发展产业。

农户自己贷款，参与合作经营，务工增加收入，参与收益分成。例如，卢氏县有发展能力的贫困户申请小额扶贫贷款5万元，订购公司菌棒，承包公司大棚进行生产经营，公司负责技术服务、产品销售和保底收益，确保每个贫困户年均收益不低于2万元，不足部分由公司补齐，高出部分与公司五五分成，公司最高收益不超过19000元。

从经营方式的特点看，一般表现为两个层面。经营者的责权对称机制。合作经济组织不论采取何种具体经营方式，都必须体现这个机制，最普遍的形式就是承包经营责任制，办法是由承包主体运用合作经济组织的全部资产，采取合同方式，确定在承包期内要达到的经济目标和获得相应的利益。由于承包主体可以是合作经济组织集体、法人、家庭、经营小组、经营者个人，承包的期限、标的、权益等也千差万别，因此，其经营方式的选择余地是很大的。经营活动的空间范围。合作经济组织的经营活动，可以在两种空间范围运行：一种是完全封闭在合作成员之间的空间范围，另一种是不限于在合作成员之间，可以在保持合作成员之间经营活动优先或为主的前提下，面向社会开展经营活动。随着合作经济组织生存竞争实力的增强，需要也有力量扩大其经营辐射面，后一种情况有逐步扩大的趋势。

（八）托管代养模式

托管经营是指出资者或其代表在所有权不变的条件下，以契约形式在一定时期内将企业的法人财产权部分或全部让渡给另一家法人或自然人经营。由于托管这一方式能够在不改变或暂不改变原有产权归属的前提下，直接开展企业资产的重组和流动，从而有效地回避了企业破产、并购中的某些敏感性问题和操作难点。

托管代养模式即农户贷款订购，企业托管经营，收益兜底分成，期满退本还款。河南信念集团在卢氏县当地的民湾产业扶贫项目中采取的这种托管代养的带贫模式，解决了由于经济条件限制、技术能力不足等一系列主客观条件限制，导致的贫困户无能力种植香菇蔬菜等特色农作物这一问题。在政府政策扶持、银行提供贷款的情况下，信念集团公司和合作社申请扶贫贷款，镇区易地扶贫搬迁贫困户申请小额扶贫贷款并将贷款用于订购公司菌棒，交由公司集中托管，经营托管期满退本还款。在确保贷款困难户年底保底收益4000元后，超出部分二八分成，农户部分，农户分成部分可自愿入股，滚动发展，长期受益。

二、创新放贷模式实现多方协作扶贫

(一)"四位一体"共担模式

由"四位一体"共担模式,即"政府+银行+农信担保+担保集团再担保",对贫困户和带贫企业、农业经营主体的贷后风险,按(2:1:5:2或2:2:4:2)比例分担,形成了"四位一体"的贷款模式。

"四位一体"作为农业产业化创新,是一种权责划分、利益分享、风险共担的模式,是政府、银行、企业和农民这四方通过整合各方资源、降低独立主体经营风险,实现多方共赢的农业农村开发模式。其实质是一种"产权+外包服务式农业",即政府、企业、银行与农民专业合作社通过一定的利益机制构成农业产业化的融资主体;该模式将企业利益、政府公共诉求与农民增收和就业及银行贷款回报等结合,并在客观上促进农业产业化和城市化进程。在操作结构上,借鉴 BOT 法律结构,由政府和企业联合牵头,银行提供金融服务,龙头企业提供生产专业服务。

"四位一体"模式对资金瓶颈的突破是通过政府与企业的平台公司及金融机构,为农业生产提供资金;这样的制度结构同时突破了制约农业产业化的技术和市场的风险,通过龙头企业对基础设施的承包经营,及对市场经营的整体把握,从而承担项目生产风险和市场风险。

土地在传统农业经济中同时兼具生产功能和社会保障功能,而生产经营公司通过"产权—外包"形式,实现了三重功能:就业附着;现期稳定资金回报;长期资产回报。这种土地产权资产化的过程,不同于以往征地形式。征地一般采用一次性补偿赔款的方式,由于企业占有土地经营的绝对利润,农民被排除在利益分享之外,是对土地属性中公共性的背离。补偿款是一次性的,也就是说,对土地的一次性买断,使农民失去了可持续性收入来源。而在全国范围 4000 万的失地农民成为社会稳定的威胁。因为失地农民导致的社会问题更是层出不穷。

另外,这里也是 BOT 模式的体现,体现了私营企业按照建设(Build)、经营(Operate)、移交(Transfer)的方式参与具有公共利益性质的项目运作。农民专业合作社以协议方式授予平台公司在项目期内对现代养殖场的资产法律所有权,平台公司将养殖设施租赁给经营公司。

1. 政府参与

政府作为公共利益的代表,为项目提供信用支持,并转化为市场主体。

作为一种创新融资和招商手段，为项目融资提供贴息和财税优惠。

政府的参与为项目的进行赋予了一定程度的公共政策色彩。在这个最初有国外农业资本集团推动的项目中，经常会出现诸如"新农村建设""实现农村城市化、农民增收"这样的准政府政策提法，反映了公共机构的诉求。

这样的诉求体现在两个层面上：

一是显性和具象的层面，包括当地农业产业发展和对社会福利服务的支持。据介绍，在这项由政府参与的"产权式农业"的实践中，当地农民除了以土地入股、资金入股等形式外，部分低保居民在政府的协调下，由企业资助入股，享有分红权利。这实际体现了社区内收益共享的性质。

二是更具政策意义的，即所谓的三要素——资金、技术和市场向农业和农村的回归。我们不如将其称为要素的"再属农化"，其实这里还包括另一个要素的属农化，即土地、产权主体的回归。

2. 银行出资

银行基于对"四位一体"的创新主体和混合信用结构的信任，向平台公司提供项目贷款，构成项目资本金。

在建设新农村的政策目标下，银行与政府建立良好的信任关系，银行在项目执行过程中，客观地为农民的就业和福利提升做出了贡献，为"三农"提供金融服务和金融支持，从而赢得了广泛的社会声誉，这也就为银行进一步的业务扩展提供了机会。

3. 合作社

合作社，是项目的立项投资主体和资产所有者，在实际操作中合作社委托扶贫企业具体经营，并获得资产租金。资产租金在偿还债务本息后，盈余部分作为合作社社员（当地农民）福利。

另外，扶贫企业是经营主体，负责租赁农业设施和经营农户土地，并支付租赁费用和土地租金。

"四位一体"模式是一种有效的资源优化配置方式，把贫困户、企业和银行各自拥有的资源进行重新组合。由于扶贫合作组织最终拥有生产资料产权，因而不是单纯的私有权制度，又由于该模式保障了龙头企业、银行等市场部门的收益，因而又不同于集体经济的产物。正是这样的组合模式，让它有可能避免两者的不足而发挥两者的长处。这是按照严格的私权契约精神，界定四方"权责利"，克服权责不清导致的低效和腐败；又由于在本身的制度设计中对贫困户利益的保障和对农民合作化的强调从而避免市场经济中弱势群体的边缘化和失去话语权化的境况。

（二）"政银企"互助模式

"政银企"互助模式，即"政府+银行+龙头企业"三位一体的风险共担模式，政府出资30%设立风险补偿基金，企业出资70%设立互助担保基金，共同建立企业互助贷款风险补偿担保基金池，作为风险补偿、担保和增信的手段，由银行按不超过10倍的比例放大投放贷款，解决参与该基金池的龙头企业及其提供担保的新型农业经营主体大额融资需求。

该模式的具体内容以基金管理机构、基金实际操作机构、银行、企业等签订的协议为准。对该项贷款业务有合作意愿的合作银行均为开展互助贷款的合作金融机构（卢氏农村商业银行等）。在银行贷款利率方面，贷款利率上下浮动原则上不超过基准利率的50%。

1. 贷款流程

企业申请。龙头企业向合作银行（当地分支机构）提交申请及项目实施方案，也可经县协调小组办公室（县政府金融办）或有关组织遴选推荐，符合准入条件的企业，及时向银行提交授信所需材料。

贷前审核。银行受理企业申请5个工作日内完成贷前审核。

提交备案。贷款企业审核通过后，贷款银行在5个工作日内向政府基金管理机构提交相关资料备案。

贷款发放。通过审核备案的企业在缴纳互助担保金、签订贷款合同后，银行在2个工作日内发放贷款。

2. 基金管理

基金池组建原则。政府、银行、企业按照"自愿缴纳、有偿使用、利益共享、风险共担"的原则组建。

基金池资金来源及账户管理。基金池资金由政府出资和企业缴纳，政府出资30%，企业缴纳70%，并由基金实际操作机构开设"政府风险补偿基金"和"企业互助担保基金"专户存放。"政府风险补偿基金"实行封闭管理，不得与其他账户混用，账户内资金本金仅限于龙头企业互助贷款业务的风险补偿；"互助担保基金"账户性质为保证金账户，除向借款企业贷款违约代偿和退还企业外，该账户资金不得另行提取和支用。

互助担保基金的加入和退出机制。有意愿加入互助担保基金的企业，需向基金管理机构提出申请，也可经已在基金池中的企业和县产业办推荐，基金管理机构严格把关，并经县协调小组集中研究审核后通过；当基金管理机构与银行业务合作终止，且龙头企业互助贷款中所有贷款本息结清，企业互助担保基金扣减代偿损失后一次性返还借款企业，风险补偿基金返还政府。

当龙头企业互助担保贷款不良率达到3%时，合作银行有权停止参与该基金池所有企业的贷款。

3. 风险补偿

当基金池中企业贷款发生违约时，按以下程序进行代偿：贷款逾期60天以上的，银行根据约定启动代偿程序，首先扣除违约企业缴纳的互助担保金，再由"企业互助担保基金"账户代偿银行贷款。

当"企业互助担保基金"账户余额不足清偿银行贷款时，由银行向基金管理机构提交《关于使用政府风险补偿基金代偿担保基金贷款的函》，由政府设立的风险补偿基金与银行按5∶5的比例分担。

代偿后，银行立即启动债务追偿程序，县协调小组各成员单位有义务与银行密切配合。追索回的资金或企业恢复还款收回的资金按照各方承担比例分配补回。

对未能履行还款义务导致银行贷款损失和政府补偿资金损失的贷款企业，根据实际情况将贷款企业及业主、经营者列入不良信用记录、经营异常名录或黑名单。

该项贷款企业的法定代表人、实际控制人、股东及各自财产共有人承担连带担保责任。

4. 贷款额度、期限、利率

对适用于合作银行各类授信产品的企业，结合实际融资需求，申请贷款额度。贷款期限根据企业经营及行业特点灵活确定。

循环信贷。银行在授信期内每年对借款人经营、结算、资信和贷款使用等情况进行审查评定，借款人满足评审标准的，银行给予循环信贷支持。

贷款利率。银行按照收益覆盖风险和成本的原则，实行风险定价；根据借款人信用评价、信用等级等情况实行差别化定价；利率上下浮动原则上不超过基准利率的50%。

符合条件的龙头企业可以申请享受卢政办〔2017〕56号文件的财政贴息等优惠政策。

基金实际操作机构每年从贷款总额中收取不超过2%的服务费用。

5. 贷后管理

按照县政府出台的《卢氏县金融扶贫贷款管理办法（试行）》《卢氏县金融助推扶贫机制风险补偿基金管理办法（试行）》等相关文件的规定，加强贷后管理。

完善台账档案管理。合作银行建立完整的龙头企业互助担保贷款信贷台账和档案，详细记录贷款发放时间、金额，按月做好贷款余额、担保金缴存代偿、本息回收等信息及贷款逾期状况的统计工作并在5个工作日内向政府基金管理机构提交备案。

建立政银企信息沟通机制。合作银行定期向县协调小组和基金管理机构通报贷款情况，协商解决贷款运行中出现的问题。建立与工商、税务、司法等政府部门、银行监管部门、行业协会等中介机构的信息共享平台，多渠道了解和掌握企业信用风险变化情况，及时提出补救措施。

建立信息上报机制。为加强对龙头企业互助担保贷款的监督检查，及时掌控贷款风险，防止随意抬高门槛，增加企业负担，基金管理机构每个月5日前要将上个月龙头企业互助担保贷款工作进展情况上报县协调小组办公室。

（三）"政银保"合作模式

即"政府+合作银行+保险"，通过与保险公司签订合作协议，推广"政银保"新型融资产品，提供保证保险，保障贷款资金安全，解决小微企业、新型农业经营主体及非贫困户的融资需求。

"政银保"合作模式的主要特点：一是无须贷款抵押物。三水户籍农户贷款时，不再需要像以往那样抵押家庭财产，或者支付高价获得金融担保公司担保，仅需向区农村信用合作联社提交有关资料和申请书。与此同时，银行也不需要担心贷款逾期不还风险，因为保险公司将代为偿还借款人贷款。二是保险保障全面。保障除战争、军事行动、恐怖事件、地震等灾害，以及人为恶意行为导致投保人不能按期偿还所欠款之外的各类保险责任，最大限度满足了投保人的保险需求。三是逾期贷款处理体现风险共担。以往，种植户贷款逾期不缴时，银行采取扣押抵押物、加收利息等方式催促贷款偿还。但"政银保"农业贷款模式将采取有利于银行和农户的贷款逾期处理方式。当贷款本金逾期后三个月，借款人仍不能偿还贷款本息的，贷款农信社将与保险公司办理理赔手续，并就不足赔付部分与区"政银保"合作办公室办理担代偿手续。等保险公司和区"政银保"合作办公室赔付后,与贷款社一起向借款人追偿,追偿成功后,三方按各自承担比例进行分配。

卢氏县政府通过与中原农险、中国人保财险等保险机构签订合作协议,提供贷款保证保险,贷后风险按照(2∶3∶5)比例分担,不仅解决了合作社等新型农村经营主体的融资需求,也对非贫困户贷款、非贫困县金融扶贫产生了引导和借鉴作用。

(四)"政融保"互惠模式

"政融保"互惠模式,即"政府推荐+保证保险+融资资金",由政府提供政策扶持,人保财险提供农业保险保障,募集专项资金向农户和企业提供融资支持,具有融资对象全、融资用途广、融资模式新、融资门槛低、业务流程简、借款期限与还款方式活等特点,无论是从事农业生产经营的普通贫困农户,还是带动脱贫的种养大户、农业合作社、农业生产企业等均可申请。有效地解决了新型农业经营主体贷款需求。

在卢氏县推出的"政融保"项目具有六大优势,突出体现为"全、广、新、低、简、活"六个字。融资对象"全",包括从事农业生产和经营的普通贫困农户,带动脱贫的种养大户、家庭农场、农业合作社、农业生产企业等个人客户和公司客户;融资用途"广",涉及农作物种植、畜禽养殖,以及农产品加工、储存、运输、销售等各个领域;融资模式"新",采取"干部推荐+融资支农+保险保障"的基本模式,通过农业保险、信用保证保险等,提供增信支持;融资门槛"低",提供无抵押、纯信用、低利率的融资支持;业务流程"简",帮扶干部向中国人民财产保险股份有限公司推荐支农融资客户,融资经理对客户情况进行了解和初评,确定受理后报上级公司,尽职调查审批通过后,10个工作日内即可发放融资资金;借款期限和还款方式"活",首次参与融资的客户借款期限一般为6个月到12个月,再次融资的客户为2~3年。融资客户可按月、季付息,本金可一次或分次偿还,也可以提前还款。

"政融保"贷款模式是对人保财险"支农支小"融资模式的一次改良和推广,开辟了支农融资的新路径,对国家实施产业扶贫、精准脱贫具有重要意义。

原来银行扶贫信贷主要投放到基础设施和产业项目,由政府背书或企业的担保抵押,风险可控。现在方式变了,需要投向贫困农户,又是免抵押、免担保,敞口裸贷,风险难控。因此,金融机构因风险大普遍存在慎贷、惜贷的现象。为解决银行的审贷、惜贷问题,卢氏县创新出四种贷款模式,有效防控了银行风险,调动了银行放贷的积极性。

三、建设信用评价体系优化金融扶贫环境

信用评价体系的建设有利于优化农村信用环境,培育县域农村产业发展,促进农村居民增收创收,加快建档立卡贫困户脱贫致富,加大金融机构信贷投放力度,建立健全农村信用评价体系,可从根本上解决"贷款难"问题,全面推广普惠金融,带动贫困户脱贫致富。

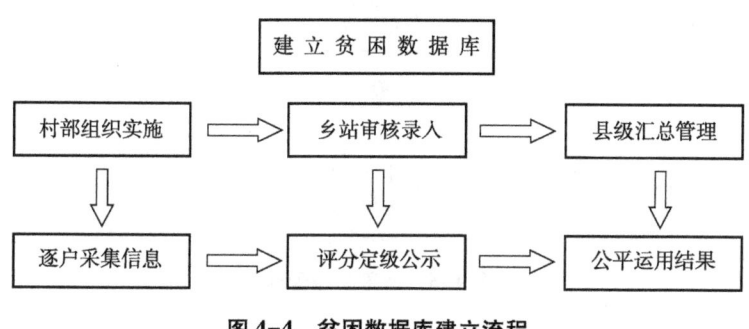

图 4-4 贫困数据库建立流程

(一)确定经办金融机构

根据实际情况,县域内各金融机构均为卢氏县农村信用体系建设经办金融机构,全程组织、指导、参与信息采集、信用评定、结果运用等工作(各经办金融机构分包乡镇附后)。

(二)明确信息采集范围

第一阶段:2017 年 4 月底前完成 146 个贫困村的信息采集和信用评定工作;第二阶段:2017 年 6 月底前完成剩余的 206 个非贫困村的信息采集和信用评定工作。

涉农企业和农村专业合作组织等农村新型经营主体的信用档案的建立及评级同步进行。

(三)开展信息采集工作

各乡镇政府成立实施小组,明确一名领导负责一个村,各行政村要成立具体的采集小组,小组成员包括乡包村领导、村两委成员、第一书记、

驻村工作队、居民组长、党员代表（每3~5名党员推选1人）、村民代表（每5~15户推选1人）等。乡、村采集小组要会同县经办金融机构进行入户调查，共同做好信息采集工作，确保数据的准确、完整。按照农户信用档案的采集标准，结合户口册、建档立卡贫困户脱贫攻坚台账等有关资料，以行政村为单位，采取自愿申报方式，由各乡镇组织，各村积极参与、配合经办金融机构开展农户信息采集和报送工作。县直相关单位要按照《河南省中心企业信息系统》和《河南省农户信息系统》的要求，及时完成信息采集和录入工作。

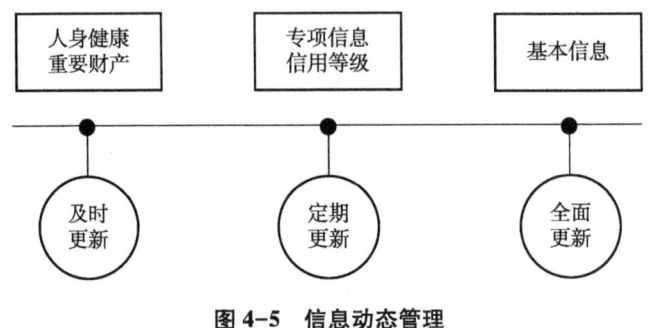

图4-5 信息动态管理

（四）有效进行信用评级

按照县制定的农户信用评价指标和评级办法，即农户信用级别分为AAA+、AAA、AA、A四个信用等级和一个无信用等级，100分以上为AAA+信用户，96~100分为AAA信用户，87~95分为AA信用户，80~86分为A信用户；80分以下或有一票否决项的直接进入无信用等级；每户基础分100分，实行加分、扣分和治安失信欠款一票否决制，按级授信（20万元、15万元、10万元、5万元纯信用贷款）信用评级试行办法，进行信用等级评定，成立农户信用评级工作小组，评级小组与信息采集小组组成人员一致，负责对所采集的农户信用指标信息进行计算评价，对农户进行信用评分、评级。同时做好评级结果公示工作，农户对结果有异议并经核查情况属实的，可申请重新评级。

对于信用户占比达到一定标准的行政村可评定为信用村，对信用村占比达到一定比例的乡镇可评为信用乡镇。

图 4-6　农户信用评级

（五）公平合理运用结果

各金融机构要将信用评级结果纳入贷款决策程序，形成"征信+评级+信贷"的业务模式，对不同信用等级农户实行差别授信。

信用户向银行申请贷款时，经办银行须简化流程，提升服务，开辟金融扶贫绿色通道，优化业务流程，主动上门服务，实行"一次核定、随用随贷、利率优惠"政策，切实让贫困户享受国家的扶贫政策红利。

对信用村可扩大贷款授信额度，同时，对信用乡镇可扩大所在乡镇金融机构的贷款审批权限，在同等条件下优先解决资金需求，简化贷款审批手续。

各经办金融机构可通过"公司+合作社+农户+征信+信贷"或"担保基金+农户+征信+信贷"的模式，加大对产业脱贫的信贷投入，重点选择有特色产业的行政村作为示范信用村，对特色产业进行信贷支持，以产业发展带动贫困户整体脱贫。

（六）建立健全信用机制

提倡"守信激励、失信惩戒"。一是各金融机构要对信用户、信用村、信用乡镇给予授信额度及利率优惠，实行贷款优先、手续简便、额度放宽、主动服务。二是县政府出台与农村信用体系建设相配套的优惠政策，推动信用产品在农村的普及与应用。三是人民银行再贷款要优先支持主动运用使用评级结果发放贷款的金融机构。四是要严厉打击不守信用行为，除拒绝给予授信或提高授信标准外，对失信户采取拉入全县失信黑名单，在扶贫等领域享受的各项优惠政策进行限制和制约，并由政法部门介入加以打击的措施，大力营造良好的社会信用环境。

表 4-2　农村信用体系建设责任银行分包乡镇一览表

	乡镇	合计	非贫困村（个）	贫困村（个）			责任银行
				合计（个）	省定（个）	县定（个）	
1	杜关镇	22	15	7	7		邮储银行
2	官道口镇	19	13	6	5	1	邮储银行
3	范里镇	46	30	16	12	4	邮储银行
4	东明镇	23	17	6	5	1	中原银行
5	文峪乡	32	23	9	9		中原银行
6	横涧乡	32	15	17	11	6	农业银行
7	沙河乡	17	15	2	2		工商银行
8	潘河乡	17	10	7	6	1	农村商业银行
9	木桐乡	10	4	6	5	1	农村商业银行
10	双龙湾镇	16	12	4	4		农村商业银行
11	徐家湾乡	11	8	3	3		农村商业银行
12	官坡镇	17	8	9	7	2	农村商业银行
13	狮子坪乡	11	6	5	5		农村商业银行
14	五里川镇	19	11	8	4	4	农村商业银行
15	汤河乡	14	7	7	5	2	农村商业银行
16	双槐树乡	12	1	11	7	4	德丰村镇银行
17	朱阳关镇	13	4	9	7	2	德丰村镇银行
18	瓦窑沟乡	14		14	6	8	德丰村镇银行
19	城关镇	22（7个行政村、15个居委会）	7				建设银行
	合计		206	146	110	36	

注：农发行主要参与涉农企业的信用体系建设工作。

四、创新发展本地特色农业互助保险

卢氏县根据"有灾赔付、无灾防损、利益共享、脱贫致富"的指导思想积极发展特色农业互助保险，引导参保会员增强金融保险意识，提升应对灾害的能力。尊重会员知情权，发挥会员参与保险事务的主动性，提高会员自觉运用金融保险产品的意识，促进会员增收和特色农业发展。充分发挥保险在脱贫攻坚中的保障作用，支持会员带动建档立卡贫困户脱贫致富。创新保险运作机制，丰富卢氏县金融扶贫试验区工作内容，为推广特色作物农业保险探索成功经验。

(一)保险产品

1. 香菇种植保险

保额、保费。保额 4 元/袋，总保费 0.16 元/袋，农户自交 0.032 元/袋，补贴 0.128 元/袋。保险责任。在保险期间内，由于暴雨、雹灾、雪灾以及室外生长遭受连续 5 日以上日最高气温超过 35℃的异常高温天气，直接造成保险香菇的损失，且损失率达到 20%（含）以上，按照保险合同的约定负责赔偿。

2. 核桃保险（自主选择）

核桃种植保险：保额、保费。保额 3000 元（其中：果树 1000 元/亩，果实 2000 元/亩），总保费 120 元/亩，农户自交 24 元/亩，补贴 96 元/亩。保险责任。在保险期间内，由于火灾、暴雨、洪水（政府行蓄洪外）、内涝、风灾、雹灾、冻灾、雪灾、泥石流、山体滑坡造成核桃树体的流失、掩埋、主干折断、倒伏、死亡或者推定全损，按照本保险合同的约定负赔偿责任。

在保险期间内，由于暴雨、洪水（政府行蓄洪外）、内涝、风灾、雹灾、冻灾、病虫害，直接造成保险核桃果实的损失，且减产损失率在 30%（含）以上，保险人按照保险合同约定负责赔偿。

核桃低温冻害保险：保额、保费。保额 5000 元（其中：果树 1500 元/亩，果实 3500 元/亩），总保费 84 元/亩，农户自交 16.8 元/亩，补贴 67.2 元/亩。保险责任。在保险期间内，由于遭受低温冻害直接造成保险核桃果树死亡或者推定全损，造成果实的损失，且减产损失率在 30%（含）以上，按照保险合同约定负责赔偿。

(二)资金管理

互助保险资金包括县级财政 80%的补贴保费（可获得省财政 50%的奖补）和农户、龙头企业、合作社、家庭农场、种植大户自缴的 20%保费。互助保险资金在卢氏县域范围内单险种独立核算，封闭运营，不得跨区域、跨险种使用。中原农险受理事会委托代管互助保险资金。

互助保险资金主要用于大灾准备金支出和再保险费用支出、运营管理费支出、保险赔偿支出和防灾防损体系建设支出。提取比例原则上确定为：大灾准备金和再保险 40%，运营管理费 10%，理事会工作经费 5%，保险赔付资金 45%。

1. 有灾赔付，风险共担

提取当年保费的 40% 用于大灾准备金和购买再保险，购买再保险费用之后的资金自动转为大灾准备金，当大灾准备金累计滚存到当年总保费的 3 倍时，下年不再提取。大灾准备金的用途依次为：大灾赔付支出、偿还中原农险先行垫付的超赔资金、免息借款。

由理事会根据当年风险评估结果决定是否购买再保险。若理事会决议购买再保险，当简单赔付率大于 75%（即保险赔付资金和大灾准备资金之和）小于 150%（含）时，由再保险资金进行赔付。当简单赔付率大于 150%，由中原农险先行垫付赔款，之后逐年用大灾准备金进行偿还；若理事会决议不购买再保险，当简单赔付率大于 75% 时，由中原农险先行垫付赔款，之后逐年用大灾准备金进行偿还。

2. 无灾防损，利益共享

减免保费。当年保险期限结束时未发生赔付的会员，下年起农户自交费用减免总保费的 5%，逐年递推，直至农户自交部分全部减免。若出险发生赔付，减免取消。

防灾防损。当简单赔付率低于 45% 时，理事会根据当年赔付资金结余情况，启动防灾防损工作。防灾防损资金提取比例为简单赔付率与 45% 的差值，但总体不超过总保费的 20%，结余资金自动转为大灾准备金。防灾防损资金主要用于购置必要的防灾物资及设备，如农药、防汛、抗旱物资等，聘请专家进行人员培训、技术咨询以及安全检查等方面。

无息借款。理事会根据当年大灾准备金结余情况，在监管政策允许的范围内，开展免息小额借款，借款对象为带动建档立卡贫困户就业的合作社、龙头企业、家庭农场等会员，借款期一年。对于借款逾期会员，记入个人诚信档案，理事会采取一切必要措施追回借款。如出现坏账，经理事会同意，对坏账会员除名，并用防灾防损资金逐年核销。

（三）承保流程

组织发动。理事会确定宣传计划，采取召开宣传动员会、印发宣传页、网络电视广播等多种形式推动展业工作。

承保准备。由县农牧局、林果办提供符合条件的龙头企业、合作社、家庭农场、种植大户清单，确定投保对象。由中原农险牵头，菌办、林果办及理赔会员协助参与，核实投保数量、作物风险状况、坐落位置、权属等内容，填写完善相关单证，共同完成承保验标工作。

缴费出单。由中原农险及菌办、林果办组织向会员收取保费，中原农险在收到会员自缴保费后，承保出单。龙头企业、合作社、家庭农场、种植大户实行单独投保，一户一单。

承保资料：投保申请明细表、投保单、标的权属资料、保险标的坐落图、验标照片、身份证正反面复印件、组织机构代码证/统一信用代码证、银行卡折复印件、转账凭证。

（四）理赔流程

报案。出险后，会员第一时间向中原农险报案，拨打报案电话4006656789，填写出险通知书。

查勘。接到报案后，理事会立即成立查勘定损小组，在24小时以内对出险会员进行查勘，并填写查勘报告等相关单证，拍摄影像照片。小组成员应包括中原农险人员、理赔会员代表、农牧局或协会专家，查勘定损小组由中原农险主导。

定损。由中原农险人员、理赔会员代表、农牧局或协会专家按照相关技术标准对损失数量和损失程度进行核定，出具定损报告，损失核定结果由出险会员签字确认。

赔款支付。材料齐全后，核赔通过后，中原农险10日内将理赔款支付至出险会员银行卡内。

异议处理。出险定损争议，出险会员三日内向理事会申请复议，由理事会在听取各方意见的基础上，做出维持原定损结果或重新定损的裁决。

（五）培训

由互助保险理事会不定期对理赔会员、理事会会员进行培训，主要包含承保、理赔操作实务及生产管理技术培训。旨在使会员可以参与到互助保险的工作中，真正实现互助共济、利益共享、风险共担的目的，并自觉防范风险发生，有效保障农业的稳定健康发展。

（六）理赔计算

1. 香菇理赔计算

养菌阶段：赔偿金额=单位保险金额×损失数量

采摘阶段：保险香菇由于保险责任范围内的灾害造成的损失，且损失率达到20%（含）以上，按照保险合同约定进行赔偿。

赔偿金额＝单位保险金额×损失率×损失数量

损失率＝（单位标准产量－单位累计已采摘产量）/单位标准产量×100%

单位标准产量按照各地香菇种植技术标准确定，并以保险单载明为准；各采摘阶段单位采摘产量按《保险标的各采摘阶段单位采摘产量占比表》中的相应比例与单位标准产量确定，每日的采摘产量为对应阶段的日均采摘产量。

表4-3　保险标的各采摘阶段单位采摘产量占比

菌种	采摘阶段	阶段单位采摘产量占比（%）
夏菇（具体释义）	第一采摘阶段	30
	第二采摘阶段	30
	第三采摘阶段	15
	第四采摘阶段	15
	第五采摘阶段	10
秋菇（具体释义）	第一采摘阶段	30
	第二采摘阶段	30
	第三采摘阶段	40

2. 核桃理赔计算

赔偿金额＝果树赔偿金额+果实赔偿金额

保险果树发生保险责任范围内损失，造成保险果树树体死亡的：果树赔偿金额＝每亩果树保险金额×死亡率×受损面积

保险果树发生保险责任范围内损失，造成果实减产损失率达30%（含）以上：果实赔偿金额＝每亩果实保险金额×损失程度×受损面积

单位面积平均正常产量由投保人和保险人在承保时协商确定，或按承保当地（县级）统计部门公布的该品种保险果树前三年平均产量确定。

已采摘部分果品的果园，在计算赔款时按照采摘部分占保险金额的比例相应扣除。已采摘90%以上的果园，保险人不再承担保险责任。

第五章
金融扶贫其他经典案例介绍

自国家制定了"精准扶贫"的方略后,"一行两会"以及各地方政府纷纷展开行动,在与实际相结合的情况下,创新、探索出多种扶贫方式,不仅造福了一方人民,同时也对其他地区的扶贫工作具有启示作用。其中,银行业、保险业、证券业"三驾马车"通过与地方政府通力合作而形成了新的金融扶贫格局。

第一节 银行业金融扶贫经典案例介绍

银行业在金融扶贫方面的创新很多,其中信用评级创新、小额信贷扶贫、企业帮扶、科技带动致富是比较典型的方式。

一、湖南省麻阳县扶贫小额信贷新模式

(一)麻阳县情况简介

湖南省麻阳苗族自治县位于湖南省西部、怀化市西北部,地处武陵山集中连片特困地区,县域面积1568平方公里,辖19个乡(镇、管理处),221个村(社区),总人口40.5万。2014年,经麻阳县建档立卡统计,同游贫困村106个、贫困户23995户、贫困人口87559人,曾被国务院列入全国100个贫困县范围,人均收入不足400元。

为扶持贫困户,当地政府专门成立了县扶贫办公室来开展扶贫工作。如今,麻阳县生机焕发,潜能凸显,结束了祖祖辈辈贫穷的宿命,这归功于当地的农户以农业特色产业为依托,在银行的主导下形成了独特的"麻阳模式",截至2016年底,麻阳县共有16个贫困村实现脱贫,减贫人口达43283人,成为全国银行扶贫案例的典范。

在扶贫过程中,麻阳县首先建设人畜饮水工程,乡村公路工程等基础设

施,改善农村生产生活条件,确保工农业生产持续稳定发展,而后重点投资开垦柑橘桃李果园,发展商品畜牧养殖业,确保贫困户的增产增收,同时大力发展工业,实现加速脱贫致富。

(二)扶贫小额信贷新模式

为帮助贫困农户脱贫致富,麻阳县政府提供支持,由商业银行向由县级(含县级)以上管理机构设立的小额担保贷款信用担保机构提供担保的对象提供促进其就业的贷款。为确保更多的贫困农户能够得到小额贷款实现致富,麻阳县积极创新金融产业扶贫机制,为贫困农户量身定制了以"信用评级"为主导的扶贫小额信贷新模式。

麻阳县的小额信贷新模式的核心内容为"一授、二免、三优惠、一防控"。

(1)"一授",即按照"穷可贷、富可贷,不守诚信不可贷"的原则,根据贫困农户的诚信度、劳动力人数、家庭收入三项指标评定信用等级和授信额度。该体系将贫困户信用和劳动力变为资产,松开了贫困户抵押担保"紧箍咒"。

(2)"二免",即免担保、免抵押。对评级授信被确定为优秀、较好、一般等级的贫困农户,无须抵押担保即可获得1万~5万元的贷款,有效解决了贫困农户"贷款难"问题。

(3)"三优惠",即贷款期限、利率和贴息优惠。在贷款期限上不做硬性限制,根据产业发展周期灵活确定;贷款期限上不做硬性限制,根据产业发展周期灵活确定;贷款利率一律实行人民银行同期同档贷款基准利率;财政全额贴息,最长贴息三年,有效解决了贫困农户"贷款贵"问题。

(4)"一防控",即风险补偿基金,银行以风险补偿金为基数,按照1∶10的比例进行放贷,风险补偿金规模始终按照贷款余额1∶10的比例弹性增长。同时,制定了基层支行贫困农户小额信贷工作考核管理办法,建立银行客户经理绩效计酬办法和尽职免责办法,根据产业扶贫贷款投放量的2%安排奖励资金,按照5∶4∶1的比例分别奖励给乡村、农商行、扶贫开发工作室;引入"扶贫特惠保"贷款人意外保险和精准扶贫特色农业保险分散贷款风险,解决了银行"不敢贷"问题,确保贫困户"贷得到"。

(三)小额信贷新模式在水果产业的应用

麻阳县的水果产业是拉动当地经济的一大助力。县委、县政府根据"全县可开发产业基地8.6万亩,资金需求5.6亿元,其中产业扶贫贷款需求达4

亿元"的情况，制定了产业扶贫规划，要求每个贫困村建立 300 亩扶贫产业示范园，争取贷款 1.5 亿元；非贫困村建立连村联创的扶贫产业示范园，争取贷款 1.5 亿元；组织条件好的贫困农户分散贷款，争取贷款 1 亿元。为实现这一目标，当地政府全面发动乡、村干部进村入户、张贴标语、发放资料，大力宣传扶贫小额信贷政策，鼓励贫困农户贷款发展产业。县扶贫办通过召开座谈会，组织扶贫经济组织和村干部对接，再由扶贫经济组织深入村组，召开群众大会，与贫困农户面对面沟通，最后制定实施方案，与有贷款发展产业意愿的贫困农户签订合作协议，配合村里落实贷款。在实施产业扶贫项目时，将扶贫小额信贷资金和财政产业扶贫资金、重点产业扶贫资金配套使用，广大贫困农户以及扶贫经济组织的贷款积极性得到极大激发，带动了更多贫困农户参与产业发展，在家门口就业。

"授人以渔"的扶贫模式使贫困户帮扶走出了新的发展道路，实现了"造血"的发展。通过扶贫小额信贷的帮助，麻阳县进一步壮大了特色产业规模，冰糖橙种植面积达 20 万亩，年产量 25 万吨，面积与产量均居全国首位，成为全县最大、最有特色、最有成效的扶贫产业。

（四）麻阳县扶贫小额信贷模式成效

麻阳县扶贫小额信贷的成功探索，为贫困农户发展产业增收脱贫扫除了瓶颈障碍，也为全国其他地区的扶贫脱贫工作带来了经验和启迪。一是推进金融产业扶贫，必须确定贫困农户主体地位。贫困农户是脱贫攻坚的主体对象，要解决贫困问题，必须从贫困农户的现实需求和自身特点出发，同时也应着眼于激发贫困农户的内生动力，实现"经济发展可持续"。二是推进金融产业扶贫，必须培育产销对路特色产业。麻阳县在原有的基础上进一步壮大了特色产业规模，黄桃、猕猴桃、木耳等都成为农户们摆脱贫困、发家致富的好道路。三是推进金融产业扶贫，必须推进金融生态环境建设。党委、政府应与金融部门一道大力整治农村信用环境，营造良好的金融生态环境，实现扶贫产业与金融企业双赢。

二、山西省夏县"扁担"模式扶贫

（一）夏县情况简介

夏县位于山西省运城市，2014 年夏县下辖 6 镇 5 乡、256 个村委会，812 个自然村，总人口 34.27 万，总面积 1352.6 平方公里，山区面积占到总面积的70%。这里地势高峻，石多土少，可以用来耕种的土壤土层稀薄并且缺少肥力，导致农作物产量不高，农民的生活条件并不宽裕。夏县作为省定贫困县，摆脱贫困的现状是所有百姓共同的心愿。

夏县的贫困现象一直以来受到各方面的重视，面对脱贫扶贫的目标，夏县县委、县政府把易地扶贫搬迁与实施乡村振兴战略、推进新型城镇化和城乡融合发展相结合，使其成为夏县攻坚扶贫的基础和支柱。为早日实现脱贫，夏县政府对于基础设施建设一直给予关注和支持，这为夏县农商银行的帮扶脱贫工作提供了极大的帮助。在此基础上，夏县农商银行提出"扁担"模式，大力扶持农业产业化龙头企业和合作社，通过两者协作的方式带动农民增收、贫困户脱贫。

（二）"扁担"模式

农商银行提出的"扁担"模式的扶贫策略[①]是指以"贫困户贷款+带资入企+就业分红"为抓手，实现脱贫致富的目标，帮助贫困户增加收入。首先，夏县农商银行通过评级授信的方式，为贫困户提供低利率扶贫小额贷款5万元。其次，在农商银行的帮助下，贫困户与企业签订脱贫协议、入企协议，以受托支付方式把扶贫贷款交由企业集中使用。最后，企业按照入企资金15%的分红目标，每年对每个进行了投资的贫困户进行收益分红。

这种贫困户带资入企的做法，使企业与贫困户建立了牢固的利益联结。为了获得更多的低成本贷款，企业必须稳定和保障贫困户的收益；而为了能够获得更多的分红，贫困户也会在能力范围内更多地对企业进行帮助支援，双方由此形成了共赢的局面。这种"贫困户贷款+带资入企+就业分红"的模式被大家形象地称为"扁担"模式：扁担一头是企业，另一头是贫困户，夏县农商银行以主动担当的精神成为扁担的横梁，实现了贫困户、企业、县域经济、农商银行"四方共赢"的良好局面和发展态势。

（三）晋星牧业案例

山西省农业产业的龙头企业晋星牧业就是"扁担"模式的受益者之一。为完成第一产业园的建设，保障项目顺利推进，夏县农商银行充分运用"富民贷""强农贷"等扶贫贷款产品，先后为该企业办理贷款2000万元，并把利率降低了2/3，每年为企业节约了120万元的利息。同时，在这一过程中，

---

① 参考《中国发展网》。

众多的贫困户也可以从年销售利润中获取红利。依托"扁担"模式，晋星牧业计划再打造4个标准化养殖园区，最终可形成标准化鸡舍100栋、年出栏三黄肉鸡3000万只的产业规模，可吸纳2000个贫困户带资入企，确保6000名贫困人口按期脱贫。

在实行"扁担"模式的过程中，选准能够承载扶贫重任的诚信企业是重中之重。因为诚信企业直接对广大贫困农户负责，所以，只有真正有责任心、有能力的企业才能带动经济的发展，使所有人共同受益。因此，夏县政府对主动请缨愿意接纳扶贫贷款、保证能完成扶贫分红任务，同时又能安排贫困人员就业的企业做了深入分析、调研，并聘请律师、会计等中介公司，对企业目前的发展状况及未来几年的发展前景做了详细的核算评估。农商行则通过对企业偿债、生产经营、规模效益、资金流转以及该企业近3年的经营情况等多个因素进行调查，再在众多企业之中进行横向对比，最后确定由山西晋星牧业作为夏县金融扶贫示范企业。

截至2017年11月，农商银行已经为88户建档立卡贫困户，按照每户5万元的贷款额度，总共发放扶贫贷款440万元资金注入晋星牧业集团，晋星牧业集团与88户贫困户签订脱贫增收帮扶协议，扶贫贷款由企业进行管理，并安排贫困人员进本企业就业，每月工资2000元左右，加上年底对贫困户的7500元分红，入企的贫困户可以真真切切地看到利益，确确实实地增加收入。特别地，农商银行针对不能劳动、不具备贷款条件、年龄超过65岁、无人赡养老人的特别贫困户，主动向人民银行申请3000万元进行扶贫再贷款，先把贷款贷给县龙头企业，企业可以享受到扶贫贷款利率和享受政府贴息，再由企业与农户和政府签订协议，根据贫困户数量和贷款额度，每年给贫困户10%~15%的分红，最终实现真扶贫、真脱贫的目的。

（四）夏县"扁担"模式的成效

农商银行在夏县的扶贫脱贫工作中取得的成果让人赞叹，主要是因为农商银行把精准扶贫工作作为一项重大政治任务来认真对待，严守"扶贫底线"，深入分析贫困户的致贫原因，为不同的贫困户分类制定帮扶计划，切实提高精准扶贫的针对性并增强精准扶贫的效益性。2017年夏县农商银行计划投放精准扶贫贷款15000万元。其中，产业精准扶贫贷款计划新增10000万元，为产业腾飞、农户脱贫提供了最有力的支持，从根本上改善了贫困户的生活境况。

三、陕西省旬邑县"中行模式"——定点扶贫

（一）旬邑县情况简介

陕西省旬邑县位于陕西省中部、咸阳市北部。全县总面积1811平方公里，辖9镇、1个街道办、187个行政村，地处渭北黄土高原沟壑区，大部分地区被薄层黄土覆盖，而几条河流的流过，使得黄土高原受到水流的侵蚀切割，水土流失严重。艰苦的自然环境使经济建设、帮助当地贫困户致富成了不可忽视的问题。

2002年，旬邑县居民人均纯收入为1385元，年均增速仅为1.37%，主要的收入来源于农畜业，但由于产业结构不合理，种植区域结构单一，再加上频发的自然灾害，使得农民的增产增收受到了严重制约。

为实现脱贫致富，旬邑县调整产业结构，在原本主营苹果的基础上，发展属于自己的特色产业，在资源优势之下，依靠技术成果实现了新产业的开辟。与此同时，旬邑县加强了基础设施建设，尤其是农村的基础设施建设，帮助农户们提高了防灾抗灾能力，将自然灾害带来的经济损失降到最低。

为摆脱贫困，中国银行采用定点帮扶和精准扶贫平台构建的方式，不断创新扶贫工作方式，在进行传统的资金扶贫的同时，更在融资、融智上下功夫，取得了较好效果，形成了定点扶贫"中行模式"。

（二）定点扶贫模式

中国银行对旬邑县的帮扶可追溯至2002年，在新形势下，中国银行对旬邑县实行定点扶贫。

仅2016年，中国银行就对旬邑县通过了6个定点扶贫项目，总投资228万元。在双方加强对接后，旬邑县扎实推进了"十个一批"的金融扶贫政策，结合中国银行的支持帮助，扶贫工作取得了初步成效。旬邑县的蓝海果业和南北果业经由中国银行陕西分行完成了评级工作，发放了信贷资金帮助其发展。中国银行根据旬邑县的产业特色，积极筹备并协助省政府、市委、市政府和中行举办了咸阳"北四县"精准扶贫跨境撮合洽谈会，包括意大利在内的7个国家和国内9省市176家企业参加此次洽谈会，有力地对旬邑县的产业进行了宣传，为未来的销售市场打开了大门。

"公益中行"精准扶贫平台是中国银行为帮助贫困地区脱贫致富的创新之举。"公益中行"精准扶贫互联网平台是中国银行与中国最成熟的企业公益服

务平台"一起善源"联合推出的"公益中行一起善源"精准扶贫应用项目。该平台实行准入制度,买方为中国银行33万员工,卖方为"北四县"建档立卡贫困户,通过互联网帮助贫困群众销售农副产品。中国银行为打开销路,还筛选了乐村淘、万家通等22家电商加入了公益中行平台,帮助销售贫困户优质农产品。目前,已与10585户贫困群众签订了销售协议。针对贫困户的自身能力有限、无力上网销售自产农产品的实际状况,平台还设立了脱贫代理人制度,由有能力的代理人帮助贫困户进行农产品的网上销售,丰富了旬邑县农畜产品的售卖渠道。平台试运营两个多月以来,代销的优质农副产品有苹果、土鸡蛋、黑猪肉、土蜂蜜、剪纸、核桃、杂粮等,销售额达140多万元,极大地增加了贫困户的收入。脱贫代理人通过帮助贫困户代卖农产品、提供就业机会、租赁土地、公益捐款等方式,实现精准扶贫,带动贫困人口共同富裕。同时脱贫代理人通过贫困户在"公益中行"精准扶贫互联网平台销售农产品,并获得代理费和销售收入,实现了双方的共赢。

(三)定点扶贫帮扶企业案例

目前,内蒙古蒙驴牧业有限公司已经开始建设关中驴养殖基地;而另一家哈克公司拟实施的马铃薯种植及深加工项目已完成规划设计,企业的发展将为旬邑县带来更多的财富。中国银行资金雄厚、具有协调各方的行业优势,为帮助扶贫,中国银行充分利用自身优势,督促县扶贫开发有限公司等投融资公司积极与农发行、国开行对接,承接各类扶贫贷款和项目贷款。同时,中国银行为更好地对旬邑县进行帮扶,更深入地了解旬邑县的状况,特地增派一批挂职扶贫干部,充实基层金融扶贫力量;为了解决旬邑县的就业问题,在县人社、扶贫等部门的支持下,中国银行对建档立卡贫困户中的富余劳动力及子女就业情况进行调查,完成了招聘工作,其中为中国银行商务招聘10人、新中物流招聘4人、百年职校招生11人,全方位地帮助旬邑县的贫困人口。

(四)旬邑县定点扶贫实施效果

中国银行在旬邑县定点扶贫的工作开展以来,充分发挥自身品牌、资金、人力资源等优势,通过科学务实筛选、确定扶贫项目,经过十几年的不断摸索,实现了扶贫工作从现有的"输血"式资助到"造血"式开发的模式转变,使得旬邑县扶贫项目从基础设施建设逐步向能力开发转化提升,帮助当地贫困户走出贫穷,实现富裕。在旬邑县自然条件艰苦、群众思想观念落后、农业产业化程度低、农村金融服务水平不高、发展资金缺口大的状况下，根据其地方特色并与实际相结合，深入研究发展，使下派的帮扶干部的工作方向准确、帮扶措施得当，取得了显著的成效。在落实扶贫资金上，中国银行从立项决策、项目实施、效果反馈等方面投入巨大人力物力财力，保障了每个项目能准确对接扶贫，取得了实实在在的效果，取得了良好经济和社会效益，实现了"政府支持、群众满意、银行放心"的三赢效果。

中国银行在旬邑县的定点扶贫之所以成果丰硕，一个重要经验就是明确重点、精准聚焦，通过对症下药、靶向治疗的方式进行扶贫工作。通过精准的宣传和管理，确保了各项政策的清楚明白，公开公正。镇村两级干部、贫困村"第一书记"、驻村工作队队长、农民专业合作社负责人和农村致富带头人的培训，促使了贫困户思想意识的提升，进而积极主动地配合扶贫脱贫工作。而有力的整合和策略实施的精准，保证了县委、县政府能够配合银行立足实际出台完善政策措施，统筹推进易地扶贫搬迁、产业扶贫、生态文明建设脱贫、教育脱贫、医疗脱贫、社会保障兜底脱贫等工作的顺利进行，增强了贫困村的"造血"功能和贫困群众的自我发展能力。

第二节 保险业金融扶贫经典案例介绍

保险特有的功能机制在扶贫攻坚的过程中起到了很大的作用。保险的保障功能有助于对地方的风险管控，利益保障，同时还能帮助放大各地扶贫资金的使用效应。

一、宁夏同心县"扶贫保"助力脱贫致富

（一）同心县情况简介

宁夏回族自治区同心县位于宁夏中部干旱带核心区，地处鄂尔多斯台地南部黄土高原，地势呈南高北低之势，海拔1240~2625米，属丘陵沟壑区，其县境内沟壑纵横，其中丘陵、沟壑、山地、沙漠等地貌类型占了总面积的绝大部分，干旱缺水是同心县最大的自然特征，干旱给当地百姓的生活带来了极大的不便与困难，属于国家级贫困县。据统计，2014年，同心县总人口有37.7万人，贫困人口有98255人，约占总人口数的1/3。

为了切实解决同心县的贫困问题，帮助当地居民提高生活质量，保险公

司通过创新保险机制、丰富保险产品等方法，根据优势特色产业为同心县贫困户量身打造了"扶贫保"，帮助居民们走上了脱贫致富的道路。

（二）"扶贫保"及其应用

"扶贫保"是为提高贫困农户抵御风险能力，保障贫困农户和贫困人口因意外事故和因病医疗及时得到补偿，尽快恢复生产活动而推出的一项保险政策。"扶贫保"家庭意外伤害保险和大病补充医疗保险2种保险由中国人寿保险同心支公司全部承保，保险期限为1整年，覆盖全县所用建档立卡贫困户。

为脱贫致富创造条件，同心县针对脱贫攻坚最突出的问题进行全面努力，在强化市场准入管理的前提下，响应省里的号召，在"扶贫保"覆盖的乡镇建立保险服务网点，加快了组建农村保险服务队伍的步伐。目前，乡镇"三农"保险服务部、服务站在重点乡镇网点覆盖面大大提高，切实提高了保险服务贫困地区的能力。此外，同心县还深入城乡宣传普及保险惠民政策措施，培训了众多的乡村干部群众，提高了贫困地区群众的保险意识和运用保险工具的能力和水平，这些都为保险扶贫打下了良好的基础。

为更好地为贫困户服务，建信财产保险有限公司宁夏分公司、泰康人寿保险有限责任公司宁夏分公司、泰康养老保险股份有限公司宁夏分公司共同协作（以下统称保险公司），根据符合同心县享受政策的建档立卡的贫困户人群为投保对象开展扶贫开发工作。而后，根据建档立卡贫困户产业发展的基本情况以及风险状况，将财产类"扶贫保"的保险品种划分为种植业、林果业保险，具体可以细分为：小杂粮（糜子、谷子、荞麦、豌豆等）、脱水蔬菜（红葱、黄花、辣椒、西红柿等）、中药材（黄芪、柴胡、党参、板蓝根、红花等）、西瓜、文冠果、油用牡丹；养殖业保险：基础母羊、基础母牛、肉牛；财产类保险：农村房屋综合等多种保险险种。

由于同心县扶贫保险保障程度还较为有限，因此，为确保扶贫保险经营的稳定性，建立风险共担机制，在发生巨灾风险时会由政府、农民、保险公司三方共同承担责任，这样可以更好地为建档立卡的贫困户提供服务。对于种植、林果业保险的保险金额为小杂粮300元/亩、脱水蔬菜1000元/亩、中药材800元/亩、西瓜400元/亩、文冠果800元/亩、油用牡丹800元/亩。如果在保险期间内，由于暴雨、洪水（政府行蓄洪除外）、内涝、风灾、雹灾、冻灾等自然灾害直接造成保险标的的损失，并且作物的损失率达到了20%（含）以上，建档立卡且参加保险的贫困户可以按照保险合同的约定要求保险人来负责赔偿自己的损失，每次事故免赔率为10%。其中，小杂粮、中药材、西瓜、文冠果、油用牡丹保费由县扶贫专项资金支付100%进行赔付；而脱水蔬菜保费由自治区财政补贴50%（30元/亩），其余的50%是由县扶贫专项资金来支付（30元/亩）。对于养殖业保险来说，保险金额为基础母羊500元/只、基础母牛7000元/头、肉牛5000元/头。在保险期间内基础母羊、基础母牛和肉牛如果因疾病、自然灾害或者是发生重大动物疫情后政府组织扑杀所造成直接死亡的情况下，基础母牛、肉牛每次事故免赔率为20%，而基础母羊每次事故免赔率为10%。如果发生事故，基础母羊、基础母牛的赔偿金由自治区财政分别补贴50%（15元/只）和30.6%（75元/头），县扶贫专项资金将会支付50%（15元/只）和69.4%（170元/头）；而肉牛由县扶贫专项资金支付100%。而对于财产类保险公司目前只对农村的房屋提供保险产品，每户农村房屋综合保险金额为40000元[①]。当由于自然灾害、意外事故的情况而造成投保的建档立卡贫困户房屋倒塌时，保险公司依照保险合同的约定负责赔偿。这部分保费将会由同心县的县扶贫专项资金来支付。有了保险在身，贫困户对脱贫致富更加有信心。2018年3月28日，中国畜产品流通协会第五届四次理事会暨第二十五届全国绒毛会议在同心县成功召开，来自内蒙古、宁夏、新疆、河北、青海、江浙等地区的200多名绒毛行业的龙头企业代表和地方政府代表参加了此次会议，而截至2017年，同心县规模以上羊绒企业达到了28家，完成的工业总产值将近30亿元。在保险的支持下，羊绒产业已经成为推动同心县县域经济发展的第一大特色支柱产业。

（三）同心县"扶贫保"的工作成效

"扶贫保"在当地民众的支持下，在保险公司与政府的通力合作下，构建了保险机构与政府共同参与的扶贫工作新格局。同时，保险公司还针对同心县的特色产业进行保险服务，这与同心县的实际脱贫攻坚需求相适应，切实地提高了当地贫困人口的生产生活水平，充分地发挥保险资金在支持县域经济发展等方面的作用。

在"扶贫保"的保护下，当地居民的财产健康更有保障，奋斗致富更有信心，同时也为其他地区探索可复制、可推广的保险扶贫新模式和新路径提供了丰富的经验和启示。

---

① 参考《同心县精准扶贫财产类"扶贫保"工作实施方案》。

二、河南省新县"扶贫+保险"推进扶贫进程

（一）新县情况简介

河南省新县位于大别山腹地，全县总面积 1612 平方公里。辖 15 个乡镇、1 个管理区、1 个街道，205 个行政村，是国家扶贫开发工作重点县和大别山集中连片特困地区扶贫攻坚重点县。新县全县共有 42 个贫困村和 2.3 万贫困人口，曾属于国家级贫困县。

为了实现 2020 年全面建成小康社会的奋斗目标，新县与中原农业保险股份有限公司签订了全面的战略合作协议，共同探索出"扶贫+保险"的整县推进模式，开创了新县脱贫攻坚的新模式，为贫困人口和贫困家庭带来一条崭新的脱贫道路。

（二）"扶贫+保险"模式

为了帮助贫困户更好地脱贫致富，为保险扶贫的工作做好基础，新县根据各个贫困户的实际情况，有针对性地建立了家庭情况册，在其中详细地记录致贫原因和急需帮扶的问题，再根据记录仔细研究，谋划切实可行的脱贫对策。同时，制定了干部与贫困户结对帮扶政策，使近万名党员干部与贫困户结成帮扶对子 1.2 万个，由党员带领，帮助贫困户进行脱贫。为了更好地把控扶贫进度，准确把握过程中可能出现的问题，新县成立了脱贫攻坚工作指挥部，下设 10 个专项工作组，建立健全就业创业、产业发展、易地搬迁、生态补偿、教育培训、保障救助 6 大精准脱贫平台。

中原农险新县支公司为了促进工作开展和带动贫困户脱贫，在每个乡镇（区、街道办）设立了 1 名乡级协保员，而在每个村（社区）设立的村级协保员，乡级协保员和村级协保员需由各乡镇（区、街道办）确定，再由中原农险新县支公司对乡村两级协保员进行培训，经中原农险新县支公司根据乡村两级协保员的工作量核发其工资报酬。同时，在全县建档立卡贫困人口中选聘约 560 名助理协保员和宣传员。由中原农险新县支公司与助理协保员、宣传员签订用工协议，方便贫困户的咨询提问，协助其解决问题。

（三）"扶贫+保险"主要做法

为全方位地保证扶贫户的利益，帮助其摆脱贫困，新县将全县范围内贫困户种植的油茶、小麦、玉米、菌类、棉花、果树、蔬菜、茶叶、中药材等

作物和养殖的牛、猪、羊、驴、禽类等畜产品全部纳入保险范围内；对于贫困对象和优抚对象人身的意外伤害，贫困户在农村的住房，部分美丽乡村示范点及红色旅游景点的公众人身意外伤害也纳入了保险范围。

1. *产品创新：开发特色农险*

当贫困户参加水稻、花生、油菜、油茶、小麦、玉米、菌类、棉花、果树、蔬菜、茶叶、中药材等作物的种植和养殖牛、猪、羊、驴、禽类种时，如果因为发生了人力无法抗拒的自然灾害而造成财产损失的话，将由保险承办机构根据与其签订的农业保险合同，按照核定的保险标的损失程度足额支付保险金。在保险金额方面，水稻、花生、油菜的种植保险金额按生产成本确定。其中，水稻保险C款每亩保险金额487元，费率为6%，每亩保费为29元，其中农户需要交的保费为5.8元；花生保险C款每亩保险金额为457元，费率6%，每亩需要缴纳的保费是27元，其中农户要交保费5.4元；油菜C款每亩保险金额是193元，费率为6%，每亩保费12元，其中农户交保费是2.4元。贫困户种植的油茶每亩保额1100元，每亩需要交保费6元，茶叶每亩保额2000元，农户每亩需要交保费7元；贫困户种植的小麦、玉米、菌类、棉花、果树、蔬菜、中药材和养殖的牛、猪、羊、驴、禽类等，按照建档立卡贫困人口40元/户标准进行收费。

在面对损失时，水稻、花生的种植保险将按照符合生产物化成本的投入规律的不同生产期赔偿标准进行。水稻返青—分蘖、拔节—抽穗、扬花—成熟生长期的赔偿比例分别为60%、80%、100%；花生的种植保险苗期、开花下针期、结荚期、成熟期的赔偿比例分别为40%、60%、75%、100%。水稻、花生、油菜、油茶、小麦、玉米、菌类、棉花、果树、蔬菜、茶叶、中药材以上作物损失率达到30%（含）以上开始进行赔偿，当投保作物损失率在80%（含）以上的应视为全部损失。被保险的大牲畜类、禽类死亡将会据实赔付，每户贫困户在所有产业覆盖的情况下，赔付金额不超过最高限额15000元。

2. *产品创新：开发特色人险*

如果参加了人身意外伤害保险的群众因意外伤害受到损失的，将会由相关保险公司按照核定的损失程度足额支付保险金。如果贫困人口发生了因为疾病身故、意外身故、意外残疾、意外烧伤和意外医疗的情况，将按照建档立卡贫困人口270元每人每年的标准进行收费，其中中国人寿新县支公司下浮费率为220元每人每年，县财政出资为50元每人每年。

贫困人口疾病事故的赔偿金额为每人5000元，意外身故的赔偿金额为每人50000元，意外残疾赔偿金是每人50000元，意外烧伤的赔偿金是每人50000元，意外医疗的赔偿金是5000元。

3. 产品创新：开发特色财险

贫困户农村住房保险是按照50元每人每年标准收费。农村优抚对象人身意外险则按照年龄阶段不同实施差异化收费。而10处美丽乡村示范点及红色旅游景点公众责任险按照1.5万元每处每年的标准进行收费。

贫困户农村住房意外倒塌的保额为每处5万元；10处美丽乡村示范点及红色旅游景点公众责任险，每人每次赔偿限额10万元，其中财产损失限额为2万元。

同时，根据中央和河南省有关农业保险保费补贴政策，新县作为非产粮大县地区，水稻、花生、油菜保险需中央、省、市、县财政补贴和农户的保费负担比例为40%、25%、5%、10%和20%。为减轻农户经济负担，缓解自然灾害带来的损失，防止因灾致贫、返贫，新县政府决定将水稻、花生、油菜种植保险保费农户自缴部分和建档立卡贫困户应交的油茶、小麦、玉米、菌类、棉花、果树、蔬菜、茶叶、中药材、牛、猪、羊、驴、禽类等保费，贫困对象和优抚对象人身意外伤害，贫困户农村住房，部分美丽乡村示范点及红色旅游景点公众人身意外伤害保险费用统一由县财政负担，这些政策极大地减轻了贫困户的经济负担，使贫困户在面对机遇时，更加积极主动地去脱贫致富[1]。

2018年，根据省级核查结果，新县的综合贫困发生率为1.36%，符合贫困县退出综合贫困发生率低于2%的标准，新县在完成县级申请、市级初审、省级核查程序后，退出了贫困县的行列，实现了脱贫致富的梦想。

三、安徽省太和县医保——健康脱贫"保护神"

（一）太和县简介

太和县位于安徽省西北部，辖24个镇、7个乡和1个省级经济开发区，总面积1822平方公里，耕地172万亩，总人口171.2万，太和县全县贫困人

---

[1] 参考《新县2017年农业保险扶贫工作实施方案》。

口共有 148800 人。其中 2014 年、2015 年参与建档立卡贫困人口数为 51507 人，2016 年、2017 年、2018 年建档立卡贫困人口数增加至 97293 人。属于国家级贫困县之一。

在面对众多困难户越来越强烈的致富愿望下，太和县与保险公司共同协作，制定了太和县精准扶贫综合保险医疗部分结算补偿方案，以"保、治、防、提"为抓手，为防止贫困人口因病致贫、返贫，助力健康脱贫而不断努力。

为了全面建设贫困户的健康医疗服务体系，保障贫困病人的切身利益，太和县县委、县政府采取了一系列强有力的措施，建立"基本医保+大病保险+医疗救助"三重保障制度，将贫困人口全部纳入医保范畴。太和县政府还有针对性地为贫困户提供了治疗保障和健康管理服务，有效解决农村贫困人口在购药看病遇到的困难。同时，太和县政府还全面加强重点疾病防控网并提升了基层医疗服务网，使得太和县贫困人口的县内就诊率达到 93.38%，位居全省前列，基本上实现了"小病不出村、一般病不出镇、大病不出县"的医疗健康脱贫服务目标。

（二）太和县医保

为帮助贫困人口脱贫，健康问题不再成为贫困户的后顾之忧，太和县创新精准扶贫综合保险，将贫困户大额医疗支出、农业生产、人身意外伤害、家庭财产安全等全部纳入"一揽子"保险保障政策中，覆盖了全县 14.88 万贫困人口，构建起了牢固的稳定脱贫保障机制，对个人自付较多的贫困人口医疗费用再次补偿。

贫困人口医疗费用经"三保障一兜底"后的剩余费用部分采取不同比例分段补偿，再次减轻了贫困人口对医疗费用的负担。

1. 省内就医

贫困人口如果是在省内就医，在享受基本医疗保险、大病保险、医疗补救助及兜底保障后，当个人年度累计自付费用超过 3000 元时，超出的部分实行按照比例分段补偿，分别为：0~1 万元（含），补偿比例 60%；1 万~2 万元（含），补偿比例 70%；2 万~10 万元（含），补偿比例 80%；10 万元以上，补偿比例 90%。每人每参合年度累计最高补偿限额可以达到 30 万元。结算时，将由农合系统将补偿信息推送至贫困人口就诊医疗机构，资金由医疗机构垫付，贫困人口仅需支付个人自付部分；随后农合系统将会把就诊信息推送至保险经办机构，最终由保险经办机构和医疗机构定期结算资金。而对于在省外就医的贫困户，在享受基本医保、大病保险、医疗救助保障后如果个人年度累计自付合规费用超过3000元时，超出的部分将会按照比例分段进行报补：0~1万元（含），补偿比例60%；1万~2万元（含），补偿比例70%；2万~10万元（含），补偿比例80%；10万元以上，补偿比例90%。每人每参合年度累计最高补偿限额30万元。

2. 省外就医

与省内就医稍有不同的是，省外就医在结算时由农合系统计算出补偿金额并将信息推送至保险经办机构，保险经办机构获取信息后进行支付。根据太和县健康扶贫的要求，2016年、2017年、2018年建档立卡贫困人口年度就诊实际补偿比要达到90%，如果年终农合系统统计出的实际补偿比并未达到90%的话，则需进行一次性再报补，根据实际补偿比与目标补偿比的差额测算出需要再次报补金额，而后执行再次补偿。同时，居民医保中心提取也需要再次补偿名单并支付至就诊贫困人口，再由保险经办机构与居民医保中心结算。如果是由于贫困人口死亡或者信息错误而导致农合无法支付的情况下，保险经办机构将借助各村保险服务人员的协助进行信息更新以及重新识别等工作。

（三）**医保再保障工程**

为了更好地帮助县内贫困人口，在精准扶贫综合保险之后，太和县政府还建立实施了大病患者综合医疗保险再保障工程。

这项工程累计投入了2513万元，是为了全县农村居民办理商业保险，对省内就诊大病医疗支出而实行的"1579"再补偿和"2567"再补充。其中的"1579"再补偿指的是经过城乡居民基本医保、大病保险、民政救助报销后，如果个人自付合规费用仍然超过1万元以上的部分将给予分段累计按50%、70%、90%比例进行再补偿。"2567"再补充指的是经"1579"再补偿后，年度累计合规费用个人自付仍然超过2万元，超过的部分将给予分段累计按50%、60%、70%比例再补充，年度再补偿实行10万元封顶制度。

原则上，对于转诊到省外就医的贫困户实行"2567"政策。省内住院贫困人口，年内治疗合规费用个人自付部分不超过3000元。免除建档立卡贫困人口新农合个人缴费部分。免费为每个贫困户确定1名乡镇卫生院医生和1名乡村医生共同签约服务，开展日常健康体检。今年1—5月，太和县贫困人口住院治疗达到20005人次,报补费用为11157万元,报补比例88.5%;慢性病门诊就诊有71952人次,报补费用2001万元,报补比例96.8%。使贫困户面对疾病不再有"看病难、治病难"的问题①。太和县税镇镇贫困户时明高2017年因冠心病两次入院治疗,在享受健康脱贫政策报销后,他又分别得到2000元、600元的理赔金,大大地减轻了家庭负担。

(四)太和县医保实施效果

扶贫工作任务繁重,对管理的要求较高,而且一些地方存在专业化和信息化程度不高等问题,这为扶贫工作又增加了难度。而太和县通过保险来介入扶贫领域,创新性地健全贫困人口风险管理体系,基本覆盖了贫困人口日常生产生活中可能遇到的各类风险,并提供了充分的保障支持,在为贫困人口及时防范风险、提供补偿的同时,也有效减轻了基层政府工作、资金等方面的压力,提升了政府扶贫治理的能力和效率。

第三节 证券业金融扶贫经典案例介绍

一、湖北省安化县"2+3"走出致富路

(一)安化县情况简介

湖北省安化县地处湘中偏北,地域面积排在全省第三位,总面积达4950平方公里。县境内高山叠嶂,峰峦挺拔,土地肥沃,适宜各种作物生长。但是,得天独厚的自然环境和丰富的资源并没有使安化县摆脱贫困,仍属于国家级贫困县的行列。

据统计,截至2016年,安化县人口达102.96万,下辖18个镇,5个乡,而其中贫困村有130个、贫困户为30186户、贫困人口为105645人,是国家扶贫开发工作重点县、武陵山片区区域发展与扶贫攻坚试点县。

针对安化县贫困的现状,安化县人民政府做了一系列基础工作,首先加强了在道路、水电等方面的基础设施建设,在着力推进项目建设的同时,致力于构筑良性发展体制,这为接下来与方正证券的扶贫合作奠定了基础。

2016年,方正证券股份有限公司与安化县人民政府签约精准扶贫战略合

---

① 参考《太和县人民政府办公室关于印发太和县精准扶贫综合保险医疗部分结算补偿方案的通知》。

作计划。为了更好地帮助安化县，精准挖掘和对接安化金融需求，方正证券建立了"2+3"的扶贫模式。

（二）"2+3"扶贫模式

安化县的"2+3"扶贫模式中"2"是指金融扶贫、产业扶贫，"3"则是指消费扶贫、教育扶贫、公益扶贫，从多个方面为安化县打赢扶贫攻坚战提供服务和支持。

1. 安化县存在的问题

安化县自然条件优厚，盛产药材、茶叶、烤烟等，但由于受到了"以粮为纲"思想的约束，居民的商品经济意识不浓，众多有用资源并未得到合理开发；另外，已开发资源没有充分发挥其使用价值和经济效益，存在着利用率、产品率低等问题。

2. "2+3"扶贫模式的做法

为更好地把握安化县的情况进行精准扶贫，方正证券搭建了扶贫工作领导小组、扶贫工作部、挂职干部及金融扶贫工作站的四级扶贫工作体系，通过这样的方式方法，方正证券进一步地高效推进了对安化县的精准扶贫工作，履行自身的社会责任，也实现了公司各项机构业务与扶贫工作的良好对接。

2016年12月26日方正证券设立的扶贫工作部是公司的一级部门，全面负责方正证券及7家子公司对于精准扶贫工作的统筹管理和落实。方正证券还根据扶贫工作部的职责，划分了4个小组，包括外派组（挂职干部）、金融产业组（负责金融、产业、教育扶贫）、非金融产业组（负责公益、消费扶贫）、支持管理组等。细致的划分使得方正证券的扶贫工作更加精确全面，得到了安化县政府以及民众的一致好评。

在深入调研了解安化县的情况之后，方正证券立足于安化县的产业基础，为安化企业和特色产业发展提供财务顾问服务，对安化企业加强融资辅导和培育。

3. 安化茶叶"2+3"案例

安化县是全国茶叶主产区之一，茶园面积和茶叶产量都居于国内首位，同时也是国家茶叶出口基地。方正证券利用专项扶持政策，为安化符合条件的企业通过股权市场、货币市场和债券市场等进行融资服务，进一步帮助企业进行规范管理，促进安化黑茶跟资本市场的对接。在方正证券的帮扶下，安化黑茶产业不断发展壮大，其聚集区获批全国知名品牌创建示范区，安化黑茶夺得米兰世博金奖，安化红茶成功注册地理标志证明商标，安化黑茶、白沙溪、华莱健都被认定为中国驰名商标。

除了在产业上对安化县进行帮扶外，方正证券还为安化县东坪镇大湖村村里的 30 位建档立卡贫困户带来了丰厚的生活物资和慰问金，对贫困户进行了直接的资金物资援助，助力其脱贫致富。方正证券也曾对安化县的教育进行帮扶，翻新了教学楼和操场，启动了"每天一个鸡蛋"的营养餐工程，点点滴滴地关怀当地孩子们的学习和生活，帮助其健康成长。

在下派人员到安化县进行挂职后，方正证券立即践行了自己消费帮扶的承诺，采购了货值 60 万元的安化黑茶作为员工福利。在 2017 年，方正证券还梳理、调研了安化县当地特色产品，不仅将其推荐至中证互联消费扶贫板，还再次爱心采购安化黑茶和其他特色产品。2016 年底，方正证券引进湖南草花互动网络科技有限公司落户安化，合同约定每年可为安化带来 2000 余万元税收；今年，安化与中证互联、中证焦桐基金分别签订了合作协议，也在与长重环保、加加食品、经阁型材等洽谈其前来安化落户发展的规划。在协助安化县委、县政府内引外联、招商引资的过程中，方正证券为安化经济发展和企业产品销售提供了一个新途径。"安化产业发展基金"也在筹备当中，该基金现打算由方正证券、省级平台以及县级企业联合发起设立，成立后的基金会重点投向黑茶、旅游这两个安化优势产业。与此同时，方正证券还在与国投创益产业基金等国家级和省级机构保持接洽，共同协商在安化设立扶贫基金，以方便投资安化县的相关产业和企业。方正证券还承担起了政府平台公司债券的发行工作，有效地保证了安化县基础设施建设和产业发展资金的投入。

（三）安化县"2+3"扶贫模式成效

2017 年，安化县成功实现了 39963 名贫困人口脱贫、65 个贫困村退出贫困行列的优秀成果。今年年初，安化县县委、县政府把脱贫攻坚作为第一优先级的任务，吹响了全面消灭贫困的冲锋号。根据部署，今年安化县工作目标是实现 5.4 万名贫困人口脱贫、65 个贫困村退出贫困序列，并树立了在今年年底摆脱贫困县行列的任务。作为帮助安化县发展的功臣，方正证券在此过程中不断整合自身的优势资源，"以产业、金融扶贫为点，以教育、消费、公益扶贫为面"，切实履行社会责任，为助力精准扶贫发挥积极作用，为安化县的胜利果实做出了巨大贡献。

二、云南省龙陵县证券业企业联动——幸福生活"精细"出来

（一）龙陵县情况简介

云南省龙陵县地处怒江、龙川江两江之间，总面积 2884 平方千米。全县辖 3 个镇、6 个乡、1 个民族乡。县政府驻龙山镇，全县境内丘陵起伏，河流纵横，地形复杂，属于国家级贫困县之一。

龙陵县的县域经济并不发达，是国家扶贫开发工作关注的重点县，目前全县有 1 个贫困乡镇、18 个贫困村、6164 户 23118 名建档立卡贫困人口，贫困发生率为 9%。

为了帮助贫困户致富，加快龙陵县地区的经济发展，国信证券在结对帮扶工作中，充分利用了行业的优势，探索出了一条新的道路，在龙陵县政府的支持下，通过与当地企业的联动，由"粗放式"到"精细化"的龙陵致富道路。

（二）"精细化"扶贫模式

为摆脱贫困的现状，龙陵县成立脱贫攻坚指挥部，从易地搬迁、危房改造、教育扶贫、产业扶贫、就业扶贫、人居环境整治等多个方面制定政策、采取行动，派出了 6500 余名干部，分批次到扶贫户家中与其同吃同住同劳动，从基层体察民情，帮助贫困户排忧解难。同时，龙陵县也开创了新的扶贫方法，以奖励代替补贴的形式，激励群众发展产业，使贫困户积极主动地采取脱贫方法。龙陵县的政策方法做好了脱贫的基本工作，解决了贫困户在实际中遇到的难题，这为国信证券在接下来的扶贫工作奠定了坚实的基础。

国信证券在对龙陵县的帮扶过程中，利用自身证券行业的优势，充分发挥了资本市场中介机构职能，创新金融扶贫模式，通过支持贫困地区企业利用资本市场资源的方式方法来培育贫困地区自我发展能力。投资银行业务是证券行业服务实体经济发展和供给侧改革最直接、最有效的手段，同时也是证券公司有别于其他金融机构的特有行业优势。国信证券通过加强对贫困地区重点企业的辅导，借助资本市场支持当地产业升级和经济结构转型；帮助龙陵县的企业对公司的运营管理进行规范，支持当地企业进行 IPO 融资和并购重组；在股权融资、债券融资、并购重组、资本投资等各个领域，也通过自身的影响力帮助当地企业打开市场销路，提高龙陵县利用资本市场进行经

济发展的能力。在扶持帮助企业的同时，也对龙陵县的贫困户进行支持，引导其培育和发展特色产业。目前在龙陵县，精准扶贫石斛种植项目称得上是当地最具有扶贫代表性的范例之一。

为了切实增加贫困农户的收入，带动龙陵县的贫困户脱贫增收，国信证券捐赠100万元用于精准帮扶龙陵县部分建档立卡贫困户，扶持当地50户建档立卡的贫困户180人在极斛杨梅山的石斛基地进行种植石斛，一共计划种植50亩500万株石斛。精准扶贫石斛种植项目建设计划总投资达500万元，其中，由国信证券出资100万元，其余的资金部分，由龙陵县的企业云南极斛生物科技有限公司出资。在该项目中，这50户农户将得到由国信证券所捐助的每户2万元的资金。国信证券与云南极斛生物科技有限公司合建的这50亩示范基地，不论盈亏与否，都会按每户2万元投资计算，云南极斛每年都会给贫困户提供10%的固定收益，即每户每年为2000元，分红年限为2018年9月1日至2028年8月31日，一年进行一次兑付。同时，公司与贫困户将签订投资分红协议，当10年协议期满后，公司会将每户2万元的本金退还给50户贫困户。如果需要继续合作，到期后双方将另行签订协议[①]。在此过程中，云南极斛还会负责对贫困户的管理、种植指导并完成收购，以帮助贫困户增加家庭收入，实现精准脱贫。为了帮助云南极斛打开销路，今年7月，国信证券利用自身的影响力和号召力，带领了数十名大客户前往龙陵县进行调研，在与当地中小企业主座谈交流，了解当地特色中小企业创业情况后，对他们的发展建言献策，并广泛发动社会各界力量参与扶贫攻坚中来，支持龙陵县优势产业的发展，间接对贫困户的收入起到了帮扶作用。国信证券在扶贫过程中，最大限度地发挥扶贫资金的作用和自身优势，利用贫困地区的现有特色资源，瞄准市场需求，力求将贫困地区的资源和生态优势转化为产业优势，这样不仅能取得稳定的回报，还能实现经济的可持续发展。

（三）龙陵县"精细化"扶贫成效

作为资本市场的建设者和国民经济发展的参与者和推动者，国信证券在准确把握新形势下脱贫攻坚的新任务、新要求的同时，以资本市场服务产业扶贫为重点，不断完善扶贫机制，做到资金使用精准、项目安排精准、措施到户精准、脱贫成效精准，不断增强贫困地区自我发展能力。国信证券助力

[①] 参考《关于下达龙陵县2018年（国信证券公司）精准扶贫石斛种植项目事业计划和加强资金管理的通知》。

扶贫攻坚战略，从基层为贫困户开拓新的致富道路。截止到2017年12月，龙陵县的农业经济稳步增长，农业总产值达到了13.28亿元，实现增加值8.84亿元，增长6.83%；通过培育农业规模化经营主体，实现农产品加工产值11.16亿元，增长17%。与此同时，龙陵县的特色产业发展取得实效，新型农业经营主体培育步伐加快，还与品斛堂生物科技有限公司签订了上市辅导协议，帮助其正式地启动IPO。国信证券对龙陵县的扶贫，使贫困户在家门口就能就业，收入得到提升的同时又多了一份保障，这也为更多贫困地区打赢脱贫攻坚战提供了借鉴和参考意义。

第四节　金融扶贫经典组合案例介绍

一、内蒙古莫旗"保险+期货+订单农业"——收益不忧心

（一）莫旗情况简介

内蒙古自治区莫力达瓦达斡尔族自治旗（以下简称莫旗）位于内蒙古自治区呼伦贝尔市东部，是全国唯一一个达斡尔族自治县，辖13个乡镇、4个办事处、220个行政村，总人口34万人，同时莫旗也是国家级贫困县行列中的一员。

莫旗年产可达到大豆15亿斤以上，以县为单位的大豆产量居于全国之首，素有"大豆之乡"的美称。2018年气候干旱，自大豆播种以后一直未有有效降雨，当地农户今年的收益不能得到有力的保证，据此，"保险+期货+订单农业"的模式应运而生。

（二）"保险+期货+订单农业"模式

为帮助莫旗脱贫致富，中粮期货有限公司、人保财险股份有限公司、内蒙古呼伦贝尔莫旗兴达米业有限公司在大连商品交易所的支持下针对莫旗大豆共同推出了"保险+期货+订单农业"的扶贫模式，该项目在今年已在大连商品交易所"农民收入保障计划"中备案成功并顺利出单。

1. "保险+期货+订单农业"模式内容

"保险+期货"模式指的是农业经营者或者企业为了规避市场价格风险向保险公司购买期货价格保险产品，而保险公司通过向期货经营机构购买场外

期权将风险转移，期货经营机构利用期货市场进行风险对冲的业务模式。这对于农户来说，是一种操作性较强且行之有效的避险方式，把农民面临的价格风险转移至期货市场，相当于间接地利用了期货市场进行风险管理，这为农业的发展提供了保障。而莫旗在原本"保险+期货"的模式上又增添了"订单农业"，为农户提供了销售渠道，全方位地建立了农民收入保障体系。

2. "保险+期货+订单农业"模式开展情况

该项目服务对象是莫力达瓦旗春英大豆种植专业合作社、莫力达瓦达斡尔族自治旗九兄妹大豆种养殖专业合作社和阿荣旗晟昱家庭农场有限公司，所涉及的大豆现货量达到了 8419 吨。为保证可以准确地把控农户的需要，为农户争取到最大的利益，中粮期货和人保财险在对合作社和种植户进行走访的过程中，共同对合作社 2018 年生产经营计划、价格及需求风险进行细致的分析和整合。扶贫的重点是解决合作社收入保障需求，因此最终在解决卖粮难的问题上，除了采取传统的"保险+期货"模式保障合作社种植收益的同时，还结合了"订单农业"的创新方式，引入了内蒙古呼伦贝尔莫旗兴达米业有限公司作为粮食收购方。

内蒙古呼伦贝尔莫旗兴达米业有限公司，成立于 2007 年 9 月，是具有独立法人资格的大型农业产品化粮食深加工企业，公司具有中央储备粮和市级储备粮的承储资格，主要从事优质水稻的种植、收购、生成加工及销售，同时兼营大豆、玉米，收购储存及深加工业务，值得信赖。在这次项目中保险公司通过购买中粮期货风险管理子公司中粮祈德丰（北京）商贸有限公司的场外期权进行专业价格再保险；中粮祈德丰（北京）商贸有限公司则利用期货复制期权将大豆的价格风险转移到期货市场中；合作社通过与莫旗兴达米业签署《委托种植及粮食回收》协议的方式，由当地龙头企业兴达米业对合作社进行委托种植和产出的大豆进行托底的收购，有效地解决了合作社在大豆产出后销售困难的问题，满足莫旗农户多层次风险管理需求，有力地保证了农户的利益，避免了因为自然等因素而可能造成的经济损失。

中粮期货自 2013 年起开始稳步探索场外期权类风险管理服务模式，已构建完善的业务运营和风险管理体系，具有丰富的经验。2016 年以来，中粮期货连续参与交易所的"保险+期货"项目，始终坚守在"保险+期货"试点一线，不断地总结经验、摸索和探寻可行模式优化"保险+期货"。

在莫旗的项目中，中粮期货通过积极走访、了解农户、合作社和农业企业的需求及困难,借助自身集团产业链及其他方的优势来形成合力,共同助力新型农业经营主体,为农户打造从种植、销售、风险管理的有效结合,从农业生产的产前、产中、产后形成有机衔接的产业链条,打造了完整的金融农业生态圈,通过与保险公司的优势互补、有效衔接,期货公司及其风险管理子公司创新性地解决了期货市场支农惠农以及助力精准扶贫的"最后一公里"问题。在莫旗对"保险+期货+订单农业"的灵活运用保障了农户的利益,真正实现了"谷贱不再伤农"。

(三)莫旗"保险+期货+订单农业"成效

莫旗"保险+期货+订单农业"模式的成功实践为下一步中粮期货与各合作方稳步推动项目保证试点,做好农业危险办理的训练和宣扬提供优秀范例,在实在引导和钱别期货市场更好的效劳"村庄复兴战略"和"三农"具有重要意义,也为其他贫困县在考虑利用金融产品组合扶贫方面提供了经验,并给其他机构对贫困地区进行帮扶时提供了新的思路和借鉴意义。

二、新疆五十一团"保险+期货+银行"——生产经营有保障

(一)五十一团情况简介

新疆生产建设兵团农三师五十一团是以少数民族农户为主的贫困团场,一直以来该团场的发展情况都受到广泛的关注与重视。五十一团位于塔克拉玛干大沙漠的西部边缘,这里昼夜温差大,降水稀少,这给当地的农业发展带来了相当大的困难。为了更好地帮助农户规避风险、保障农户的利益,今年年初,建信期货有限责任公司、中国建设银行新疆自治区分行联合新疆生产建设兵团棉麻公司共同制定了"保险+期货+银行"的综合性帮扶模式,这为当地的农户生产经营建设提供了保障。

(二)"保险+期货+银行"模式

1. "保险+期货+银行"模式内容

"保险+期货+银行"模式可以有效利用期货市场的价格发现和对冲风险的机制,完善传统的再保机制,而引入了商业银行是对目前"保险+期货"项目进行的延伸探索,试点地区项目通过与商业银行进行合作,向有融资需求的农户发放贷款。

新疆生产建设兵团农三师五十一团的农户基本操作是首先购买相关的保

险产品，使自身的收入得到保障，同时也使得信用水平得到提升，而后银行将会通过信用评估对那些需要资金进行农业生产的农户发放贷款，解决他们的困难。另外，保险公司也购买了期货公司的看跌期权产品来进行"再保险"用以对冲可能面临的赔付风险，而期货通过期货市场交易转移和化解市场的价格风险。就这样，"保险+期货+银行"的模式实现了多方的互利互惠，提高了对农户的服务能力。

2. "保险+期货+银行"模式开展情况

在"保险+期货+银行"的模式下，五十一建设兵团有584户维吾尔族棉农进行了投保，投保的棉花达到了1000吨，种植面积有8510.1亩，保险金额更是达到了1580万元，而此次五十一兵团农户所需要提交的保费是由郑州商品交易所和建信期货所提供，并不收取师、团及农户一分钱的保费。

该项目的保险期为2017年9月至12月，在此期间内，项目对棉农的赔付采价与郑州交易所的棉花期货1801合约相互挂钩，如果到期赔付采价低于15800元/吨的保险价格的话，那么保险公司会将差额部分对农户给予赔付；如果赔付采价高于保险价的话，则不会进行赔付。自从9月五十一建设兵团的农户对棉花进行投保后，棉花的期货价格就一路走低，最高时每吨下跌幅度超过1200元，但是由于已经提前进行了投保，因此农户并没有遭受到因价格下跌而造成的经济损失。建信期货利用棉花期货对棉花价格下跌的风险进行了对冲操作，这样在确保了棉农利益不受损失的同时，还产生了一定的收益。最终，584户棉农共领取到了82.7万元保险赔付金，平均每户获得的赔付金额有1416元，这占到当地农户人均年收入的18%，通过新的"保险+期货+银行"的模式规避了棉花价格下跌的风险，达到了精准扶贫的目的。

12月27日，在新疆喀什地区图木舒克市农三师五十一团五连，新疆生产建设兵团棉麻公司举行了兵团棉花价格"保险+期货+银行"精准扶贫试点项目赔付仪式。五十一团五连的棉花种植户苏莱曼·买买提在领取到2270元的赔付金后心情非常激动，不住地夸赞着这种新的政策模式。

（三）五十一团"保险+期货+银行"成效

新疆生产建设兵团五十一兵团从棉农的利益保障出发，运用"保险+期货+银行"的业务为农户提供了棉花种植的启动资金的同时，还提供了直接的价格保险，通过"保险+期货+银行"的业务将当地农业产业有效引导到期货市场,这种模式激发生产者参与风险管理的动力,让农户化被动为主动,真正地做到了将扶贫工作和期货市场相结合,达到了精准扶贫的效果,彰显了期货行业的独特价值。"保险+期货+银行"精准扶贫项目在设置了资金提供和底价收购的基础上,又向农户提供了看涨期权,完善了棉花目标价格补贴政策,使农户的实际收入得到保障。近年来,棉花价格波动不断加大,稳定棉农收入成了帮助以棉花为主要产业的贫困地区脱贫致富所面临的重大难题。新疆生产建设兵团五十一兵团的项目在"保险+期货"的传统架构基础上,创新性地引入银行作为合作方,为投保人在授信等综合金融服务方面给予优先支持。同时充分发挥了银行在涉农产业链上的客户优势和信息优势,为农业发展提供更多对接资源,这样进一步增强了对贫困地区农户的扶贫力度,也提高了对涉农企业和农户的保障能力。这一创新举措得到了郑州商品交易所的肯定与支持,也为后续产品的进一步升级奠定良好基础并提供了新的思路。

在新疆生产建设兵团农三师五十一兵团进行的"保险+期货+银行"项目试点获得了圆满的成功,在此过程中,无论是农户还是保险、期货、银行都从中有所收益,多方共赢得益于建行集团综合化金融协同服务优势的充分发挥和各方面的配合支持。

(四)"裕农通"成效

建行新疆自治区分行和建信期货团队除了为项目提供基础的价格保障服务之外,还利用了"裕农通"系列的普惠金融产品,为投保农户优先提供了综合全面的金融服务,增强了项目特色。这款由建设银行推出的"裕农通"普惠金融服务的初衷是深入贯彻落实中央大力发展普惠金融工作要求,践行普惠金融,履行国有商业银行社会责任,解决"县域金融机构覆盖率低、可提供的金融产品和服务结构单一、基础民生服务便捷度较差"等社会痛点问题,它可以为农村客户提供助农取款、转账汇款、便民缴费、消费结算、贵金属等综合金融服务,使农户足不出村就可以享受"转、取、汇、缴、查"等基础金融服务并具有费用"五免"优惠政策。在精准扶贫的过程中,建设银行借金融科技之手,不断升级"裕农通"普惠金融服务,全方位地对贫困地区的农户进行帮助,让农户的生活更美好,让农村更美好。

三、海南省琼中县"保险+期货+合作社"——规避风险好方法

（一）琼中县情况简介

海南省琼中黎族苗族自治县（以下简称琼中县）地处海南岛中部，面积2704.66平方公里，下辖99个建制村、8个社区、521个自然村，626个村民小组、10个居民小组。这里雨水充沛，气候温和，很适合橡胶树的生长。

琼中县共有38万亩的橡胶园林，民营的橡胶产量排在了全省第三位，是当地的支柱产业，也是当地扶贫工作的重要依托。琼中福岛橡胶专业合作社是海南较大的橡胶合作社之一，有社员1000余人，橡胶的种植面积达到了24000亩[①]。而近些年来橡胶价格整体出现了大幅下滑的情况，这给天然橡胶产业的稳定发展带来了极大的威胁。2016年，虽然天然橡胶价格有明显回升，但是价格的大幅波动，也给天然橡胶生产收益带来很大的潜在风险，再加上橡胶生产成本的上升，严重影响了橡胶正常生产以及胶农种植的积极性。

为了保证琼中县胶农的利益，帮助当地贫困户摆脱贫困，海通期货联合中国人民财产保险股份有限公司与海南琼中福岛橡胶专业合作社签署协议，形成了"保险+期货+合作社"的扶贫模式，帮助当地农户规避价格风险，提高贫困户的收入。

（二）"保险+期货+合作社"模式

1. "保险+期货+合作社"模式内容

此次海通期货为海南琼中福岛橡胶专业合作社提供的服务形成了"保险+期货+合作社"的扶贫新模式，首先由海通期货为合作社提供保险费用，中国人民财产保险海南分公司提供保险产品，随后海通期货风险管理子公司海通资源利用场外期权转移农产品价格下跌风险。

针对琼中县的实际情况，保险公司开发出了合适的农产品价格保险产品，参与农业合作社的农户通过购买保险公司的农产品价格保险产品，来确保和稳定自身的收益；保险公司通过购买期货公司场外看跌期权产品来对冲赔付风险，达到"再保险"目的；期货公司则利用其专业操作优势在期货市场进行相应看跌期权复制，从而转移和化解市场价格风险，并通过权利金收益获取合理利润，最终形成风险分散、各方受益的共赢局面。合作社作为新型的

---

① 参考中国期货协会网站。

农业经营主体，是众多农户的代表，与个体农户相比，合作社的风险意识要更强，特别是在前两年"保险+期货"的试点效果的宣传与推广下，对于保险和金融的作用合作社十分认同；同时，合作社对农户有着较强的组织和影响力，可以起到较好的纽带作用，在其带动和鼓励下，农户对于新的模式的参与意愿也会更加强烈。

2. "保险+期货+合作社"模式开展情况

2017年2月17日，海通期货及海通资源与琼中福岛橡胶专业合作社正式执行橡胶场外期权保险方案，将保险期间的天然橡胶均价锁定在每吨18335.8元，依据合约约定，保险期间橡胶均价如果低于每吨18335.8元时，胶农们将会获得海通期货的保费补偿。为了保障胶农的种植收益，同时考虑到橡胶价格波动较大，单一结算模式可能很难为胶农提供切实的保障。因此，在综合考虑保费金额和割胶周期等因素后，期货公司决定选用能很好覆盖割胶周期的5个月亚式期权，并将其拆分成两个阶段，分两次进行期权价格结算。第一阶段为6月28日至9月29日，共承保1500吨干胶；第二阶段为10月9日至12月8日，共承保800吨干胶。第一阶段项目起始期货价格为每吨15105元，则行权价设定为每吨15105元，如果第一阶段（9月29日）标的期货合约的收盘价为每吨17000元，第一阶段承保期内均价为每吨16000元，那么对胶农们将不会产生赔付；如果第二阶段期初（10月9日）标的期货合约的收盘价为每吨17000元，那么行权价格将会调整为每吨17000元（17000×100%=17000）。当第二阶段（10月9日至12月8日）的均价为每吨16500元，则可产生赔付（17000-16500）×800=400000元的赔付金。如果第二阶段期初（10月9日）价格低于第一阶段期初（6月28日）标的价格时，则不予调整①。通过这种方式就可以在橡胶价格高位振荡时，及时提高行权价格，从而保护农民利益不受损害。

（三）琼中县"保险+期货+合作社"模式成效

海南琼中县的项目是国内第一个以橡胶为标的进行的"保险+期货"项目，并在此基础上与当地的合作社共同协作。这种独创的"保险+期货+合作社"的模式所带来的成效有以下五点：

一是可以发挥期货市场价格发现功能优势。因为期货市场对规避农产品

---

① 参考搜狐财经。

价格波动风险、价格发现以及引导农业生产等服务"三农"方面可发挥十分重要的作用。而且，期货市场价格发现的功能，可以避免生产的盲目性，为农民有目的地种植提供依据。在播种季节，期货公司可以根据期货价格，为农户种植作物提供建议，合理安排农产品种植结构，以获取更大的效益。

二是可以发挥期货市场规避风险功能优势。期货公司可以为贫困地区涉农企业开展套期保值业务培训，提供期货市场交易专业化服务，指导他们在期货市场开展套期保值，分散价格风险，避免价格波动损失，进而锁定利润。

三是可以发挥期货公司与交易所的资源优势。期货公司可以帮助贫困地区符合条件的涉农仓储企业向交易所申请设立交割仓库，为涉农主体提供合作套保、仓单质押、仓单回购等专业定制化服务。

四是可以发挥"保险+期货"创新模式优势。"保险+期货"模式很好地适应了农产品价格市场化改革、农业补贴形式改革的迫切需要，充分发挥了市场在资源配置中的重要作用。期货公司作为"保险+期货"模式重要参与主体，可结合自身特点，联合保险公司，充分发挥风险管理专业优势，设计针对农产品价格的保险和场外期权产品，帮助贫困地区涉农企业将价格风险转移到期货市场。

五是合作社直接代表农民群体，这样有利于在采购时降低农产品成本、保证农产品质量，同时增加了农民的谈判力量和话语权，有利于促进销售。合作社的存在还能够使农户们更加方便地获得信息和技术服务，提高对市场反应能力，以及农产品科技含量和品质。

第六章
金融扶贫实践成效分析

金融使得资源配置总量和配置效率直接决定了经济的发展水平,因此,各个正处于贫困状态的乡村及其农户所能够获得的金融资源,在一定程度上决定了金融扶贫工程的成败。

近些年来,在国家的大力支持和各地方政府的努力下,我国的金融扶贫工程在诸多方面取得显著成效。

第一节 金融扶贫提升基础设施建设

自脱贫攻坚号角吹响以来,金融扶贫作为扶贫的一支举足轻重的力量,取得的成效已经远远超出了"资金漫灌"的简单范畴,而是上升到了精准关注民生、支持全县经济社会发展等方方面面。而如果真正想要达到标本兼治的效果,实现其强大的长效"造血"能力,发展特色脱贫项目、做好产业扶贫基础才是思忖深远之策。只有通过"输血"基础设施建设与"造血"产业基础培育,对于民生扶贫才能进行一场标本兼治的精准攻坚战。

一、推进贫困区交通运输构建

"要想富,先修路"。我国的绝大多数贫困地区位于交通运输等基础设施落后的地方,集中连片特困地区的基础设施尤其薄弱,这既是全国交通运输发展的"短板",也是国家扶贫攻坚的重点和难点,不便捷的交通情况严重制约了其与全国同步进入全面小康社会的进程。改革开放以来,集中连片特困地区交通基础设施建设虽然取得了较大进展,以铁路、公路、民航机场、邮政线路为骨架的综合运输网络正在形成,为经济发展、政治稳定、民族团结、边疆巩固、社会和谐发挥了重要作用。但是由于历史、自然、社会等多方面因素影响,集中连片特困地区交通运输发展与全面建成小康社会和人民群众脱贫致富的需求相比,还有不小差距。对外通道不畅,高速公路"断头路"

较多；国省干线规模偏小，技术等级偏低；农村公路水平不高，防灾抗灾能力薄弱；客货运输发展滞后，基本公共服务均等化水平亟待提高。

交通运输的基础性、先导性、服务性作用，决定了扶贫攻坚必须交通先行。金融扶贫的结对帮扶大多数国家级贫困县、贫困村，把集中连片特困地区作为交通扶贫的主战场，因此加快构建立体化、现代化的交通基础设施网络，尽快改变滞后面貌，提高自我发展能力，引导贫困地区改善空间布局、调整产业结构、扎实推进城镇化进程；有利于增强其承接国内和国际产业转移的能力，促进资源优势转化为经济优势，为破解发展困局、释放发展潜力、发挥后发优势奠定基础；有利于推进基本公共服务均等化，保障和改善民生，让贫困人口共享发展成果，促进社会和谐稳定。为尽快改变集中连片特困地区交通运输发展落后面貌，金融扶贫的过程中，充分考虑地区的自然条件、发展能力、环境承载力和经济社会发展特点，坚持实事求是、尽力而为、量力而行，因地制宜确定片区交通运输发展目标，当地的人民政府签署了合作共建协议，推动交通扶贫事业在新的历史起点上科学发展、跨越发展、创新发展。

据统计，到 2020 年，集中连片特困地区将初步形成以干线铁路、高速公路、国省干线、民航机场、邮政线路为骨架的综合运输网络，国家高速公路基本建成，具备条件的县城通二级及以上公路，具备条件的乡镇和建制村通硬化路（以沥青、水泥路为主）、通班车，基本建立农村物流服务体系，城乡客货运输服务效率明显改善，农村公路服务水平和防灾抗灾能力明显提高，交通安全和应急保障能力显著增强，交通运输基本公共服务主要指标接近全国平均水平，适应区域经济社会发展和全面建成小康社会的总体要求。

客货运输服务体系建设是贫困地区经济发展、居民出行的重中之重。在扶贫的过程中，金融机构利用自身优势，着力改善集中连片特困地区出行条件，提高交通运输基本公共服务能力。努力构建客运服务网络，统筹城乡客运发展，提高农村客运通达深度和安全水平，实现农村客运"开得通、留得住、有效益"，推进建制村通班车工程。努力构建货运及物流服务网络，推进农村生产生活资料配送网络建设，充分发挥农村客运班线分布广的优势，推进片区公路客运班车带运小件邮件、快件试点，推进与物流相配套的运输场站、仓储、信息平台等设施建设。发挥邮政系统在农村地区的基础网络体系、认知度和市场占有率优势，支持邮政企业全面参与农村物流网络建设，积极开展运邮合作和连锁配送业务。

对于某些河道密集地区，内河水运建设就是其交通命脉。因此，在扶贫过程中，加强具备条件的地区的对外水运通道建设，进一步完善区域内重要航道及库（湖）区水运基础设施，推进内河港口规模化、专业化发展，进一步适应区域物资水上运输需要。

在对交通基础设施进行建设的过程中，对于生态环境保护和安全能力建设也不能忽略。金融机构在项目实施时，充分考虑集中连片特困地区自然条件特点，把生态建设和环境保护作为区域交通发展的基本前提，把发展绿色循环低碳交通运输作为重要任务，灵活确定适宜当地特点的技术标准和指标，集约节约利用资源。在发展过程中，安全是第一位的，所以扶贫过程特别要强化安全发展理念，对危桥进行改造并增加安全防护设施建设，不断提高交通基础设施安全水平，从细节上确保人民群众安全便捷出行。

二、贫困地区水电工程全面搭建

在扶贫过程中，金融机构整合贫困地区金融资源，大力支持高标准农田、重大水利工程和农村"水电路气房讯"等基础设施建设，加快实施贫困地区农村饮水安全巩固提升工程，落实工程建设和管护责任，强化水源保护和水质保障，因地制宜加强供水工程建设与改造，显著提高农村集中供水率、自来水普及率、供水保证率和水质达标率，力图使到2020年时全面解决贫困人口饮水安全问题。同时，对贫困地区大中型灌区加快续建配套与节水改造、小型农田水利工程建设，实现灌溉水源、灌排骨干工程与田间工程协调配套。切实加强贫困地区防洪工程建设和运行管理。继续推进贫困地区水土保持和水生态建设工程。

电已经成为居民日常生活中不可缺少的一部分，在扶贫过程中，金融机构针对贫困地区缺乏电力的现象予以重视，实施贫困地区农网改造升级，加强电力基础设施建设，建立贫困地区电力普遍服务监测评价体系，引导电网企业做好贫困地区农村电力建设管理和供电服务。为了完成我国到2020年实现大电网延伸覆盖至全部县城的目标，各个金融机构在扶贫过程中大力推进贫困地区的"光伏扶贫"。目前，光伏扶贫已成为产业扶贫的重要抓手，同时也是打赢脱贫攻坚战的重要举措，为贫困地区脱贫攻坚培育了新产业，为壮大贫困村集体经济开辟了新路径，为解决贫困群众稳定脱贫提供了新手段。国务院扶贫办会同国家能源局，明确了村级光伏扶贫电站的"五个建设标准"：一是村级电站应建在建档立卡贫困村，受益对象以建档立卡贫困户为主;二是年等效利用小时1000小时以上;三是具备电网接入条件;四是电站不得负债建设、企业不得投资入股;五是产权归村集体所有,所有收益用于扶贫,主要采取公益岗位、小型公益事业、小微奖补等方式。2013年,安徽在全国率先开展了"光伏下乡扶贫工程"。2014年11月,国家能源局、国务院扶贫办联合下发《关于组织开展光伏扶贫工程试点工作的通知》后,除安徽外,河北、山西、甘肃、宁夏、青海等5个省区也开始光伏扶贫试点工作。今年,国家能源局还专门规划1.5吉瓦的指标用于光伏扶贫项目。由地方政府对户用和基于农业设施的光伏扶贫项目给予35%初始投资补贴,对大型地面电站给予20%初始投资补贴,国家按等比例进行初始投资补贴配置;同时光伏扶贫项目在还贷期内享受银行全额贴息。在此基础上,在淮安、徐州、合肥等地区安装建设兆瓦级以上的光伏扶贫电站。光伏发电系统建成后获得的收益将会投放到当地的基础设施建设和社保服务,补贴给有困难的百姓。光伏扶贫开启了扶贫开发由"输血式扶贫"向"精准扶贫"的转变,一次投入、长期受益。从光伏产业角度看,实现了拉动产业发展、光伏应用与农村资源的有效利用。

三、网络体系全面展开

经中央领导同志同意,中央网信办、国家发展改革委、国务院扶贫办、工业和信息化部联合印发《2018年网络扶贫工作要点》,明确2018年网络扶贫工作总的要求是:以习近平新时代中国特色社会主义思想为指导,全面贯彻落实党的十九大关于打赢脱贫攻坚战的新部署新要求,坚持稳中求进工作总基调,坚持精准扶贫、精准脱贫,深入实施《网络扶贫行动计划》,持续向深度贫困地区聚焦发力,瞄准特殊贫困群众精准帮扶,坚持大扶贫格局,尽锐出战,精准施策,注重扶贫同扶志、扶智相结合,激发贫困地区人口内生动力,推动网络扶贫行动向纵深发展,进一步发挥互联网、大数据等在脱贫攻坚中的作用,着力在弥合贫困地区"数字鸿沟"、发展农村电商、网络扶智、互联网+医疗等方面不断取得新成效,为打赢脱贫攻坚战做出新的重要贡献。

为此,金融机构深入实施网络扶贫行动,统筹推进网络覆盖、农村电商、网络扶智、信息服务、网络公益5大工程向纵深发展,创新了"互联网+"的扶贫模式。金融机构在当地政府部门的支持下,利用自身优势完善电信普遍服务补偿机制,引导基础电信企业加大投资力度,实现90%以上贫困村宽带网络覆盖。同时，鼓励基础电信企业针对贫困地区和贫困群众推出资费优惠举措，鼓励企业开发有助于精准脱贫的移动应用软件、智能终端。

在信息化的社会中，网络成为人们之间沟通交流的最佳平台，而在扶贫领域，网络也被赋予了新的意义和使命。为了精准建立贫困村通宽带台账，各地方政府加强对全国建档立卡贫困村通宽带情况的调查摸底，全面了解建档立卡贫困村和部系统定点县、片区县贫困村通光纤、4G 网络情况和纳入电信普遍服务支持情况。重点就未通宽带贫困村建立台账，并动态跟踪及时更新。而后，由金融机构推进光纤宽带网络延伸，加快电信普遍服务试点 4.3 万个建档立卡贫困村光纤网络建设步伐。为了确保任务按时按质完成，优先安排电信普遍服务结余资金用于贫困村网络建设。在加快 4G 网络覆盖进程中，金融机构深化电信普遍服务试点，大力支持农村及偏远地区的 4G 网络覆盖。为加快网络的覆盖，为更多有需要的人提供网络服务，金融机构在试点地区遴选中向贫困地区重点倾斜，在项目实施中重点加强对贫困地区项目建设的指导督促，优先保障贫困村 4G 网络覆盖，同时鼓励基础电信企业加大投资，进一步将宽带网络向有条件的贫困自然村延伸。此外，在扶贫过程中，金融机构还采取以下几项措施：第一，推出优惠网络资费。进一步加大网络提速降费力度，引导基础电信企业加大面向贫困地区和贫困人口的优惠力度，鼓励推出扶贫专属资费优惠，减轻贫困群体宽带网络使用负担。第二，加快智能终端普及。积极引导智能终端生产企业履行社会责任，研发简单易用、低成本的 4G 手机等智能终端，满足贫困地区群众的使用需求。第三，开发扶贫移动应用程序（APP）。组织开发适合贫困地区特别是少数民族边远地区特点和需求的移动 APP，涵盖社交、电商、农技、医疗、教育等行业应用。拓宽和保障扶贫移动 APP 推广渠道，协调主要应用商店及时上架、重点推荐和免费应用，利用网络闲置资源做好扶贫移动 APP 宣传。协调基础电信企业为指定的扶贫移动 APP 提供流量资费优惠。第四，积极推广视频服务。鼓励基础电信企业在贫困地区开展视频服务，通过交互式网络电视（IPTV）等方式，满足贫困群众多样化、多层次文化信息需求，促进文化信息消费，提供各类扶贫资讯及应用。第五，大力推进"互联网+教育"。加强贫困地区各类学校高速宽带网络建设，实现两类学校（乡村小规模学校和乡镇寄宿制学校）宽带网络全覆盖。配合教育部门加强远程教育应用推广，推动优质教育资源在贫困地区的共享应用。第六，实施"互联网+健康扶贫"。完善贫困地区基层卫生服务机构网络基础条件。联合国家卫生健康委员会开展"互联网+健康扶贫"应用，发挥医疗机构、研究院所等主体作用，积极动员社会力量，推动远程诊疗覆盖到村、在线医学教育普及到人、在线慢病管理精准到户，改善深度贫困地区基层医疗卫生服务能力，提高贫困人口健康水平。第七，加强精准扶贫平台开发应用。引导基础电信企业结合各自优势，搭建并推广扶贫信息管理平台，实现扶贫目标、扶贫措施、脱贫跟踪更加精准到位，实现用数据直观反映脱贫进程，用数据支撑脱贫摘帽实际成效，助力精准扶贫精准脱贫政策的落实。第八，利用网络搭建信息交易平台，为贫困地区打开市场销路，扶助当地特色产业产品外销，在节约营销成本的同时，还可以提高营销效率。

第二节 金融扶贫政策体系初步建立

自党的十八大，中央扶贫开发工作会议召开之后，扶贫事业在中央的紧密部署和各地方政府的积极支持和推动下，我国的金融扶贫政策体系从总体上得到了初步的确立和构建，形成了以银行业、保险业以及证券业"三驾马车"为重要支柱的框架，三者互相协力，为我国的扶贫事业发挥重要作用。

一、银行业政策体系的构建

根据中共中央、国务院《关于打赢脱贫攻坚战的决定》，各级银行业监管部门和银行业金融机构按照人民银行、银监会等7部门《关于金融助推脱贫攻坚的实施意见》的总体部署，履行扶贫开发社会责任，有效发挥金融加速脱贫能效，助力"十三五"扶贫开发工作目标如期实现，齐心协力打赢脱贫攻坚战。

（一）总体要求

银监会聚焦金融扶贫，以习近平总书记重要讲话精神为指导，围绕实现脱贫攻坚"两个确保"，牢固树立创新、协调、绿色、开放、共享发展理念，遵循精准扶贫、精准脱贫基本方略，发挥银行业金融机构各自独特优势，立足职能定位，持续加大扶贫资金投入，完善工作机制和服务政策，加强信贷管理和金融创新，鼓励和引导商业性、政策性、开发性、合作性等各类机构加大支持，全面做好金融扶贫事业。

（二）基本原则

为让每一个贫困人口得到扶贫贷款，通过资金扶助补贴尽快摆脱贫困，银监会对银行业规定五项原则：

1. 精准发力，精细实施

准确对接基础设施建设、产业生产和发展、移民搬迁安置等领域的金融服务需求，采取一项一策、一项一法、一项一品精细化管理措施，使金融服务精准落实到贫困人口、贫困户、扶贫开发项目，信贷支持做到对象准确、期限合理、流程匹配，切实提升扶贫开发金融服务工作实效。

2. 推进普惠，聚焦特惠

在商业可持续前提下，推进各类金融资源在农村地区的均等化配置，履行扶贫开发社会责任，突出对贫困地区、贫困人口的特惠政策安排，让贫困地区、贫困人口得到更加实惠的金融服务。

3. 专门机构，专业管理

在重点金融机构确定专门的扶贫开发金融服务工作部门，对扶贫开发金融服务工作进行单独管理、单独核算、单独调配资源。

4. 资金联合，机构联动

以政府主导、财政投入为主的扶贫开发项目为靶向，加大金融资金跟进力度，形成资金合力；发挥各类银行业金融机构各自独特优势，分工负责，协同行动。

5. 融资融智，综合服务

既要加大资金投入，又要充分利用银行业金融机构的网络、信息和服务优势提供融智支持，通过提供全面综合性一揽子金融服务，促进贫困地区和贫困人口提升自我发展、就业创业能力。

（三）工作目标

为加快推进银行业扶贫的工作推进，银监会对银行业定下了四个工作目标：

1. 资金投入持续增长

加大银行业金融机构扶贫开发信贷资金投放，保持贫困地区、贫困户信贷投入总量持续增长，易地扶贫搬迁等脱贫攻坚项目的信贷资金投放与项目计划、进度要求相匹配，对符合条件建档立卡贫困户的有效贷款需求实现扶贫小额信贷全覆盖，力争实现贫困地区各项贷款增速高于所在省（区、市）当年各项贷款平均增速，贫困户贷款增速高于农户贷款平均增速。

2. 优化调整贫困地区贷款结构

为使贫困地区基础设施建设早建成、早见效、见长效，在政策性、开发性金融机构增加长期贷款投放的同时，引导商业性银行业金融机构在风险可控、商业可持续的前提下加大对贫困地区基础设施建设的支持力度，进一步提高中长期贷款比重。

3. 提高机构网点覆盖度

引导贫困地区银行业金融机构持续下沉机构网点，在具备条件的贫困地区优先推动金融机构乡镇全覆盖和金融服务行政村全覆盖，基本实现"乡乡有机构、村村有机具、人人有服务"。

4. 完善扶贫开发金融服务机制

建立健全与国家脱贫攻坚战相适应的金融服务体制机制，形成商业性、政策性、开发性、合作性等各类机构协调配合、共同参与的金融服务格局，创新扶贫开发金融产品和服务方式。

（四）贫困户贷款管理政策的完善

对于贫困户的贷款发放要注意对其贷款优惠，实施贷款倾斜，切实增加对贫困户贷款的数量发放。

扶贫小额信贷是银行业金融机构实施精准扶贫、精准脱贫方略，为建档立卡贫困户提供公平、持续、有效的信贷机会，保证信贷资金精准到户，帮助贫困户增加收入、摆脱贫困的关键举措。银行业金融机构要按照《关于创新发展扶贫小额信贷的指导意见》（国开办发〔2014〕78号）各项政策，单独安排资金，单独考核责任，持续加大扶贫小额信贷投放力度。

拓展扶贫小额信贷适用范围，更好地满足建档立卡贫困户生产、创业、就业、搬迁安置等各类贷款需求，对建档立卡贫困户5万元以下、3年以内的贷款，采取信用贷款方式，不设抵押担保门槛；对有贷款意愿、有就业创业潜质、技能素质和一定还款能力的建档立卡贫困户保证应贷尽贷；实行利率优惠。

完善生源地助学贷款政策。支持银行业金融机构对有在读高校学生的贫困户发放生源地助学贷款，学生在读期间利息全部由财政补贴，延长贷款期限至最长 20 年。

区别对待贫困户不良贷款，在剔除主观恶意欠款不还因素情况下，确系由于自然灾害、气候、市场变化等原因导致无法归还贷款的，可予贷款展期或适当延长还款期限；对通过追加贷款能够帮助渡过难关的，应予追加贷款扶持，避免因债返贫。

（五）产品与服务的创新

在推进银行业扶贫的工作中，银监会要求银行业不断进行金融创新，探索有效的服务模式。

1. 探索银行"包干服务"制度

监管部门可根据当地银行业金融机构服务专长和实际情况，按照建档立卡贫困户扶贫小额信贷发放、扶贫项目融资、服务网点布设等情况，建立分片包干责任制。对扶贫小额信贷发放，按乡镇明确一家责任银行，由责任银行对建档立卡贫困户实行名单制管理，对贫困户开展逐户走访和信用评定，采取"一次核定、随用随贷、余额控制、周转使用"的管理办法，在授信额度内，由贫困户自主周转使用。探索采取由主要责任银行承包扶贫开发项目融资服务、包干一定区域内金融服务机具布设、包干某类贫困人群的特定业务等方式，使金融扶贫的服务主体更加精准，服务责任更加明确。

2. 创新金融服务产品

创新发展扶贫小额信贷，开发覆盖易地搬迁对象、返乡农民工、农村妇女等特定人群，促进创业就业、搬迁安置后续就业技能培训、提高投资收益的小额信贷产品。鼓励银行业金融机构推出契合政府出资担保机构担保的多种贷款产品。灵活运用特许经营项目的收益权、购买服务协议预期收益、林权、集体土地承包经营权、集体资产收益权等作为担保设计贷款新产品。探索银保合作，开发保单质押贷款产品，利用扶贫小额信贷保险分散贷款风险。

3. 开展融资模式创新

针对各地扶贫攻坚项目的新方式、新特点，开发多样化的授信服务和融资模式。鼓励地方政府和扶贫开发部门灵活运用财政专项扶贫资金，通过财政资金投入建立扶贫贷款的担保、风险分散和补偿等机制，撬动信贷资金投入。

二、保险业政策体系的构建

为贯彻落实《中共中央、国务院关于打赢脱贫攻坚战的决定》和中央扶贫开发工作会议精神，各级保险监管部门、扶贫部门和保险机构按照人民银行、保监会、扶贫办等7部门《关于金融助推脱贫攻坚的实施意见》的总体部署，充分发挥保险行业体制机制优势，履行扶贫开发社会责任，全面加强和提升保险业助推脱贫攻坚能力，助力"十三五"扶贫开发工作目标如期实现。

（一）总体要求

为了全面贯彻习近平总书记系列讲话精神，牢固树立和贯彻落实创新、协调、绿色、开放和共享的发展理念，保监会要求保险业以满足贫困地区日益增长的多元化保险需求为出发点，以脱贫攻坚重点人群和重点任务为核心，精准对接建档立卡贫困人口的保险需求，精准创设完善保险扶贫政策，精准完善支持措施，创新保险扶贫体制机制，举全行业之力，持续加大投入，为实现到2020年打赢脱贫攻坚战、全面建成小康社会提供有力的保险支撑。

（二）基本原则

为了实现贫困地区保险服务到村到户到人，对贫困人口"愿保尽保"，保监会要求保险业做到以下四项原则：

1. 定向原则

定向发挥保险经济补偿功能，努力扩大保险覆盖面和渗透度，通过保险市场化机制放大补贴资金使用效益，为贫困户提供普惠的基本风险保障。定向发挥保险信用增信功能，通过农业保险保单质押和扶贫小额信贷保证保险等方式，低成本盘活农户资产。定向发挥保险资金融通功能，加大对贫困地区的投放，增强造血功能，推动贫困地区农业转型升级。

2. 精准原则

把集中连片特困地区，老、少、边、穷地区，国家级和省级扶贫开发重点县，特别是建档立卡贫困村和贫困户作为保险支持重点，创设保险扶贫政策，搭建扶贫信息与保险业信息共享平台，开发针对性的扶贫保险产品，提供多层次的保险服务，确保对象精准、措施精准、服务精准、成效精准。

3. 特惠原则

在普惠政策基础上，通过提高保障水平、降低保险费率、优化理赔条件和实施差异化监管等方式，突出对建档立卡贫困户的特惠政策和特惠措施，为建档立卡贫困人口提供优质便捷的保险服务，增强贫困人口抗风险能力，构筑贫困地区产业发展风险防范屏障。

4. 创新原则

构建政府引导、政策支持、市场运作、协同推进的工作机制，综合运用财政补贴、扶贫资金、社会捐赠等多种方式，拓展贫困农户保费来源渠道，激发贫困农户保险意识与发展动力。针对贫困地区与贫困农户不同致贫原因和脱贫需求，加强保险产品与服务创新，分类开发、量身定制保险产品与服务。创新保险资金支农融资方式，积极参与贫困地区生产生活建设。

（三）工作目标

为了使贫困地区保险深度、保险密度接近全国平均水平，贫困人口生产生活得到现代保险全方位保障，保监会要求保险业以以下五点为工作目标，精准对接脱贫攻坚多元化的保险需求。

1. 精准对接农业保险服务需求

保险机构要认真研究致贫原因和脱贫需求，积极开发扶贫农业保险产品，满足贫困农户多样化、多层次的保险需求。要加大投入，不断扩大贫困地区农业保险覆盖面，提高农业保险保障水平。要立足贫困地区资源优势和产业特色，因地制宜开展特色优势农产品保险，积极开发推广目标价格保险、天气指数保险、设施农业保险。要面向能带动贫困人口发展生产的新型农业经营主体，开发多档次、高保障农业保险产品和组合型农业保险产品，探索开展覆盖农业产业链的保险业务，协助新型农业经营主体获得信贷支持。切实做好贫困地区农业保险服务，灾后赔付要从快从简、应赔快赔。对已确定的灾害，可在查勘定损结束前按预估损失的一定比例预付部分赔款，帮助贫困农户尽早恢复生产。中国农业保险再保险共同体要加大对贫困地区农业保险业务的再保险支持力度，支持直保公司扩大保险覆盖面和提高保障水平。

2. 精准对接健康保险服务需求

保险机构要发挥专业优势，不断改进大病保险服务水平，提高保障程度，缓解"因病致贫、因病返贫"现象。按照国家有关要求，研究探索大病保险向贫困人口予以倾斜。加强基本医保、大病保险、商业健康保险、医疗救助、疾病应急救助和社会慈善等衔接，提高贫困人口医疗费用实际报销比例。鼓励保险机构开发面向贫困人口的商业健康保险产品，参与医疗救助经办服务。

3. 精准对接民生保险服务需求

保险机构要针对建档立卡贫困人口，积极开发推广贫困户主要劳动力意外伤害、疾病和医疗等扶贫小额人身保险产品。重点开发针对留守儿童、留守妇女、留守老人、失独老人、残疾人等人群的保险产品，对农村外出务工人员开辟异地理赔绿色通道，为农村居民安居生活提供保障。进一步扩大农房保险覆盖面，不断提升保障水平。积极开展农村治安保险和自然灾害公众责任保险试点。探索保险服务扶贫人员队伍新模式，为各地政府、企事业单位驻村干部和扶贫挂职干部，高校毕业生"三支一扶"（支教、支农、支医和扶贫）提供保险保障。支持贫困地区开展巨灾保险试点。

4. 精准对接产业脱贫保险服务需求

积极发展扶贫小额信贷保证保险，为贫困户融资提供增信支持，增强贫困人口获取信贷资金发展生产的能力。探索推广"保险+银行+政府"的多方信贷风险分担补偿机制。支持有条件的地方设立政府风险补偿基金，对扶贫信贷保证保险给予保费补贴和风险补偿。鼓励通过农业保险保单质押、土地承包经营权抵押贷款保证保险、农房财产权抵押贷款保证保险等方式，拓宽保险增信路径，引导信贷资源投入。探索开展贫困农户土地流转收益保证保险，确保贫困农户土地流转收益。结合农村电商、乡村旅游、休闲农业等农业新业态，开发物流、仓储、农产品质量保证、互联网+等保险产品。创新保险资金运用方式，探索开展"农业保险+扶贫小额信贷保证保险+保险资金支农融资"业务试点，协助参保的贫困人口更便利地获得免担保、免抵押、优惠利率的小额资金。

5. 精准对接教育脱贫保险服务需求

积极开展针对贫困家庭大中学生的助学贷款保证保险，解决经济困难家庭学生就学困难问题。推动保险参与转移就业扶贫，优先吸纳贫困人口作为农业保险协保员。要对接集中连片特困地区的职业院校和技工学校，面向贫困家庭子女开展保险职业教育、销售技能培训和定向招聘，实现靠技能脱贫。

（四）脱贫攻坚保险机制的完善

1. 强化组织统筹

各保监局、保险机构和保险业社团组织要把扶贫开发工作作为重大政治任务，采取切实措施，确保各项工作有序开展。各保监局要成立由主要负责人任组长的工作领导小组，统筹协调辖内保险机构，做好保险服务脱贫攻坚工作。各保监局和省级扶贫部门要建立工作联动机制，可根据本意见制定具体实施办法，加强政策互动、工作联动和信息共享，推动相关配套政策落实。

2. 完善精准统计制度

建立脱贫攻坚保险服务专项统计监测制度，实现保险信息与建档立卡信息对接，及时动态跟踪监测各地、各保险机构工作进展，为政策评估提供数据支撑。各保监局和各保险机构要按照保监会和国务院扶贫办要求，及时、准确报送相关数据资料。

3. 严格考核督查

建立脱贫攻坚保险服务专项评估制度，保监会、国务院扶贫办定期对各地、各保险机构脱贫攻坚保险服务工作进展及成效进行考评，通报考评结果，并将考评结果作为市场准入、高管资格和差异化监管的重要依据。

4. 加强总结宣传

及时梳理、总结精准扶贫保险服务工作中的典型经验、成功案例和工作成效，加强宣传推介和经验交流，营造有利脱贫攻坚保险服务工作的良好氛围。

三、证券业政策体系的构建

为贯彻落实《中共中央、国务院关于打赢脱贫攻坚战的决定》和中央扶贫开发工作会议精神，充分发挥资本市场作用，服务国家脱贫攻坚战略，证监会动员全行业——包括上市公司、证券公司、期货公司、基金公司积极参与到扶贫工作中。

（一）总体要求

证监会要求证券期货行业积极探索资本市场的普惠金融功能与机制，发挥行业优势，以消除贫困为目标，以精准扶贫为手段，以制度创新为动力，形成多层次、多渠道、多方位的精准扶贫工作格局，为全面建成小康社会提供有力的资本市场支撑。

为了打赢脱贫攻坚战要采取务实有力的政策举措,证监会要求行业以贫困地区实体经济需求为导向,以资本市场服务产业扶贫为重点,优先支持贫困地区企业利用资本市场资源,拓宽直接融资渠道,提高融资效率,降低融资成本,不断增强贫困地区自我发展能力。

证券行业各类帮扶主体要与贫困村和建档立卡贫困户紧密衔接,建立带动贫困人口脱贫挂钩机制,因地制宜、分类施策,坚持真扶贫、扶真贫,确保扶贫政策精准、对象措施精准、脱贫成效精准。

(二)国家脱贫攻坚战略保障机制完善

1. 加强精准扶贫的组织领导

证监会扶贫工作领导小组办公室要贯彻落实证监会党委关于精准扶贫的工作部署,制定行业扶贫政策、落实定点扶贫工作任务、组织动员各市场主体履行社会责任,加强督查巡查,层层压实责任,确保精准扶贫各项措施落到实处。领导小组成员单位要充分发挥自身优势落实各项扶贫政策,积极参与定点扶贫。各证监局要主动对接当地党委政府,积极开展对口扶贫工作。

2. 健全人才扶贫工作机制

承担定点帮扶、对口帮扶责任的相关单位党委要高度重视扶贫工作,成立扶贫工作领导小组,建立本单位扶贫工作机制。选拔政治合格、敢于担当、组织领导能力强的干部到定点扶贫县挂职或任驻村第一书记。做好对挂职干部的工作考核评价,完善锻炼培养、提拔使用机制。加强与定点扶贫县的人才交流,举办贫困县领导干部资本市场学习培训班,支持定点扶贫县选派干部到系统相关单位进行短期挂职学习。鼓励广大干部职工真情实意开展各种形式的帮扶活动,鼓励证监会系统基层党组织结对帮扶贫困县的贫困村,形成全员参与扶贫工作的合力。

3. 完善精准扶贫成效的考核体系

各行业协会建立精准扶贫信息统计和评估机制,定期对各市场主体的扶贫工作成效进行考评,统一发布行业精准扶贫的社会责任报告。上海证券交易所、深圳证券交易所和全国中小企业股份转让系统有限责任公司分别对上市公司、挂牌公司履行扶贫社会责任的信息披露制定格式指引,并在年度报告中披露。相关证监局要加强与地方扶贫部门的联系,共同做好上市公司、挂牌公司扶贫工作成效的检查。

4. 加强对扶贫工作的宣传引导

证监会系统各单位要认真总结脱贫攻坚工作中的典型经验，充分利用新闻媒体和会内网站、刊物大力宣传资本市场精准扶贫的做法和成效，努力营造资本市场服务国家脱贫攻坚战略的良好氛围，不断增强广大党员干部服务国家脱贫攻坚战略的使命感和责任感，不忘初心、继续前进，为打赢脱贫攻坚战、全面建成小康社会做出应有的贡献。

第三节 金融扶贫产品体系逐步完善

中共中央、国务院近日发布的《关于打赢脱贫攻坚战三年行动的指导意见》指出，未来3年，还有3000万左右农村贫困人口需要脱贫，任务十分艰巨。而加大金融扶贫支持力度，创新金融产品，在脱贫攻坚的过程中已经取得了令人瞩目的成效。目前，银行业、保险业、证券业已经推出了多个金融扶贫产品。

（一）银行业推出的金融扶贫产品

1. 扶贫小额信贷

扶贫小额信贷是为建档立卡贫困户量身定制的金融精准扶贫产品，其政策要点是"5万元以下、3年期以内、免担保免抵押、基准利率放贷、财政贴息、县建风险补偿金"。

扶贫小额信贷始终精确瞄准建档立卡贫困户，各银行业金融机构对信用良好、有贷款意愿、有就业创业潜质、有技能素质和一定还款能力的建档立卡贫困户大力支持。对已经脱贫的建档立卡贫困户，在脱贫攻坚期内其扶贫小额信贷的支持政策不变，力度不减。

对扶贫小额信贷和贴息对象的审查，各个地方政府的扶贫部门会在县乡村三级公告公示，防止非建档立卡贫困户"搭便车"。信用水平和还款能力是发放扶贫小额信贷的主要参考标准，在发放过程严格遵守法律法规和信贷管理规定，在签署借款合同时明确贷款资金用途，避免出现冒名借款、违规用款等问题。

扶贫小额信贷精准用于贫困户发展生产或能有效带动贫困户致富脱贫的

特色优势产业，不能用于建房、理财、购置家庭用品等非生产性支出，更不能将扶贫小额信贷打包用于政府融资平台、房地产开发、基础设施建设等。各银行业金融机构在探索将扶贫小额信贷资金用于有效带动贫困户致富脱贫的特色优势产业过程中，坚持贫困户自愿和贫困户参与两项基本原则，使贫困户融入产业发展并长期受益，提高贫困户脱贫内生发展动力。

2. 扶贫再贷款

扶贫再贷款是中国人民银行为支持贫困地区地方法人金融机构发放涉农贷款提供的流动性支持。

在中国人民银行执行稳健货币政策，加强总量调控的同时，通过扶贫再贷款可以有针对性地增加贫困地区地方法人金融机构资金来源，发挥杠杆撬动作用，引导贫困地区地方法人金融机构扩大涉农贷款，为打赢脱贫攻坚战提供有力的金融支持。

为对实现脱贫目标提供更加精准的金融支持，中国人民银行要求地方法人金融机构将借用的扶贫再贷款资金全部用于发放贫困地区涉农贷款，并结合当地建档立卡的相关情况，优先支持建档立卡贫困户和带动贫困户就业发展的企业、农村合作社，积极推动贫困地区发展特色产业和贫困人口创业就业，促进贫困人口脱贫致富；合理确定运用扶贫再贷款资金发放的涉农贷款利率，有效降低贫困地区融资成本。同时，中国人民银行加强对运用扶贫再贷款资金发放贷款的台账管理，加大对扶贫再贷款资金投向、用途、数量、利率等的监测分析和评估考核，健全扶贫再贷款政策的正向激励机制，以提高扶贫再贷款政策效果；加大对贫困地区扶贫再贷款支持力度，为打赢脱贫攻坚战提供有力的金融支持。

3. 扶贫金融债

扶贫专项金融债是中国人民银行新推出的债券品种，通过在银行间市场发行债券筹集易地扶贫搬迁信贷资金，是一项重要的制度创新。

扶贫专项金融债均用于易地扶贫搬迁项目资金投放，通过在银行间市场和柜台市场发行债券筹集易地扶贫搬迁信贷资金，是一项重要的制度创新，同时也是国家推行普惠金融政策的重要内容。其中第九期金融债券为国开行扶贫专项金融债券，募集资金将全部用于甘肃、广西、贵州3个省、自治区共计9个易地扶贫搬迁贷款项目资金投放，共涵盖建档立卡贫困人口约55万人次。

（二）保险业推出的金融扶贫产品

1. 农业扶贫保险

农业保险可以有效分散和化解农业生产经营中的风险，是农村风险保障体系的重要支柱，也是脱贫攻坚的利器之一。通过完善农业保险保障，使农户受灾后得到及时赔付，能够有效降低农民因灾致贫返贫风险。

中国银行保险监督管理委员会将农业保险确定为保险业打好脱贫攻坚战的主攻方向之一。在扶贫工作中，利用和发挥好农业保险的作用，为贫困户生产经营兜底，可为贫困人口防止致贫返贫构筑起一道人工屏障。尤其是，经过近年来的不断创新，我国农业保险发展已进入2.0时代，农业保险广泛融入农业产业链各个环节，在脱贫攻坚中发挥的作用更大。

近年来，国家将发展特色优势农产品保险作为脱贫攻坚的一项重要政策举措，支持力度不断加大。2014年中央一号文件《关于全面深化农村改革加快推进农业现代化的若干意见》提出，鼓励保险机构开展特色优势农产品保险，有条件的地方提供保费补贴，中央财政通过以奖代补等方式予以支持。2016年中央一号文件《关于落实发展新理念加快农业现代化实现全面小康目标的若干意见》强调，支持地方发展特色优势农产品保险、渔业保险、设施农业保险。2015年11月29日，《中共中央、国务院关于打赢脱贫攻坚战的决定》要求，扩大农业保险覆盖面，通过中央财政以奖代补等支持贫困地区特色农产品保险发展。2018年，财政部、农业农村部、银保监会发布通知，将水稻、玉米、小麦三大粮食作物制种纳入中央财政农业保险保险费补贴目录。2018年投保农业保险的三大粮食作物制种，可申请中央财政农业保险保险费补贴。

2. 健康扶贫工程

健康扶贫工程，是"十三五"时期打赢脱贫攻坚战、实现农村贫困人口脱贫的一项重要的超常规举措。

健康扶贫工程的工作重点：一是进一步增强防大病、兜底线能力，让贫困人口"看得起病"。个人缴费部分按规定由财政给予补贴，全面推开门诊统筹，提高政策范围内住院费用报销比例。二是对患大病和慢性病的农村贫困人口进行分类救治。即实行重大疾病专项救治一批、慢病签约管理一批、重病兜底保障一批。三是实行县域内农村贫困人口住院先诊疗后付费。贫困患者在县域内定点医疗机构住院实行先诊疗后付费，定点医疗机构设立结算服务窗口，实现基本医疗保险、大病保险、疾病应急救助、医疗救助"一站式"信息交换和即时结算，贫困患者只需在出院时支付自负医疗费用。

健康扶贫政策的措施：一是政府资助参保。政府为全县建档立卡贫困人口代缴 2016 年新农合参合金、2017 年医保参保金和重大疾病医疗补充保险参保金。二是实行县域内"先诊疗，后付费"。建档立卡贫困人口在县内定点医疗机构住院享受"先住院、后付费"待遇，贫困患者由定点医疗机构在健康扶贫动态管理系统进行身份确认后，凭身份证、户口簿、医保卡办理住院登记手续，不需预交住院押金（外伤除外），出院时个人只需支付总医疗费用的 10%。三是执行"三免四减半"优惠服务政策。建档立卡贫困人口就医享受"三免四减半"优惠服务政策，即门诊患者免普通挂号费、肌肉注射费、小换药费；住院患者的三大常规检查费、胸片检查费、普通床位费、三级护理费等各减 50%。四是提高贫困人口住院保障水平。取消贫困人口在县内一二级定点医院住院报销起付线，建立基本医保、二次报销、大病关爱基金、大病保险、大病医疗商业补充保险、民政医疗救助、民政临时救助等七条保障线，贫困人口住院医疗费用，通过七条保障线报销后，个人支付比例依然超过 10%的部分，县财政给予兜底，自 2017 年 1 月 1 日起，让贫困人口住院的费用个人支出控制在总医疗费用的 10%。

3. 民生扶贫保险

民生问题是实现"精准扶贫、精准脱贫"需要着重解决的问题，也是保险业助推脱贫攻坚的主要着力点之一。民生保险扶贫，抓住与数千万贫困民众利益攸关的重大民生问题，在服务扶贫开发和资源投入上向广大贫困人口倾斜，推出有针对性的保险保障服务，帮助特殊群体解决后顾之忧。

（1）扶贫小额人身保险

扶贫小额人身保险是面向贫困人群的特定人身保险产品的总称，充分考虑了贫困人群的风险特征、保障需求、支付能力、保单理解能力等因素，具有保费低廉、保障适度、保单通俗、核保理赔简单等特点。保障范围涵盖各种因意外而发生的风险事故，包括交通意外伤害、从事农业生产或其他经济活动发生的意外伤害。

扶贫小额人身保险具有明显的扶贫指向性，贫困地区的农民一旦遭遇意外，能够获得数十倍于保费的保险赔付，及时得到补偿资金用于生活自救和再生产，因而是一种有效的金融扶贫手段。

扶贫小额人身保险是重要的扶贫政策工具。2008年6月，原中国保监会印发《关于〈农村小额人身保险试点方案〉的通知》，标志着我国农村小额人身保险试点正式启动。2014年8月《国务院关于加快发展现代保险服务业的若干意见》强调，大力发展农村小额人身保险等普惠保险业务。2016年3月中国人民银行等七部门联合印发《关于金融助推脱贫攻坚的实施意见》，明确提出，鼓励保险机构建立健全针对贫困农户的保险保障体系，全面推进贫困地区人身和财产安全保险业务，缓解贫困群众因病致贫、因灾返贫问题。在国家政策的大力扶持下，近年来一些地区积极发展农村小额人身保险，并将其纳入脱贫攻坚"工具箱"。

（2）农村住房保险

农村住房保险，即政策性农村住房保险，是由政府组织推动、农户自愿参保、财政资金补助、保险公司经营，以农民居住用房为保险对象，按照保险合同约定对倒塌房屋损失予以赔偿的保险制度。农村住房保险是一项重要的民生工程、惠民工程，旨在充分发挥保险机制在减灾救灾工作中的作用，通过政府购买商业保险的模式，提高广大参保农户抵御灾害事故的能力，帮助农村受灾居民灾后重建住房。探索推进农村住房保险工作，是贯彻落实中央关于保障和改善民生决策部署的重要举措，是市场经济条件下服务"三农"的重要手段，也是加强农村减灾救灾能力建设、推进扶贫开发工作的重要内容。

2012年12月24日，民政部、财政部和原中国保监会联合印发《进一步探索推进农村住房保险工作的通知》，要求各地坚持政府引导、市场运作、自主自愿、协同推进的原则，进一步探索推进农房保险工作。根据该通知，农房保险的保险责任主要包括洪涝、台风、风雹、雪、山体滑坡、泥石流等自然灾害以及火灾、爆炸等意外事故，保险公司可在条件允许和风险可控的基础上提供地震风险保障。而且，农民住房保险也将牲畜圈舍、农机具存放场所等纳入承保范围。在保费缴纳方面，除财政补贴外，原则上鼓励和引导农户适当缴纳一定保险费。如青海农房保险试点的保险费由财政补贴和参保农户缴费两部分构成，财政补贴为总保费的60%，农户缴费为总保费的40%。低保户、优抚对象、五保户、贫困重度残疾农户的保险费享受政府全额补贴。近年来，在国家相关政策的鼓励支持下，各省区市纷纷开展相关试点。推进农村住房保险工作，有效帮助广大参保农户提高抵御自然灾害风险的能力，积极构建农村社会保障新体系。

（三）证券业推出的金融扶贫产品

1. 扶贫公益股

将产业发展资金投资拟上市企业的原始股权作为扶贫公益股，所获收益全部用于扶贫事业，从而实现贫困户脱贫。扶贫公益股的设立，是精准扶贫与资本市场的有机结合，是资本市场扶贫乃至金融扶贫领域的一个重大创新，在中国资本市场乃至世界资本市场发展史上都具有重要的意义。

在国务院扶贫办开发司具体指导和证监会扶贫办的支持下，湖北省十堰市郧阳区成立了由国有投资公司昌欣生态修复公司发起、两家民营公司控股的扶贫产业投资基金，这只基金出资3500万元获得湖北万润1%的股权，是国内设立的第一只扶贫公益股。郧阳区扶贫公益股及增值收益在2020年前全部由该区建档立卡贫困户共同享有，2020年后由全区困难户享有。增值收益一部分投入政府投资平台，用于脱贫产业发展、扶贫小额信贷风险补偿、保险扶贫、教育扶贫等，另一部分拟对上市优质企业进行股权投资，滚动发展。

2. 帮扶贫困区企业融资

我国证券期货行业当前的规模和服务能力达到了较高水平，具备在贫困地区开展资金帮扶和提供专业服务的水平和条件。证券期货经营机构扶贫是社会扶贫的重要组成部分，积极投入扶贫事业，对打赢脱贫攻坚战具有重要的现实意义。

2016年9月，证监会出台了《关于发挥资本市场作用服务国家脱贫攻坚战略的意见》，各行业协会作为行业引导者，坚决贯彻落实党中央、国务院关于打赢脱贫攻坚战的决策部署，认真执行证监会的工作意见，广泛推动证券期货行业经营机构开展帮扶活动。

截至2018年9月，已有98家证券公司结对帮扶256个国家级贫困县。仅2016年、2017年两年，证券公司利用多层次资本市场帮助贫困地区企业融资超过1600亿元，还开展了大量教育扶贫、公益扶贫、消费扶贫、健康扶贫等工作，赢得广泛的社会好评。有87家期货经营机构与98个国家级贫困县（乡、村）签署了135份结对帮扶协议，通过各期货交易所大力支持下的"保险+期货"模式、场外期权等专业扶贫方式和传统公益方式开展扶贫工作，累计投入金额超过1.1亿元。

第四节　金融扶贫服务体系的优化

随着脱贫攻坚任务的推进，我国的金融扶贫服务体系在实践中不断完善优化，大中型商业银行、政策性银行、邮政储蓄银行以及互联网金融的蓬勃发展促进了金融扶贫服务体系的优化。

（一）大中型商业银行

自国务院常务会议部署李克强总理要求大型商业银行 2017 年内要完成普惠金融事业部设立后，工、农、中、建、交五大国有商业银行在不到两个月的时间里出台了普惠金融事业部具体方案。

大中型商业银行设立普惠金融事业部，完善了金融扶贫服务体系，实行差别化考核评价办法和支持政策，有效缓解了中小微企业融资难、融资贵问题。

工商银行将普惠金融事业部延伸至所有一级（直属）分行，计划年底在二级分行或重点支行建成 230 家小微金融业务专营机构。交通银行以敞口 2000 万元（含）以下的授信业务为突破口，建立"专营团队+传统网点"机制，逐步推进事业部制派驻等模式。中国银行依托中银集团的资源，先期以中银富登村镇银行为基础，成立普惠金融事业部。

发展普惠金融不仅需要金融机构努力和相关配套政策支持，也需要更加完善的监管政策：一方面，要根据贷款流量监管它们是否真正面向实体经济特别是"三农"、中小微企业等；另一方面也要关注相应的风险点，及时提示。

如今，建设银行在 2017 年一级分行 KPI 考核体系中新设了普惠金融指标，初步将普惠金融涉及的小微企业、涉农、个人创业等主要群体的融资服务纳入考核范围。农业银行则将服务"三农"的成熟事业部体制复制到普惠金融领域，形成"三农金融事业部+普惠金融事业部"的服务体系。

（二）政策性银行

1. 国家开发银行

2016 年 5 月 31 日，国家开发银行成立了扶贫开发事业部，下设综合业务局、基础设施局和区域开发局。

综合业务局负责扶贫开发业务政策研究、发展规划、经营计划和风险管理。基础设施局负责易地扶贫搬迁、涉农产业和农村基础设施等项目的开发评审和组织推动。区域开发局负责集中连片特困地区和贫困县的产业扶贫、教育资助的组织推动、模式推广和监督管理等工作。

扶贫金融事业部将通过精准支持措施，精准管理手段，精准信贷服务，全面加大对脱贫攻坚的支持力度。一是围绕易地扶贫搬迁、农村基础设施、产业发展和教育医疗等贫困群众最迫切需要解决的问题，创新金融扶贫的方式方法。二是坚持融资融智两手抓。充分发挥国开行向贫困地区派驻的183名金融服务专员的作用，从规划编制、信息服务和融资模式设计等方面为贫困地区提供智力支持。三是处理好业务发展、风险防控和扶贫效益的关系，真正做好金融扶贫。

2. 中国农业发展银行

2016年4月，中国农业发展银行扶贫金融事业部获得银监会正式批准设立。农发行将发挥政策性金融对扶贫开发的支持作用，持续加大扶贫资金投入，完善工作机制，加强信贷管理，切实做好扶贫开发金融服务。同时，加强对扶贫金融事业部管理，制定并完善扶贫金融各项规章制度，确保其依法合规运营，有效管控风险。

农发行设立扶贫金融事业部是深入贯彻落实中央扶贫开发工作会议和《中共中央、国务院关于打赢脱贫攻坚战的决定》精神的重大决策，是切实加大金融扶贫投入力度的组织保障，是完善政策性金融扶贫体制机制的内在需求。

农发行扶贫金融事业部加大支持脱贫攻坚力度，建立责权利相结合的经营管理体系和运行机制，加强风险管控，实现金融扶贫业务健康可持续发展。除了在总行设立扶贫金融事业部外，农发行已在向中央签署脱贫攻坚责任书的22个省（自治区、直辖市）分行设立扶贫业务处。有扶贫开发任务的二级分行，在客户业务部门加挂扶贫业务部的牌子。全国832个国家级贫困县，有农发行机构的，在县级支行挂牌"中国农业发展银行XX县（市）扶贫金融事业部"；无机构的，派驻扶贫金融专员实现贫困县全覆盖。充分发挥农发行的机构优势，服务脱贫攻坚。

事业部组建成立后，农发行将在两大方面持续发力：一是支持精准扶贫方略实施，助推贫困人口精准脱贫。围绕脱贫攻坚"五个一批"工程，办理易地扶贫搬迁贷款，支持实施农村人口易地扶贫搬迁；办理特色产业扶贫贷款，支持贫困地区特色种养业、传统手工业、休闲农业、农村电商等特色产业发展和特色农业基地、现代农业示范区、农业产业园区建设；办理教育扶贫贷款；办理旅游扶贫、光伏扶贫、资产收益扶贫、批发贷款扶贫等专项扶贫贷款。二是支持贫困地区基础设施建设，助推破除发展瓶颈制约。办理纳入地方政府新时期扶贫规划的各类贫困地区基础设施建设贷款，主要包括支持贫困村整村推进建设，贫困地区农村危房改造和人居环境整治，贫困地区交通设施、水利设施建设，以及贫困地区农网改造、信息网建设等。

（三）邮政储蓄银行

2016年和2017年，中央一号文件连续两年对邮储银行三农金融事业部相关工作提出明确要求。2016年9月8日，邮储银行总行三农金融事业部组建成立，随后在部分分行启动改革试点工作。

邮储银行三农金融事业部设立了四级架构，即三农金融事业部—省级一级分部—地市级二级分部—县级营业部，实行独立核算、专业化运营，打造专业化为农服务体系。三农金融事业部总部内设政策与创新部、小额贷款部（扶贫业务部）、农业产业化部、农村项目部和信贷管理部等5个专业部门和三农人力资源管理中心、三农风险管理中心、三农资产负债管理中心、三农财务管理中心等4个中后台服务支撑中心。各级分部与总部相对应，设置相应部门，形成覆盖全行各级机构、专业化的为农服务体系。

下一步，邮储银行将以三农金融事业部统领"三农"金融业务，在网络建设、产品研发、队伍打造、服务升级等方面加大力度，进一步发挥资金、网络等方面的独特优势，借助互联网、移动通信、大数据等先进技术，为广大农户、新型农业经营主体、小微企业、农业产业化龙头企业等提供更优质的金融服务，探索大型商业银行服务"三农"的普惠金融之路。

（四）互联网金融

1. 互联网金融融资扶贫

互联网金融融资服务扶贫的作用机理体现在重塑资金流向和激活农户个人信用资本两方面。扶贫模式仍以P2P网络借贷为主，同时新兴助贷模式，具有覆盖范围广、促进农业发展和个体工商业的生产经营、带动贫困人群经济增收与就业创业的效应。

2. 互联网链式融资服务扶贫

旬邑县在中国银行的帮扶下进入了"公益中行"精准扶贫平台，利用该平台实行对农副产品的销售。同时，设立代理人模式，为贫困户代卖农产品、提供就业机会、租赁土地、公益捐款等方式，实现精准扶贫，带动贫困人口共同富裕。这种利用网络进行扶贫的模式局势典型的电子商务扶贫模式。

互联网链式融资服务主要分为电子商务扶贫和电商金融扶贫两种。销售电子商务供应链金融扶贫可以为农户等提供金融服务，整合电子商务供应链金融扶贫可以帮助企业、农户融资，从而带动就业，生产增收。

第五节 金融扶贫信用效果凸显

发挥金融扶贫作用，既要完善普惠金融组织体系，创新金融产品和服务方式，还要进一步优化金融生态环境，大力培育健康有序有活力的金融市场。

（一）农村信用环境的建设

农村信用体系是农村金融发展的基石，是金融生态环境的重要组成部分。加强农村信用体系建设，对于解决农户贷款难、提高农民信用意识、改善农村信用环境有着重要意义。

农村信用体系建设，一是对信用信息基础数据库建设。建立贫困户基础信用信息和金融扶贫信用信息数据库，纳入普惠金融信用信息管理系统，实现对扶贫对象信用信息的动态管理。培育面向农民和小微企业的征信业务机构，充分利用互联网、大数据等现代信息手段，依法采集有潜在金融需求的农民、小微企业和个体经营者的信用信息，夯实信用体系建设基础。二是信用信息共享。发挥政府统筹协调作用，加强工商、税务、商务、质监、司法、民政等部门和金融部门的信息交流共享。搭建多渠道、多层级、统分结合的信用信息平台，实现不同渠道、不同层级信用信息的对接、共享、整合和应用。扩充金融信用信息基础数据库接入机构，降低普惠金融服务对象征信成本。三是诚信意识的提升。金融知识的普及和信用的教育是建立健全信用评价机制的前提，为此深入开展信用乡镇、信用村、信用户创建活动，打击恶意贷款、恶意拖欠贷款等违法、不诚信行为，增强贫困地区农民信用意识，有利于营造普惠金融扶贫可持续发展的金融生态环境。

（二）信用对信用环境建设的影响

信用资产的良性循环，构建了诚实守信的信贷环境和社会环境。贫困农户借助信用评级，就可以"无抵押无担保"地获得小额贷款，通过产业发展增收脱贫，将信用变成有形的财富，从卢氏县的实践看，信用对当地信用环境具有以下效果：

1. 促进了当地信用建设

在构建信用评价体系过程中，通过对全县农户，尤其是贫困户进行信用信息采集和信用评定，使广大农户在历史上第一次有了信用等级，同时通过细化守信激励、失信严惩的具体措施，将信贷信用与社会信用结合起来，推荐的契约精神法治理念等现代文明在乡村落地，一是匡正了不良行为，利用"三好三强""三有三无"标准，确定农户有无信用和信用等级，对有不良贷款记录、不良习气、游手好闲、好吃懒做等行为，实行一票否决，被一票否决者经过一定考察期才能重新授信，从而树立了正面导向。

2. 树立了诚信理念

通过信用等级评价与信用贷款规模的良性互动，建立守信激励和失信严惩机制，倡导诚信光荣、失信可耻的文明理念。对信用好的贫困户优先支持，即通过小额贴息贷款，免抵押免担保，全额贴息发展产业，对达不到 A 级以上的信用，互不支持其贷款，对于农户信用等级可以根据其信用信息的变化提高或降低，对诚实守信的农户，通过提升信用等级，扩大授信额度等措施给予奖励，对失信的农户，通过降低信用等级，减少授信额度等措施，给予必要惩戒。

3. 树立了新风正气

通过扩大信用评级结果应用领域，让诚实守信的农户得到实惠，营造浓郁诚信氛围落地在卢氏的很多企业在用工的时候都优先考虑信用度高的农户，这既让农户增加了收入，更营造了讲诚信重诚信的良好氛围，失信者受戒，守信者受益，信用意识得到明显提高。不少农户为了取得信用等级或主动归还积欠债务，或积极化解邻里纠纷，或改变自身不良习气，形成了一种正面的文明导向，净化了农村风气，引导了向上风尚，促进了农村精神文明建设。

郧阳区在全区范围内开展农村信用体系建设工作，并于 2017 年 3 月 10 日颁布了《郧阳区农村信用体系建设实施方案》，加快推进农户信用信息采集，建好农村信用信息数据库，实现涉农银行信用信息数据共享。通过农村信用体系建设与开展，切实提升农户和农村经济主体的诚信意识，积极营造"守信光荣、失信可耻"的良好社会氛围，改善农村地区的信用环境，加快金融扶贫攻坚步伐，促进郧阳区农村信用与经济良性互动、农村经济与金融协调发展。

第七章
金融扶贫实践存在的问题

金融扶贫的"郧阳模式"和"卢氏模式"所取得的卓越成效,从实践上验证了金融机制服务精准扶贫攻坚的巨大优势。但是也必须注意到,由于农村地区特别是贫困地区长期以来的金融排斥局面,金融机制打通扶贫的"最后一公里"、惠及"最后一群人"存在着一系列的客观困境和制约。贫困地区在制定因地制宜的金融扶贫政策、构建科学有效的金融扶贫机制及创新金融扶贫产品的实践过程中,也不可避免地出现一些有待改善的问题。本章从地方政府及银行、证券与保险四个层面对金融扶贫的困境与问题进行分析。

第一节 地方政府金融扶贫存在的问题

一、行政资源与金融资源不匹配

资源不匹配制约着贫困地区政府助力当地金融市场发展的效果。其一,政府干部选拔任用机制与具有长周期性的金融市场体系不匹配。干部一般在下一级职务工作两到三年后(根据具体岗位不同要求不同)具备提任资格,部分地区干部分管工作调整频繁,结合工作岗位行为心理学,仍有干部热衷于短期性目标。而鉴于金融的长期属性,地方政府对金融市场的建设属于长效建设,往往得不到应有的重视。仅有极少数地区将金融服务方面的贡献量化地放到干部绩效考核体系中,大多数地区以定性方式进行金融工作的考核,或以招商引资工作的成果来衡量金融工作的效果。这种周期的不匹配和考核机制的设计,导致行政干部没有精力或只愿投入较少的精力关注金融服务体系建设。其二,行政资源与金融机构无法有效衔接。金融机构的商业属性及运营机制特点,导致其经营目标难以与贫困地区的经济发展相契合。以银行为例,银行的分支行组织架构、信贷产品自上而下设计推广、地方权限受限,导致贫困地区信贷供需不匹配，出现了贷存比不高、存款流向大城市的虹吸现象。金融机构并不隶属于政府行政管理部门，贫困地区的政府受限于机制、体制及环境等诸多因素，与金融机构相关的各类政策用不足、用不全，难以调动金融机构为当地服务的积极性。

二、贫困地区的"贫困循环"现象

越是富裕的地方金融发展越充分，金融利用率越高；越是贫困地区，金融资源越有限，甚至有限的金融资源也无法得到充分利用，从而使得未被充分利用的金融资源涌向发达地区，产生了"贫困循环"现象。在金融市场中，政府可以通过部分财政资金撬动更多的社会资本，提高金融利用率。但几乎没有贫困地区可以做到整合财政资金与金融市场结合的改革。经济落后地区，小规模企业居多，需要担保公司用金融市场认可的手段帮助企业融资，但贫困地区往往缺乏担保机构；一些以农牧业为主的贫困地区，甚至不能拿出财政资金为国家补贴、地方财政配套的政策性保险提供支持，这些地区的农牧业种养殖无法利用金融手段抵御风险，一旦出现天灾人祸，贫困地区只会变得更加贫困。这些贫困地区的典型特点是财政收入较少，且不能通过整合实现"劲儿往一处使"的效果，导致金融资源利用不充分，实体经济在市场竞争中极易被淘汰，地区经济发展举步维艰，陷入"贫困循环"。

三、贫困地区的现代金融理念及专业人才匮乏

贫困地区的金融理念，尤其是与直接融资相关的现代金融知识比较落后，缺乏专业人才。一些地方政府在提到发展金融时，仍然是传统的财政思维，只想上级政府多拨资金、政策多倾斜。而金融的市场化决定了只有满足市场的条件才能得到相应的金融支持。由于缺乏金融思想，地方政府在资金的使用上，一方面无法用金融手段撬动社会资金；另一方面没有统一规划，重点扶持产业不明确，出现"撒芝麻盐"的现象。同时，由于相应的金融知识匮乏，贫困地区金融相关政策落伍，金融机制建设不完善，无法吸引金融机构及创新金融产品。虽然部分贫困地区配有金融方面的挂职干部，但受限于挂职期短、权责不统一等因素，很多地方挂职干部的作用不能得到充分发挥。

四、扶贫成效受制于地方政府金融意识

政府在金融扶贫工作中起着主导作用，要对金融扶贫工作中金融机构运作的思路和方法提供正确的指导和合理的监督，这就要求地方政府和官员应当具备良好的金融意识。

比较郧阳模式和卢氏模式，二者运用金融解决扶贫难题的侧重和亮点明显不同：郧阳模式侧重各种金融产品的综合运用以确保扶贫贷款资金的安全；卢氏模式则侧重基层信用体系的建设。从二者的比较就可以看出，一个贫困地区金融扶贫工作的具体展开跟当地地方政府和官员的金融意识有着很大的关联性。

另外，金融扶贫中政府作为主导方，要明确并且处理好精准扶贫中政府与市场的关系，妥善地运用市场规律，来提升金融机构参与扶贫的积极性。这就要求地方政府和官员必须具备好的金融意识。地方政府和官员金融意识好，则放权适当，激发市场的活力，带动金融机构参与扶贫的积极性和主动性；地方政府和官员金融意识不好，则强加指令和计划，忽视金融机构的市场性要求，挫损金融机构参与扶贫的主动性。

但在目前金融扶贫工作中，我们还无法确保所有的地方政府和负责官员都能具备合格的金融意识，即便地方金融扶贫的负责官员具备合格的金融意识，也不能确保所有参与金融扶贫一线工作的政府官员具备合格的金融意识。金融意识的强弱不一、良莠不齐，无法在短期弥补和提高是目前存在于金融扶贫工作中的客观事实。

这一客观事实的存在，就会影响到整个金融扶贫工作的落实和开展。就像在郧阳模式中，村一级的金融扶贫工作站，站长由村长担任，工作站的其他工作人员中也有部分村级干部。金融扶贫工作站是金融扶贫工作深入基层的重要机构，但我们却无法保证每一个扶贫工作站中的工作人员都具备合格的金融意识。在具体的政策落实、工作开展过程中，就很有可能发生因金融扶贫工作人员缺乏金融意识而导致的问题。由此金融扶贫工作的成效就会受到影响。

五、优化贫困地区金融生态系统

（一）信用生态环境

金融的发展依赖良好的信用环境，金融扶贫工作中的金融就更是如此。

由政府主导建立良好的信用生态环境，有利于金融行业进一步地融入扶贫工作，在扶贫工作中攻坚克难。政府可以从以下三方面入手，建立和发展良好的生态环境：

第一，加强贫困地区的诚信宣传教育，在全社会树立履约守信的好风气。

第二，建立征信数据收集、整理和共享的有效机制。贫困地区征信数据的收集和整理十分困难，单靠任何一个金融机构都不能完成。政府作为金融扶贫的主导方，有责任也有能力帮助金融机构建立起征信数据收集和整理的有效途径，卢氏模式中的信用村建设就是很值得借鉴的方式。

第三，建立有约束力的信用评价体系。有数据了，就要对征信数据进行分析，综合地考虑各种权衡因素，选定合适的模型，建立合理的信用评价体系。信用体系的合理与否要关注这个体系是否能够根据既有的资料对贫困户的信用情况做出合理区分，以及该体系能否对贫困户守信履约产生较强的约束力。

（二）风险管理机制

金融行业本身有一定的风险性，贫困地区本身的发展也带有风险性，二者相结合，就要求政府和金融机构在构建或者优化金融生态系统时，充分地考虑风险对金融扶贫的影响，做出相应的应对。从政府角度，风险管理要担负以下责任：

第一，帮助贫困地区树立防灾防损的观念和意识。政府应该在防灾防损方面加强对贫困户的宣传教育，帮助贫困户正确对待风险，从而促进全社会树立防灾防损的观念和意识。

第二，在金融扶贫工作过程中对可能的风险实时监控，一旦发现风险立即组织、协调金融机构进行风险处理，以减少风险发生的损失。

第三，对金融机构面临和遭受的损失给予适当的补偿，尽可能地打消金融机构的顾虑，调动金融机构参与金融扶贫的积极性。

六、"运动式扶贫"存隐患

实现到 2020 年贫困人口脱贫、贫困村脱帽的目标，时间紧迫，任务繁重，地方政府有必要采取超常规举措，拿出过硬办法，举全党全社会之力投入脱贫攻坚战。"集中力量办大事""限制时间出成效"，这对于当前冲刺阶段的扶贫攻坚的意义不言自明。但是我们还需要认识到，反贫困并不是一场

"毕其功于一役"的战斗。贫困问题有经济发展水平、资源禀赋、主观意识及能力等多方面根源,应当以发展的视角来对待。

当前各贫困地区为快速取得脱贫成效,普遍采取"脱贫攻坚月"等形式。如郧阳区于 2017 年 7 月开展"扶贫小额信贷脱贫攻坚月"行动,限定一个月完成 2 亿元扶贫小额贷款的放贷目标。截至 2017 年 8 月底,发放贷款 2.1 万户 2.2 亿元,覆盖率由不足 0.01%提高至 48.7%,取得了突出的实施效果及示范效应。但在看到这种集中运动式脱贫工作产生的喜人效果之余,也应注意到其在可持续性方面的隐患。

一是集中式扶贫在短期内投入了大量人力、物力、财力,成本高,难以持续。很多地区的地方政府响应国家政策的号召,短时间内召开各项动员会议,整合手头可用的资源,将大量的人力、财力、物力投入到了金融扶贫工作中。国家政策支持、地方政府动员,大量参与金融扶贫的工作人员也表现出了高涨的扶贫热情和斗志,从而引领金融扶贫工作取得一个又一个巨大成就。但是这种短时间内大规模的人力、物力、财力投入,也给地方政府及金融扶贫参与人员带来不小的成本。首先,有的地方政府的人员经费、政府开销已经因此明显的增加,给不同部门的财政造成了压力;其次,部分参与金融扶贫的工作人员,大量的时间和精力都转移到了扶贫攻坚之中,自身原本的工作却被忽略了,由此也产生一定的成本。比如,在郧阳区金融扶贫开展中,某个村的村支书为了做好金融扶贫工作站的工作,一段时间内居然极少有时间能够回家,连自己原本经营的工厂都疏于管理而荒废,这就是个人为金融扶贫而付出的成本。

二是引入的扶贫项目具有短期性,难以持续发展。为了突出业绩,地方政府在引入扶贫项目时,重视项目的短期收益和短期扶贫效果,而对项目是否能在本地持续发展重视不足。同时,针对贫困人口的扶贫项目大多是见效快的低端产业,长期规划不足。如郧阳扶贫小额信贷工作,虽然从覆盖面上取得了从 0.01%到 48%的惊人突破,但项目人均贷款额度仅 2000 元,期限统一为一年,并且支持的项目仅限于当地花生、玉米等作物种植及猪、羊、鸡等家畜养殖。金额低,期限短,产业单一且层次较低,在扶贫成效上"量"的成绩更重于"质"的突破。

三是金融扶贫工作人员缺乏扶贫可持续的观念。许多贫困地区的地方政府,都特意组成了政府工作人员和贫困户之间的帮扶对了,有针对性地对贫困户进行帮扶,不少的地方政府还设立政策月、政策年等,集中力度短期内投入人力、物力。但是在这些过程中，许多深入一线的金融扶贫工作人员本身缺乏扶贫可持续的观念，参与金融扶贫仅仅是为了完成单位交付的任务，短期内干劲十足，政策过后则不再关注扶贫工作。这些都将对扶贫工作的长期效果产生不利影响。

第二节 银行业金融扶贫存在的问题

一、经营目标与金融扶贫之间的矛盾

在金融扶贫领域，为了进一步响应和贯彻落实党中央关于金融扶贫的相关政策与要求，政策性、商业性和合作性金融机构等也都纷纷加入金融扶贫工作中。因此，这些机构不仅要为股东利益服务，也要为社会利益服务，不仅把企业经营好，而且要履行社会责任，平衡好追求商业利益和履行社会责任之间的关系。但现实中，大部分的商业性金融机构都面临着一个普遍和共性的问题，即金融扶贫面临着追求商业利益与金融扶贫成本高、风险大、收益低之间的矛盾。也有部分金融机构因为不能平衡好二者的关系，在机构运营过程中最后还是以追求商业利润最大化为目标。

普惠金融的对象，实际上就是精准扶贫的扶贫对象，是真正需要并渴望能够享受到正规金融服务的群体，然而这些群体因为自身无可作为抵押的物品、自身能力有限等主观因素以及其他客观因素等导致他们不能或者不能通过简单、便捷的方式享受到真正的金融服务。因为这些弱势群体需要的贷款金额相对要小一些，所以针对他们提供的金融服务需要相对投入较高的人力、物力和资金等成本，要承担客户不能按期还贷，或不能偿还贷款的风险，并且发放小额度贷款的收益对于金融机构来讲收益也比较低。例如，一笔10万元的贷款贷给一个中型企业，金融机构只需要做一次贷前调查，针对这一个贷款客户进行贷中管理，并且也只需要对其一个客户进行贷后跟踪，一笔贷款投入的人力、时间和精力等成本比较低，并且风险相对容易防范；但如果将上述10万元的贷款分10笔甚至20笔发放这些渴望得到贷款的贫困人群，那么微型金融机构需要投入10倍甚至20倍的人力、时间和资金等成本去做贷款的前期实地调查，并且为了保证贷款资金真正用于申请时的目的，还要投入大于20倍以上的成本进行贷后管理和跟踪。虽然贷款客户数增加，但对

于以追求商业利润为目的的金融机构来讲，谁都愿意将 10 万元贷款直接发放给一个相对稳定、有担保的客户，而不愿意发放给这些既无担保品又存在偿还风险的弱势群体。

自 2005 年普惠金融的理念提出后，各种类型的金融机构，如村镇银行、信用社、城商行、公益性质的小额信贷机构、小贷公司等都开始逐步投入到普惠金融体系建设的实践中，有些机构确实怀着一种服务弱小的情怀，以服务"三农"的理念通过设计并提供创新性的产品和服务脚踏实地地在当地践行普惠金融，开展金融扶贫工作，并取得了一定的成效。但各地区普惠金融发展水平存在一定的差异，具体如表 7-1 所示。

表 7-1　全国普惠金融发展水平情况

发展度	地区
较高	北京、上海
中等偏上	天津、浙江、广东、江苏、重庆
中等偏下	福建、辽宁、山西、四川、山东、新疆、宁夏、河北、陕西、河南、湖北、青海、黑龙江、甘肃、安徽、吉林、内蒙古、云南、湖南、江西
较低	贵州、西藏、广西

注：发展水平主要是综合考虑金融机构数、从业人员数、保险赔付与保费收入、贷款余额等指标。

此外，由于大家对普惠金融概念在理解上存在一定的差异以及面对商业利益和金融扶贫之间的矛盾，有些机构虽戴着践行普惠金融和金融扶贫的帽子，获取了一些优惠政策，但实际上服务的对象大都仍是其他大中型企业或个人，而精准扶贫的对象仍被排斥在享受金融服务的大门之外。对于公益性小额信贷机构而言，它们的初衷就是服务当地的弱势群体，为他们提供正规金融机构不能提供的金融服务，但由于公益性的小额信贷机构本身无相对稳定的资金来源，贷款规模和服务广度很难扩大，同时这些机构也面临着自己的生存和可持续发展问题，只有机构得到可持续发展，才能更好地为更多的弱势群体服务，所以这些从成立之时便一直在践行金融扶贫的机构同样也面临着追求财务绩效与实现社会绩效的矛盾。因为机构自身和资金有限，在现有信贷扶贫对象规模和额度上很难有所突破，不仅是公益小额信贷机构发展的瓶颈，同时也制约了更多的贫困人群享受到信贷扶贫服务，不利于全面脱贫工作的开展。并且，因为这种困境使得很多贫困人口通过民间借贷等非正规渠道获得贷款，最后引发了很多社会问题，如因不能偿还贷款被高利贷逼的自杀，或因债务越来越多无法偿还的，贫困对象变得愈加贫困或难以被扶持。

二、银行金融扶贫可持续性亟待提高

（一）信贷资金投放贫困个体人群效果差

近年来，在精准扶贫政策引导下，很多信贷资金投向贫困个体人群，但从实践证明来看，扶贫效果并不理想，这主要有两方面的原因：一方面，我国贫困地区人群大多劳动力不足、技术能力差、缺少生产要素和增收项目，申请信贷资金支持意愿不强，即使有融资创业的想法，但项目利润低，难以承受相对较高的利息成本；另一方面，贫困个体创业项目缺乏必要的市场调研和理论指导、盲目性大，加上贫困边远地区基础设施差、运输成本高、销售渠道单一，与低成本、广渠道的电商企业相比产品市场竞争力弱，这种先天不足致使信贷资金面临较大风险，商业银行在贫困地区的信贷政策也往往是先宽松后收紧，导致个体人群信贷资金投放效果较差。

（二）综合价值回报难以达到商业银行发展要求

贫困地区人群综合金融产品覆盖少，经济增加值低，仅依靠单一信贷业务，难以调动商业银行扶贫的积极性。而且贫困地区人群信用意识薄弱、担保能力不足，在农牧产品歉收或经济下行期致使贷款人还款意愿下降，造成贷款不良率较高。商业银行大多围绕经济增加值建立绩效考核体系，在项目立项上严格遵循收益覆盖成本原则。这种考核体系和项目立项原则更加强调业务的价值回报能力、成本和风险控制能力，在信贷规模有限的情况下资金往往趋向于成本低、回报率高的项目。

以重点支持"三农"业务发展且在金融扶贫工作上取得卓有成效的农业银行为例，从2015年到2017年上半年数据看，农业银行县域总资产回报率平均值为0.91%，低于该行总资产回报率平均值0.14个百分点，县域贷款不良率平均值为2.93%，高于该行全行不良贷款率平均值0.61个百分点，且县域贷款平均收益率呈逐年下降趋势（见表7-2），数据显示县域"三农"业务从价值创造和风险控制上低于全行水平。

表 7-2　农业银行金融扶贫重点指标对比（农业银行年报）　　单位：%

	全行总资产回报率	县域总资产回报率	县域贷款平均收益率	全行不良贷款率	县域贷款不良率
2015 年	1.07	0.97	5.97	2.39	3.02
2016 年	0.99	0.8	4.73	2.37	3
2017 年（6 月）	1.08	0.96	4.52	2.19	2.76
平均值	1.05	0.91	5.07	2.32	2.93

（三）贫困地区金融环境不利于商业银行开展持续扶贫工作

相对城市地区，我国贫困地区无论是在网点布局、渠道建设等物理环境方面还是信用体系、担保体系等生态环境方面都有很大差距，这种差距致使扶贫工作呈现成本高、不接地气等现象。

1. 渠道建设等物理环境方面

目前，我国大部分商业银行主要在城市布局，即使是在县域设立分支机构也仅限于县城区域，在乡镇，尤其是贫困地区，商业银行的物理网点和金融服务渠道极度匮乏，覆盖较广的信用社和村镇银行由于其政策和信贷规模局限性，难以满足广覆盖的扶贫资金需求，并且随着互联网金融的快速发展，商业银行布局物理网点的意愿越来越低，贫困地区人群受教育程度低，新事物接受程度差，对于手机银行、网上银行等电子产品较少使用，最终导致商业银行难以在扶贫工作上提供行之有效的金融服务。

2. 商业银行面临的信用环境

近年来，各地政府都意识到了信用环境建设的重要性，在加强农村信用体系建设、优化金融生态环境上制定了许多措施，但由于贫困地区金融基础长期薄弱，农民缺乏有效抵质押物，企业和农户征信等基础数据缺失，加上贫困地区人群信用意识淡薄，贷款违约情况时有发生，致使商业银行对发放扶贫贷款主动性不足。

3. 贫困地区的信贷担保机制也很不健全

近年来，政府在推动金融扶贫工作中创新了很多担保措施，但相对来说，贫困地区的担保方式仍然以信用担保和保证担保为主，抵押担保由于评估难度大、抵押权属登记不规范等原因，往往难以落实，目前采取的信用、农户联保、大户担保等担保方式风险大，经济资本占用高，政府担保、托底保证的范围有限,中介机构、保险担保又会增加借贷成本,这一系列导致了贫困地区的担保体系不利于商业银行扶贫工作的开展。

三、金融扶贫缺乏精准性

(一)精准识别难度大

一是项目信息不对称。相关银行机构虽然与各地政府建立了紧密的合作关系,但对于扶贫项目尚未建立有效的信息对接机制,不能及时获知省市县各级需要信贷资金支持的扶贫项目。二是建档信息质量差。部分银行机构反映,在对贫困户建档立卡时,存在名册不精确、更新调整滞后等问题。如,名册内60%的建档人员年龄已超过60岁,不符合放贷相关规定;建档立卡名册中符合扶贫贷款条件贫困户数远大于实际上真正符合扶贫贷款最低准入条件的户数。三是经济薄弱村难认定。据某县反映,该县272个行政村符合贫困村标准的占65%以上,但省有关部门给该县的指标只有41个,名额很难分配。四是精准需求难提出。调查发现,大多数县(市)政府的专业扶贫部门仅将眼光放在小额信贷上,还不能根据本地区的发展规划,编制切实可行的扶贫项目规划,提出扶贫开发总体金融服务需求,客观上使很多银行难以找准金融支持的切入点。

(二)制度设计不合理

扶贫小额贷款是银行业帮扶困难户增加收入、摆脱贫困的重要举措,但现行的制度设计存在不少不合理之处。一是额度小。以某省为例,目前该省单户扶贫小贷额度限制为2万元,远低于2014年银监会等五部委出台的《关于创新发展扶贫小额信贷的指导意见》中明确的"扶贫小额信贷是5万以下、3年以内、免抵押免担保、基准利率放贷"标准。这对于有能力、有想法进行致富创业的贫困户来说额度显然太小。二是条件高。不少农信社(农商行)发放贷款时为避免自身损失,仍要求农户提供相应担保措施,存在依赖村组干部和担保人发放贷款现象。三是期限短。农户生产经营具有生产周期较长、初期投入多、风险大以及见效慢等特点,而扶贫小额贷款具有还款周期短、额度小的特点,发放期限通常不超过1年。四是手续烦琐。据部分农户反映,小额扶贫贷款申请步骤包括村委会核实、乡镇政府初审、县扶贫办复审、财政局核查、银行审批等至少5道程序,从申请到放贷需1~2个月,贷款过程烦琐,影响农户申贷积极性。

（三）措施落实不到位

一是思想认识有局限。银行机构、当地扶贫办更多将金融扶贫理解为"小额扶贫贷款"，大多不能从更深更广层面考虑银行业支持扶贫开发。二是机构之间不平衡。与法人农信社（农商行）相比，基层农发行、农行、邮储银行等机构支持扶贫开发工作更多受制于上级行政策导向和具体部署，配套机制有待跟进。除法人农信社（农商行）外，其他机构还未有专门针对建档立卡贫困户个人开展有财政资金贴息的扶贫小额贷款业务，也缺少专门的扶贫贷款统计安排。三是制度执行不严肃。部分县、乡政府更多出于取得小额扶贫贷款奖励等考虑，对扶贫贷款发放进行任务分解，硬性摊派指标，甚至不顾实际，逐年增加扶贫贷款投放指导计划，诱发了地方政府和相关农信社（农商行）双重道德风险。一些机构存在建档立卡名册外发放贷款，一户多贷、非农贷款列入申报范围；部分低收入农户参加了多个帮扶协议的签订，少数签订帮扶协议的对象不在低收入农户名册，部分低收入农户既申请了扶贫小额贷款，又作为大户帮扶对象等问题。

（四）配套政策不完善

一是贴息奖励划拨不及时。部分银行机构反映，小额扶贫贷款存在贴息资金、风险补偿金审核效率低和划拨不及时等问题。以某县为例，2017年第一季度，该县贴息资金、风险补偿金、担保基金实际到位率分别为67.4%、74.6%、16.8%；某农信社2016年末贷款余额9855.77万元，但财政缴存的小额扶贫贷款专项保证金余额仅1283.66万元，与省财政规定1∶3的缴存比例相比仍有较大缺口。二是风险抵补措施不到位。一方面，农业保险制度等不够健全，部分地区反映目前市场的农业保险价格普遍偏高，且保险覆盖面较低，免赔的条款较多，一旦出现生产遭受损失的情况，农业保险无法覆盖农民损失。另一方面，农业生产出现灾情后，农户与保险公司之间在核灾定损方面争议较大，整体理赔较为困难。三是再贷款政策不完善。一些银行机构反映，央行要求扶贫再贷款指标必须在一个月以内发放完毕，在基层很难操作。某行今年争取到2亿元再贷款指标，目前贷款余额只有1亿元，要在一个月以内发放完成另外的1亿元难度很大。

四、银行业在金融扶贫中风险过大

目前，贫困户要获得金融支持，还存在一些难题。主要是贫困户自身条件不够，产业发展缺乏支撑，相关配套的风险分担机制不完善，金融机构面临的风险和收益不完全匹配，没有从根本上解决其开展金融精准扶贫工作的动力问题。

（一）风险分散和化解机制不完善

1. 银行机构认为贫困户贷款风险较大，信用级别低

由于农户资产少、资信状况较差等原因，桑植县贫困户被农商银行评定的 D 级户达到了 60%，这部分由于信用较低难以得到贷款扶持。贫困户承担贷款风险能力不强，产业发展项目许多为"公司+基地+农户"方式，部分公司不愿意为贫困户担保。同时，由于农业保险发展滞后，对分散风险也不够。

2. 相关扶贫信贷风险补偿基金规模偏小

张家界市信贷风险补偿基金主要在扶贫、涉农、创业、基业领域，并且规模偏小，目前总金额为 1.1 亿元。根据《湖南省金融产业扶贫试点工作实施方案》（湘扶贫办〔2014〕8 号）精神，扶贫小额信贷按照风险补偿金 1：10 的比例撬动贷款。通过多方努力，目前扶贫小额信贷风险补偿基金基本到位，已经达到 8900 万元，基本达到比例要求。但是其他类风险补偿基金没有完全到位。慈利县农村承包土地经营权抵押贷款风险补偿基金仅 1000 万元，而到 4 月末已发放的贷款余额为 1.2 亿元。2016 年由张家界市农委牵头设立的新型农业经营主体贷款风险补偿基金，目前仅到账 300 万元。全市两家担保公司资本金规模小，目前只有 4.2 亿元，代偿率高，实力偏弱。

（二）农村产权没有得到有效盘活

1. 抵押担保能力不足问题突出

在贫困地区，贫困户难以找到有经济实力的担保人，而自身拥有的住房、土地、农机具等资源有限、价值较低，无法成为有效的抵押物，导致银行发放贷款的意愿不高。在担保方式创新方面，农村住房财产权、土地经营权、林权等抵押贷款新模式都处在试点探索阶段，抵押处置变现的障碍依然存在，没有形成规模效应。

2. 农地、农房抵押贷款推进速度不快

2017 年张家界市农村"两权"抵押贷款试点工作推开以后，除了慈利县农地贷款及桑植县、慈利县农房贷款以外，其他的没有实质性的开展。目前，慈利县土地承包经营权颁证率还不高，单一的农地抵押贷款还较少，包括其

他复合抵押物的农地抵押贷款余额也仅 1.22 亿元，还远不能满足涉农经营主体的资金需求。同时，土地经营权收储处置等中介服务体系尚未完善。由于不是全国试点地区，桑植县发展农房抵押贷款业务还存在一定的法律风险。

（三）贫困户产业发展缺乏支撑

1. 缺乏有效的产业项目

据了解，只有 30% 左右的贫困户可以自主发展产业，其他的贫困户要么依靠其他农业经营主体带动，要么发展产业无门，或者仅能从事简单的养牛、养鸡、种植水稻、玉米等附加值较低的农业。从依靠其他经营主体带动来看，新型农业经营主体带动了贫困户参与的数量全市也只有 20 家左右，带动的贫困户数量较少。

2. 缺乏产业链环节的支持

在获得扶贫小额贷款的贫困农户中，部分贫困户自主选择项目发展生产，因市场信息不对称而产生的风险较大。桑植县五道水镇贫困户罗某 2015 年申请获得 5 万元小额扶贫贷款养殖娃娃鱼，在购买鱼苗、养殖厂房建设、新鲜饵料投放等方面的投入累计达 10 万元，但是娃娃鱼销售价格由两年前 120 元/斤下跌至目前的 70~80 元/斤。由于没有足够的产业链上下游的联系和支持，在面对市场、经营环境的改变时难以有效应对。

（四）银行业自身改进金融服务不够

1. 信贷服务有一定的不匹配

因农业产业化水平相对不高，市场预期效益不明显，不少银行机构在金融扶贫方面动力不足，开展金融扶贫业务的主体为农商行系统。扶贫信贷产品和服务方面还需进一步完善，如贷款额度，相当部分种养殖户对资金需求为 5 万~10 万元，但目前农户通过信用贷款方式获得信贷支持，授信额度平均仅 5 万元左右。贫困地区和偏远农村的基础设施比较落后，"空巢老人"和"留守儿童"偏多，涉农金融机构提供金融服务的成本比较高。

2. 劳动力不足导致城乡金融资源配置失衡

农村青壮年劳动力大量外出导致地方农业发展中劳动力缺乏，技术支持薄弱，信贷资源承载能力弱。永定区王家坪镇总人口 1.6 万人，现有 6000 多人外出打工，在家务农多为 60 岁左右的老年劳动力。目前，张家界农商行农村网点存贷比只有 30% 左右，而城区网点存贷比高达 100%~120%。

第三节 保险业金融扶贫存在的问题

一、贫困户的保险意识还有待进一步提高

受传统文化和经济条件的影响,绝大多数贫困户还是习惯性地自己承担风险,不愿提前为可能发生的风险买单,他们认为这是多余的支出。并且,保险在事故发生后赔偿,他们认为买了保险似乎在诅咒自己发生灾害,这是件不吉利的事。受这些落后思想的影响,贫困户的投保意愿不高,对保险的认可度不强,特别是在有些贫困地区,保险行业只能通过与政府合作才能勉强让贫困户投保,但往往这种类型的保险赔款力度也不大。因此,贫困户的保险意识不强阻碍了保险业对金融扶贫的支持。

笔者从保险公司了解到,目前灾害保险推广困难重重,仅少数贫困户愿意办理农业自然灾害保险。究其原因:一是多数贫困户保险意识滞后,没有认识到办理保险是转嫁农业风险、保护自身利益的有效途径;二是保险公司不注重业务宣传,多数县支公司很少开展宣传活动,群众对保险知识了解很少;三是农业灾害保险金额小,业务量大,县支公司由于人员少或其他原因不愿投入过多的精力。

二、保险供给与需求双不足

(一)意愿需求与有效需求双不足

农业生产和经营风险的客观存在,必然形成对防范风险的巨大需求,但目前我国农业保险的需求明显不足,主要有意愿需求不足和有效需求不足两方面表现。

1. 意愿需求不足

(1)在面对农业经营和生产中的各种风险,农民可以选择各种风险管理办法,它们和农业保险之间具有很强的替代关系。如果相对于其他风险管理手段,农业保险减少单位风险所需的成本更高,农民当然不会购买保险。

(2)我国农业补贴政策侧重于对非农业保险的补贴,这也是农民农业保险意愿需求不足的一个原因。

(3)我国农民面对各种风险,心存侥幸心理,认为农业保险"意义不

大""不值得",另外,窄小的经营规模使农业生产产生较低的预期盈利,农民因而不愿意付出保险成本。稍微了解一些农业保险知识的农民又往往认为保险这一问题的突出表现就是索赔困难,如果出险,在向保险公司索赔时,不仅手续极其烦琐,而且很多时候保险公司以各种理由拒赔,农民对保险公司的不信任已经成为一个比较严重的问题。

2. 有效需求不足

(1) 我国农民的低收入严重制约着广大农村地区投保能力,这是导致农业保险有效需求不足的重要原因。农业保险的市场化费率通常比普通商业保险的费率高。经验表明,农作物保险的费率一般在2%~15%,比家财、企财的损失率(1‰左右)高出很多,这就进一步限制了农民的投保能力。

(2) 可供农民选择的保险产品少是导致有效需求不足的另一个原因。目前农业保险市场上的产品都是城市低端产品的延伸,现有产品未充分考虑农业风险特征及农户收入低且不稳定等特点,从而降低了农民投保的积极性,现实保险需求很难转化为实际购买力,即有效需求。

(3) 购买渠道的单一和不便也是影响农民购买保险实现有效需求的重要原因。

(二)意愿供给和有效供给双不足

1. 意愿供给不足

我国是农业自然灾害事故多发国,一旦出现灾害,保险公司往往需要高达几千万元的赔偿,甚至上亿元,尤其是在自然灾害比较频繁的地区。保险公司对农业保险还是相当谨慎,趋利避害是任何一家营利性商业运行机构的天性。因此,农业保险风险大是保险公司农业保险意愿供给不足的决定因素。另外,农业保险的可保标的及可保风险的特殊性使农业保险的经营面临更多的道德风险和逆向选择。许多农民买了保险后,高枕无忧,不积极参与防灾防损,导致损失扩大,另外,由于农业生产分散,保险公司监督力度不够,少数农民法律意识淡薄,利用保险进行欺诈活动,把保险当作"摇钱树"。农业保险的这种道德风险和逆向选择使保险公司在管理上面临很大的不可控性,从而极大地影响了保险公司的供给意愿。

2. 有效供给不足

农业保险标的的特殊性决定了其可保性较差的特征,由于缺乏大量的数据，相关的精算、测量技术难以到位，因而保险公司在农业保险的经营中面临风险不易确定及不易分散，农业保险的费率难以计算等难点。同时，保险公司在农村地区开展保险业务的成本也比较高。姑且不谈广大农村缺乏电脑等技术手段，甚至连电话的普及率都非常低，而且很多农村的交通非常不便，这使保险宣传、理赔等一系列工作存在一定的困难，这都在无形中增加了保险工作的难度，也在某种程度上提高了保险公司的成本。

（三）供需矛盾严重突出

1. 农业保险产品开发不到位，险种单一

我国农业保险发展滞后，保险产品的结构不合理，险种可选性少，不能满足市场的多样化需求，这是供需矛盾突出的一个重要因素。产品缺乏创新，一方面产品雷同多，细分度不够，达不到不同人群、不同需求的组合效应。另一方面产品开发能力弱，更新换代慢。

2. 保险中介机构缺位是农业保险市场上供需不平衡的原因之一

保险中介机构是介于保险经营机构和投保人之间从事中介服务的单位，它对保险供求双方能起到重要的媒介和桥梁作用，特别是在农村这样一个业务分散、缺乏投资者教育的市场，需要大批中介人才为农民普及保险制度，解读保险产品。

3. 农业保险发展缺乏专业性保险从业人员

农业保险经营的复杂性、艰苦性导致人才严重缺乏。数据表明，我国保险市场人才供需比例约为 1∶4，农业保险市场的这个比例将更大。人才的极度匮乏，特别是核保、核赔、精算等技术型人才和管理、营销、培训等复合型人才的严重不足，使供需矛盾日渐严重，已成为制约农业保险业快速发展的重要因素。

三、承担风险太集中

（一）贫困地区易发风险

1. 贫困地区自然环境恶劣容易诱发风险

贫困地区之所以贫困，往往是由于历史原因或是自然环境受限，贫困地区的自然环境中存在着若干影响生产稳定性的因素，这些因素的存在都会诱发一定的风险，使得贫困地区天然成为风险易发地。比如郧阳在历史上有多次的洪水记录，其粮食的生产受到天气的影响较大，天气的变动就是郧阳发生风险事故的因素之一。

2. 贫困地区基础设施薄弱容易诱发风险

好的基础设施建设有利于化解各种风险，也有利于在风险发生时减少损失的发生。但是贫困地区由于经济实力有限，其基础设施的建设相对薄弱。比如卢氏县，区内多山，交通不发达，县内的医疗水平、消防设施建设、防旱涝设施建设等都相对不足，在一定程度上成为风险事故发生的外在因素。

3. 贫困地区防灾意识欠缺容易诱发风险

贫困地区经济发展水平低，伴随而来的是教育水平的不发达，人民群众对于风险的认识相对不足，这就导致贫困地区的集体防灾防损的意识不强，从而容易因为极小的因素而招致风险事故的发生。

（二）贫困户自担风险的能力弱

对于家庭而言，家庭财富足，家庭收入高，则家庭有能力自负的损失就大，自担和抵御风险的能力就强。抵御风险能力强了，反过来，又会减少风险对自身的影响，减小风险的损失。而贫困户，往往收入能力较差，用于风险预防的资金较少，在面对风险时就会显得脆弱，容易放大风险的损失。比如截至2017年11月卢氏县农村居民可支配收入只有5800元左右，贫困户的可支配收入就更少，贫困户可支配收入中用于抵御风险的就少之又少。在这种情况下，靠贫困户自身抵御风险、化解风险是不可能的。

（三）保险承保的项目风险集中

保险承保的贫困户，承保的扶贫项目往往是捆绑在一起的，所有保险金额都与项目的发展情况有关，这就使得金融扶贫中保险承保的风险有集中的趋势。比如郧阳模式中，贫困户通过保险担保获得小额贷款投放到香菇项目的生产中，这就使得所有参与香菇项目的贫困户的资金安全与香菇项目的发展捆绑在一起。若发生不利于香菇生产的事故，就会导致参与香菇项目的贫困户的资金安全风险集中爆发。

（四）保险承担风险的比例过高

在政府建立风险保障基金，以财政资金做杠杆撬动银行信贷支持的过程中，保险参与并扮演了重要的担保角色。但是相对而言，这种担保往往承担的比重过高，比如郧阳模式中风险保障基金，政府、保险、银行三者担责比例是 2∶7∶1，保险的担责是政府担责的 3.5 倍，是银行担责的 7 倍。这样一来，若是出现灾害事故频发的情况，保险公司就会面临很大的赔付压力，极有可能亏损。

四、保险承保持续进行面临阻力

（一）保险机构参与扶贫的收益较低

保险行业也是逐利的行业，但是金融扶贫中的保险往往收益较低，一方面是因为定价不够科学，预备的赔付和费用不足；另一方面是因为贫困地区贫困人口灾害事故的多发性导致了赔付较多；再者从政策制定者层面也希望保险给予贫困地区优惠。分担高风险，享受低收益，这种情况自然会影响保险公司主动、持续参与扶贫的积极性。

（二）政府机构延交保费

政府向保险公司缴纳的保费来源于财政拨款，资金的到位要经过层层审核，这就难免会导致在具体工作中的保费延期到位，出现先承保后交保费的情况。在这种情况下，就意味着保险公司损失这部分保费的时间价值，对于保险公司而言是一种风险和损失。这个因素也会降低保险公司参与扶贫保险的积极性。

第四节　证券业金融扶贫存在的问题

一、贫困地区的资源配置效率低

为了推动贫困地区的改革与发展，我国政府连续出台了一系列扶贫政策，投入了大量的资金，但由于诸多原因，金融扶贫仍存在许多难点，金融扶贫作用未能有效发挥。其根本原因在于我国经济长期处于计划经济体制下，相关市场机制不健全，经济发展方式转变较为缓慢，尤其在政策优势逐步减弱后，其经济外向度比例较小，对域外资金吸引能力差，尚未形成能够提供多样化的融资渠道进而激活区域资本市场。目前，贫困地区的经济发展模式封闭性较强，内生动力不足，主要表现在以下三个方面。

1. 直接融资不足，杠杆利用率较低

总体而言，贫困地区与国内其他区域相比，资本市场缺乏活力，发展程度较低。无论从股权市场角度还是债券市场角度,贫困地区的融资数量和规模都较低。2016 年,全国通过股票(A 股)及债券融资金额为 71762.8 亿元,其中,东部地区金额为 40949.7 亿元,占比 57.06%。东部地区通过资本市场筹资的能力明显高于其他地区,贫困地区直接融资占比低,造成资本市场优化资源配置的作用和资本的杠杆效应未能在贫困地区经济发展中得以充分发挥。

2. 金融中介主体的质和量均欠佳

金融中介机构作为资本市场在贫困地区的金融触角,具有重要的资源配置价值。在贫困地区的扶贫事业中,大量优质的金融机构能够有力助推地方经济发展,激活企业细胞,盘活存量资产,从而支持地方经济结构调整,让更多贫困人口受惠于经济发展的成果。在资本市场上,实力雄厚的地方证券公司往往发挥着重要的桥梁和引导作用。例如,2016 年,上海国泰君安证券股份有限公司作为主承销商共承销信用债券 367 只,债券规模达 7041.51 亿元;而甘肃华龙证券股份有限公司作为主承销商承销信用债券 12 只,债券规模仅为 147 亿元。总体而言,我国沿海地区拥有大量资质优良的证券公司,而贫困地区证券公司数量较少,综合实力偏弱。

3. 融资主体资金需求迫切,但融资能力不强

贫困地区的融资主体对资金的需求较为迫切,但我国法律法规对融资主体提出了明确的要求,融资能力与主体实力相挂钩。相比较而言,不同地区融资主体的规模大小、实力强弱,形成了不同的融资能力。以哈尔滨与南京比较,哈尔滨市仅有哈投集团、城投集团、开发区合力公司、哈西投资公司等为数较少的投融资平台,资产规模不大,实力整体不强。2016 年,哈尔滨市共实现信用债融资规模为 355.27 亿元,而南京市则实现融资 2299.30 亿元,是哈尔滨市的 6.47 倍。综合看,贫困地区特别是深度贫困地区经济发展乏力的根本原因不单是政策支持力度不够,更重要的是对资本市场重视不够、运用不足,以致资本市场对实体经济的助推力没有得到激发。我国资本市场经过二十多年的发展,虽然已初步形成了包括多元化主体在内的全国性资本市场体系,但从资本市场支持实体经济发展的程度看,还存在功能未能全面发挥、整体效率不高的问题,尤其是在贫困地区,资本市场支持实体经济发展的力度是远远不够的。金融生态环境不佳一度是贫困地区的短板,近年来虽有改善,但仍不尽如人意。因此,资本市场应当成为贫困地区可持续发展和

扶贫的重要支撑点。

二、资本市场金融扶贫的风险大

资本市场服务国家脱贫攻坚战略可能会存在一些问题，这些问题主要表现为预期的一些试错风险、债务风险、投资者利益受损风险、腐败风险等。因此，前馈式地识别存在的问题，分析资本市场服务国家脱贫攻坚战略过程中将面临哪些主要挑战，这是我们需要解决的重要问题。

1. 资本市场服务国家脱贫攻坚战略可能会引发债务风险

2015年5月25日，国家发改委发布《关于充分发挥企业债券融资功能支持重点项目建设促进经济平稳较快发展的通知》（发改办财金〔2015〕1327号），支持县域企业发行企业债券融资，县域企业发行用于重点领域、重点项目建设的优质企业债和专项债券不受发债企业数量指标的限制。

2015年11月30日，国家发改委发布《关于简化企业债券审报程序加强风险防范和改革监管方式的意见》（发改办财金〔2015〕3127号），放宽信用优良企业发债指标限制。债项级别为AA及以上的发债主体（含县域企业）不受发债企业数量指标的限制。

2. 资本市场服务国家脱贫攻坚战略可能会对投资者利益保护产生影响

资本市场的主要功能是融资，当前贫困地区政府、企业利用资本市场获得融资的途径主要有IPO和发行企业债券。例如，证监会对贫困地区的企业IPO的准入机制设定了一定的标准，发改委对放宽县域企业发行企业债也做出相应的规定。但是，这两种融资方式存在共同问题，即贫困地区的企业（城投公司或者民营企业）可能存在由于自身利润不足、资产规模不够而"虚假"包装问题，如果监管审批部门在优先简化审批后，使这些地区的企业获得IPO或发债资格，极有可能出现IPO企业大规模套现或发债主体不能及时偿还本息的情况，最终损害投资者的利益，从而不利于资本市场的长期稳定发展。

3. 容易引发腐败风险

诸多经济学家极力反对利用资本市场扶贫的一个重要原因，就是大量资金涌入贫困地区并不能达到真正脱贫的目的，相反却会富了个人，导致地区越发贫困。事实上，从国家、省等各级审计部门的审计结果来看，扶贫资金被挤占、挪用、出借的情况屡见不鲜，导致一些扶贫资金不但无法及时用于计划中的项目，反而被一些单位和部门或者个人占为己有，催生腐败。腐败风险的危害在于，一方面，会导致资金无法用于真正的扶贫项目，最终资金缺口仍需通过上一级财政支付来填补；另一方面，腐败的存在无法使融资资金用于产业链的开发与构建，不利于贫困地区融入现代化经济体系中。

三、参与力度还不够

（一）参与金融扶贫的证券业产品少，创新少

证券业产品本身十分丰富，各种形式的组合和衍生使得证券业产品相较于银行贷款和保险而言更加丰富。但是金融扶贫的实际操作中，由于证券类产品自身的门槛较高，对企业的要求也高，导致了目前能够引入扶贫开发中的证券类产品还比较有限，证券业产品在金融扶贫中的组合创新不够明显。

（二）参与金融扶贫的证券业资金少，规模小

比如郧阳区，公益股的投入资金只有300万元，这样的资金数量明显不能填补庞大的扶贫资金缺口。证券业金融扶贫投入资金少，重要的原因还是证券类产品在适用时的门槛问题，必须找到合适的企业，对接合适的产品才能够将资金进行运用，目前的创新和深入还不够，故而证券业资金在金融扶贫中还存在投入少、规模小的困境。

（三）参与金融扶贫的证券业机构少，人员少

证券业金融机构的网点布局相较于银行和保险本身就少一些，在贫困地区更少。这样证券业参与金融扶贫就会受到自身机构布局的限制；机构少，从而能够深入一线，参与到金融扶贫中献计献策的证券业专业人员也少。

第八章
金融扶贫的对策和建议

第一节　地方政府引导金融扶贫的对策建议

一、重视资源整合

其一，整合政策资源。为进一步通过金融支持脱贫攻坚，党中央、国务院、中央各部委办局，地方各级政府都出台了一系列的相关政策。每类金融机构仅熟知自己所属部门的政策，但贫困地区需要的是综合金融服务，因此需要贫困地区政府加强顶层设计，针对当地情况，因地制宜整合政策资源，使得当地政策红利整体最大化。

其二，整合行政资源。几乎所有贫困地区都提出了产业脱贫的方针。与之对应，地方经信局、中小企业局、金融办、发展改革委、农业局等部门都分别提出了相应的金融支持产业脱贫的办法。通过整合贫困地区各行政部门的资源，实现统一性和整体性，使金融手段与行政资源有机结合，发挥最大效能。

其三，整合财政资金。针对金融机构忌惮贫困地区及中小微企业的风险，对贫困地区支持力度不够的问题，地方政府可通过整合财政资金，改革财政资金使用办法来解决。设立重点产业风险补偿金、成立担保公司等，用金融机构认可的金融方式，健全金融风险监控机制，引导金融机构支持当地实体经济。撬动社会资本，成立重点产业引导基金，着重支持当地重点发展产业，提供企业全生命周期各阶段的支持，通过实体企业发展带动地方产业链条发展，真正实现产业脱贫。

其四，整合金融信息平台。通过整合贫困地区金融供需信息平台，为实体经济提供除银行以外的更多金融供给机构及结构化金融产品，减少以银行为主、产品结构单一等原因导致的贫困地区融资难题；同时，通过整合信息资源，充分挖掘金融需求，节省金融供给方和需求方资源匹配的时间成本，提升资金的时间价值，提高金融资源配置效率。

二、重视金融生态环境建设

一是合理规划，打造优质金融环境。贫困地区政府在制定相关规划时，应以不断优化金融生态环境为首要目标，注重整体性与局部性的结合、长效及短效的结合、多变性与一致性的结合，使规划具有实际指导意义，而绝不是一纸空文。

二是科学谋划，强调体制和机制建设。通过优化体制及机制建设，减少具体事项调整、干部岗位更换等阻碍或放缓金融扶贫工作的现象发生。例如，可通过健全干部考核评价机制，将金融扶贫工作从定性到定量、从短期效果到长期效益指标纳入立体化干部考核指标体系中，从而激发贫困地区政府干部推动金融扶贫工作的动力，促进金融扶贫工作提质增效；通过设立金融流动法庭或金融仲裁庭，从执法时间和效率上，加大金融方面的执法力度，维护贫困地区金融生态环境的稳定。

三是整体筹划，建立诚信的金融环境。在市场经济条件下，金融环境诚信建设对金融资源是否愿意去当地扶贫至关重要。贫困地区政府可以通过政府顶层设计、高校科学规划、明确奖罚体制、公检法配合、金融机构优惠、担保公司助力、知识普及先行、舆论宣传紧跟等多项办法联动，兼顾人民银行、发展改革委、工商、公检法等部门的信用体系建设，统筹当地金融环境诚信建设的全局工作。

四是对接市场，规范企业经营行为。造成中小微企业融资难题的主要原因之一是企业不规范经营，投资人不了解企业真实情况，无法进行有效风控，从而放弃投资，该现象在贫困地区尤为突出。贫困地区政府可委托会计师事务所、律师事务所、管理咨询公司规范当地中小微企业经营行为，并大力支持有条件的企业进行股份制改革，从而更好地对接资本市场，打造良性循环的金融生态环境。

五是宣传引导，培养金融生态意识。政府通过引导、宣传及金融公益培训等，严厉打击非法集资、恶意逃废债和骗贷行为，规范民间借贷，推广普惠金融，引导居民合理选择理财方式，培养贫困地区人民及企业的金融生态意识。

三、重视引入金融资源

一是大力发展 PPP 及产业基金。通过 PPP 及产业基金的项目运营模式，在引入社会资本、增加投资资金来源渠道的同时，引入运营的团队和科学运营的办法，既解决贫困地区政府部门缺乏项目运营经验的问题，又化解公共项目绩效监控难落实的窘境。

二是以灵活用工的理念组建金融顾问团，帮助解决贫困地区金融专业人才匮乏的问题。金融顾问团宏观上可以为贫困地区政府的金融决策和金融业发展出谋划策，微观上可以为当地企业的金融资本运作方案提供智力和金融资源的支持，为培养全民科学现代的金融意识做出贡献。

三是建立有物理地址的市场化运作的金融服务中心。虽然互联网加速了信息交流，但受限于贫困地区企业和百姓的传统观念，他们缺乏对互联网信息真伪甄辨的经验。为满足防范区域金融风险的要求，政府可在贫困地区建立有物理地址的金融服务平台；市场化运作有助于金融服务中心的长效机制建设，健全金融风险监控机制，树立服务型政府新形象，扩大宣传及影响力。

四是重视金融人才培养。一方面，通过科学合理的政策待遇和长效绩效机制，吸引优秀金融人才在贫困地区扎根落户；另一方面，通过外来金融人才培养和带动一批当地的金融专业队伍。

四、完善金融扶贫治理体系及治理机制

治理体系、治理机制的建立和完善是金融扶贫工作的重中之重，只有做好了这方面的工作，才能梳理好各方参与主体的地位和关系，才能理顺金融扶贫的工作思路，才能保证金融扶贫工作的切实有成效。现就金融扶贫治理体系及治理机制的完善，提出以下几点建议：

（一）明确治理体系及治理机制完善的目标

这是治理体系、机制在建立和完善过程中提纲挈领的部分，只有明确了目标才能进行后续的建设和完善工作。治理体系和机制完善的目标应当是一个系统性、综合性的目标，系统性是指这个目标应该是一个目标系统，既要有总体的目标，又要有分解的目标，还要有具体的目标；既要有长期的目标，又要有即期的目标；既要有国家层面的目标，又要有地方层面的目标。各种目标相互配合、相互制约，组成一个完备的目标系统；综合性是指目标在确

定的时候要综合各方面的因素，比如收益性、可行性等，充分考虑金融扶贫工作的各项要求，考虑贫困地区金融扶贫的各项困难等。

（二）治理体系要多方参与

在确定了完善目标之后，就要考虑治理体系、机制的参与对象和约束对象。金融扶贫所牵扯的参与方众多，有政府、金融机构、金融监管机构、贫困户、参与扶贫企业等。在进行治理体系和治理机制完善的过程中，要充分调动各方的积极性，将参与金融扶贫的各方主体都纳入其中，并且在治理体系、机制中要体现对各方参与主体的尊重和限制，梳理好各方参与主体之间的关系，保证各方主体在治理体系、治理机制中能够有发言权、选择权，能够充分地发挥各方参与主体的优势。

（三）确立合理的统筹机制

在明确了参与方和他们之间的关系之后，就要确定合理的统筹机制。金融扶贫工作的开展不是单靠政府，也不是单靠金融机构，是各方主体一同参与协调的工作。在这个工作过程中，要保证各项政策的迅速高质落实，确保每项工作的有序健康开展，没有一个合理的统筹机制是不行的。统筹机制的建设可以以政府为主导，但政府的主导权也要充分地考虑各方参与主体的性质，尊重市场规则，不能完全靠行政手段来保证政府的主导权。

（四）确立有效的信息传递机制

贫困地区、贫困户往往地处偏远、情况复杂，金融扶贫工作要深入一线，对贫困户进行了解和帮扶，其要获取的信息量和要从事的工作量都是巨大的。这就要求确立有效的信息传递机制，以保证统筹层次获得一线真实有效的信息，一线获得统筹层次真实有效的反馈。在这方面，重点要放在精简信息传递流程上，避免不必要的信息流失和信息加工。

（五）信用体系的创建和完善

在各方面机制完善之后，具体金融扶贫工作的开展，还离不开信用体系的建立。金融是建立在信用之上的，只有扶贫治理体系中的信用体系完善了，才能帮助金融行业更好地融进扶贫工作中去。建立信用体系要注重征信数据的收集、合理信用评价体系的建立、动态征信的观测以及金融知识的宣传等方面，在实践中不断地摸索和积累。

（六）激励和约束机制

激励机制是指要对参与的各方主体进行激励，以提升参与主体的积极性、主动性，激励的措施既可以从提供风险保障方面入手，也可以从提供可见利益入手，还可以从有利于参与主体长期的发展入手。这个要在具体的工作中了解各方的需求，结合参与者和贫困地区的具体情况具体安排。

约束机制是指要对参与主体进行监督约束，规范参与主体在具体工作中的行为，可以制定监督参与主体的法律法规，对违背法规的参与主体进行惩戒。

五、优化贫困地区金融生态系统

（一）信用生态环境

金融的发展依赖良好的信用环境，金融扶贫工作中的金融就更是如此。由政府主导建立良好的信用生态环境，有利于金融行业进一步融入扶贫工作，在扶贫工作中攻坚克难。政府可以从以下三方面入手，建立和发展良好的生态环境：

第一，加强贫困地区的诚信宣传教育，在全社会树立履约守信的好风气。

第二，建立征信数据收集、整理和共享的有效机制。贫困地区征信数据的收集和整理十分困难，单靠任何一个金融机构都不能完成。政府作为金融扶贫的主导方，有责任也有能力帮助金融机构建立起征信数据收集和整理的有效途径，卢氏模式中的信用村建设就是很值得借鉴的方式。

第三，建立有约束力的信用评价体系。有了数据，就要对征信数据进行分析，综合地考虑各种权衡因素，选定合适的模型，建立合理的信用评价体系。信用体系的合理与否要关注这个体系是否能够根据既有的资料对贫困户的信用情况做出合理地区分，以及该体系能否对贫困户守信履约产生较强的约束力。

（二）风险管理机制

金融行业本身有一定的风险性，贫困地区本身的发展也带有风险性，二者相结合，就要求政府和金融机构在构建或者优化金融生态系统时，充分地考虑风险对金融扶贫的影响，做出相应的应对。从政府角度，风险管理要担负以下责任：

第一,帮助贫困地区树立防灾防损的观念和意识。政府应该在防灾防损方面加强对贫困户的宣传教育,帮助贫困户正确地对待风险,从而促进全社会树立防灾防损的观念和意识。

第二,在金融扶贫工作过程中对可能的风险实时监控,一旦发现风险立即组织、协调金融机构进行风险处理,以减少风险发生的损失。

第三,对金融机构面临和遭受的损失给予适当的补偿,尽可能地打消金融机构的顾虑,调动金融机构参与金融扶贫的积极性。

六、强化金融意识和经济活动能力的培育

(一)金融人才建设和金融教育

这个方面的工作包括两个层面:一是金融扶贫工作中政府金融人才的建设。金融扶贫对专业性有特殊要求,在具体的工作中要注重金融人才的建设:①要大胆地提拔和任用懂金融的专业人才参与金融扶贫的工作;②要注意对参与金融扶贫工作人员的金融知识培训,使得更多的参与人员成为懂金融的专业人才,从而提升整个金融扶贫工作队伍的专业性。二是地方政府应推进当地的金融教育。既要对自身工作人员进行教育,使得金融扶贫的主导方是实实在在的"金融行家",又要对贫困群众进行金融教育,使贫困群众了解金融行业,学会使用金融产品,打消贫困户对金融参与扶贫的顾虑,激发贫困户对金融参与扶贫的内生需求。

(二)重视贫困户的能力培育

政府在引入扶贫开发项目,协助金融机构建立信用体系、发放扶贫贷款等过程中要注重对贫困户自主脱贫能力的培育。可以从以下三个方面入手:

(1)思想上入手,帮助贫困户树立脱贫光荣的观念。提升能力要先改变观念,使贫困户有主动提升能力的想法和诉求。发挥脱贫致富模范典型作用,在全社会树立脱贫光荣的观念,从意识形态上激发贫困户改变贫困现状的内生动力。

(2)思路上入手,激发贫困户自己发现脱贫致富的手段和方法。这种能力的提升需要政府多针对贫困户进行理论宣传、案例宣传,使贫困户了解更多脱贫致富的思路和方法,才能结合自身情况进行思考,主动找到适合自己脱贫致富的方法道路。

(3)技能上入手,培养贫困户获得脱贫的技能手段。贫困户有了技能,

就能够凭借技能进行就业或者创业，脱贫致富就不再单纯地依靠外界。这方面政府可以专门地组织适合贫困户的技能培训，也可以在扶贫项目中借项目对贫困户进行培训，从而提升贫困户的技能水平。

第二节　银行业参与金融扶贫的对策建议

一、平衡好商业利益与金融扶贫的关系

普惠金融的实质就是扶持传统金融不愿或难以服务的弱势群体且能实现组织机构自身可持续发展的金融体系。联合国将 2005 年定为"联合国小额信贷年"，并于当年将普惠金融概念引入中国，实际上是对微型金融的提升。利用跨时空跨地域的交易，普惠金融给予贫困人口和弱势群体很大程度上的帮助，不仅让他们享受到了应有的金融服务，而且在小额贷款的帮助下使他们重生，让他们从贫困中走出来，不仅自己脱贫，而且还能带动社区其他人共同致富，使得金融扶贫工作不断惠及更多的贫困人群。

从某种意义上讲，很多贫困户是由于他们本身不能满足金融机构的贷款条件，如有无抵押品、有无担保人等，因此才不能获得金融服务。实际上，这个群体中存在着大量具备还款能力的人，并且通过他们的努力不仅可以让自己摆脱贫困，还能带动周围的其他贫困人群一起脱贫。金融机构应以这些群体为目标，致力于实现农村扶贫脱贫工作，脚踏实地地真心为农户提供服务。

（一）政府对普惠金融组织加大支持力度是推进器

在精准扶贫的大环境下，各级政府应加大对普惠金融组织，特别是公益性质小额信贷机构这一"短板"的支持力度，推进金融扶贫工作更好更快的发展。在政策法规方面，鼓励和规范各种类型的小额信贷和小微企业的金融服务要健康发展，以保证有利于推动普惠金融体系的健全发展；在资金方面，政府对扶贫信贷组织要给予一定的资本金补充，以无息或较低的利率向扶贫信贷机构进行再贷款，同时要通过政府划拨一定的财政资金从而建立风险补偿基金，以此来弥补其由于高成本、高风险等问题而带来的损失。此外，政府要加强对金融机构提供的信贷扶贫资金使用情况及效果的监督和公开机制，对相关信息进行透明公开，重视社会监督机制，促进微型金融机构的良性竞

争，以保证金融扶贫得到健康、有效的实施。

（二）普惠金融组织不断完善、创新金融扶贫模式是关键

作为普惠金融事业的践行者，各类金融机构要不断完善和创新金融扶贫模式，这不仅是解决好商业利益与金融扶贫矛盾的关键，也是精准扶贫工作的关键。各类机构要不断提高扶贫的精准度，通过评估和管理手段重新定位贫困人口对金融服务的需求，根据贫困户的实际金融服务需求设计并提供专门的信贷产品。加强对客户金融知识的普及与推广，并对客户提供信贷产品所涉及的相关技术等配套支持，如与当地农业局、畜牧局等机构合作，为扶贫对象提供经营产业技术指导，保证扶贫产业的有效可持续运营。此外，金融机构要和保险机构积极推动开展"保险+信贷"的信贷扶贫模式，为贫困户提供更有利的外部保障，避免贫穷程度因产业经营的问题而加深。

在政府相关配套政策和资金的支持下，通过"造血式"的金融扶贫模式，金融机构不仅可以实现金融扶贫的覆盖面和规模的扩大，让贫困户获得金融服务，而且还能规避风险，这将有利于解决金融机构在实际金融扶贫工作中面临的财务绩效与社会绩效相矛盾的问题。距全面建成小康社会只有三年时间，扶贫开发任务仍很艰巨，践行普惠金融需要战斗在扶贫一线的金融卫士坚守普惠金融的理念，初心不改，牢记宗旨、不辱使命，为普惠金融体系的建设不断做出自己的贡献。

二、推进可持续发展的对策措施

解决商业银行金融扶贫可持续发展问题，精选扶贫项目是关键，尤其是要加强对政府产业扶贫和项目扶贫的支持力度，除此之外，商业银行还要在推进金融扶贫项目过程中与政府加强深度合作，就风险补偿机制下的绩效考核体系优化、扶贫金融环境改善、互联网金融创新等方面加大探索。

（一）信贷资金精准投放产业扶贫基金和项目扶贫基金

近年来，随着国家扶贫开发战略的实施，各地政府因地制宜，在开展基础设施扶贫项目、发展特色产业扶贫项目等方面做了大量工作，这些扶贫项目对于商业银行来说风险等级低、综合收益好，有利于商业银行开展持续性的金融扶贫工作。尤其是商业银行参与政府主导的农村基础设施产业基金项目，具有受益面广、扶贫效果可持续强特点。仍以农业银行为例，从2016年到2017年上半年，无论个人精准扶贫贷款还是产业项目精准扶贫贷款及带动

服务人数均大幅上升,但从 2017 年上半年数据看,产业、项目精准扶贫贷款额是个人贷款额度的 10.87 倍,由产业、项目精准扶贫贷款带动的服务人数比个人精准扶贫贷款带动的服务人数更是高出 35.02 倍(见表 8-1),显示了产业扶贫和项目扶贫的受众性和优越性。

表 8-1 个人精准扶贫贷款与产业精准扶贫、项目精准扶贫贷款对比

(农业银行年报) 单位:亿元,万人

	个人扶贫贷款	产业精准扶贫贷款	项目精准扶贫贷款	个人精准扶贫贷款带动人数	产业扶贫带动人数	项目扶贫贷款服务人数
2016 年	186.76	503.53	1343.65	7.42	17.13	428.46
2017 年(6 月)	217.66	652.17	1712.9	14.15	31.18	464.31

(二)改善政府风险补偿机制下的绩效考核体系

商业银行扶贫项目具有综合收益低、风险等级高的特点,扶贫持续性依赖政府风险补偿机制的运行。一般来说,大多地区采取对商业银行信贷贴息、政府担保或兜底信贷资金风险缺口等直接补偿手段,这种直接补偿手段耗费大量财政资金,政策可持续差。

近年来,多地政府与商业银行探讨间接风险补偿措施,比如采取政府财政对商业银行存款匹配,商业银行国库现金管理评标分值占比,对商业银行进行财政专户、社保专户匹配,财政代理业务倾斜等措施。这些间接风险补偿手段对商业银行利润增长至关重要。具体以某商业银行扶贫项目收益测算为例,按照日均 1 亿元项目扶贫贷款为例,项目测算周期一般为 5 年,政府按照 1∶1 进行财政存款匹配(不考虑银行其他产品带来的综合收益),且每年按照 10% 增速,预计项目周期内该商业银行综合利润 243 万元,若商业银行仅提供贷款支持,政府不匹配任何资源,从贷款不良成本看,预计该项目亏损 630 万元。因此仅从存款匹配资源来看,商业银行可一定程度上获得扶贫项目利润,保持扶贫积极性和可持续性。

(三)发挥地方政府在改善金融扶贫环境方面的作用

近年来,政府在改善金融扶贫环境、助推商业银行金融精准扶贫方面采取了多项措施,主要包括建立贫困人口大数据、创新信用体系和担保体系建设等。

1. 充分利用贫困人口大数据

建立贫困人口大数据有利于政府和金融机构精准施策，虽然商业银行对扶贫项目支持的综合效果远大于对贫困人群个体的支持，但个体精准扶贫有利于提升扶贫的精准性，对于无法参与扶贫项目的人群是一种有益的补充。商业银行优选信用状况良好，有一定生产要素基础、良好个人投资项目，在一定时期内有一定还款能力的贫困个体，或者有保险配套、政府配套支持的贫困个体，信贷资金的投放将会产生良好的收益，但这依赖于对贫困地区人群个体精准的信贷调查。自中央提出精准扶贫以来，各地通过建档立卡等措施，为贫困人口大数据奠定了良好的基础。

2. 政府建立行之有效的信用体系和担保体系

贫困地区人群薄弱的信用意识和信贷担保体系对于商业银行金融扶贫工作来说是一种极大的障碍，扫除这种障碍一方面需要当地人民银行、商业银行加大征信知识和担保知识宣传，逐步培养贫困地区人群的信用和担保意识，另一方面也需要政府建立系统化的信用体系和多层次的担保体系。在信用体系建设方面多地政府探索通过建立农户信用信息共享平台，开展农户建档立卡和信用等级评定，引导涉农金融机构综合运用信用评级结果，实施评级结果差别化信贷政策，提高信用评级在贷款授信方面的应用率，营造信用就是信贷的正向激励氛围，同时探索构建"优惠+谅解+救济"一整套信用重建机制，这种信用体系的建设为当地商业银行开展金融扶贫工作营造了良好的金融生态环境。在担保体系建设方面多地政府通过建立政府引导、多方出资、市场运作原则的商业化担保体系，"保险+信贷+扶贫"的联动担保机制以及新型农村产权抵押的方式，可以解决过去传统的单一政府担保、农户联保等方式的担保体系，为商业银行实施精准扶贫提供有力的保障。

（四）推动贫困地区互联网金融建设

金融精准扶贫的持续性和效果不仅依赖商业银行信贷投放的支持，还需要商业银行提供各种配套的金融产品及金融知识的普及，农村地区尤其是偏远山区金融机构少、金融产品单一，不利于贫困地区人群普惠金融的覆盖。因为物理网点运营成本高，大多商业银行加大了互联网金融的建设，通过金融宣传和教育，引导农民加大电子银行产品和电子银行渠道的使用，互联网金融对贫困地区人群来说看似很遥远，但以开放、平等为宗旨的互联网金融为快速实现贫困地区普惠金融提供了可能。网上银行、手机银行、电子商务等渠道产品的使用大大解决了农村地区金融服务单一,农民产、销渠道结算的问题,同时也对贫困地区的金融精准扶贫工作提供了新的思路和途径。

三、提高银行业金融扶贫的精准性

(一)完善配套机制,助力金融扶贫

一是让银行共享金融扶贫需求信息。扶贫开发重点县(市)的发展改革、扶贫、财政等部门要定期将本地区特色产业发展、基础设施和基本公共服务等规划信息通报央行、银监会及各相关银行业机构,让银行业机构准确掌握项目安排、投资规模、资金来源、时间进度等信息,根据金融服务需求清单,有的放矢精准支持脱贫攻坚。二是搭建扶贫开发投融资平台。省政府成立相应省级支持扶贫开发的融资主体,加强对重点地区的专项帮扶。扶贫开发重点县(市)政府也应建立相应的扶贫开发投融资主体,便于银行加强对重点地区的专项帮扶。三是发挥财政资金"四两拨千斤"的导向作用。建立扶贫贷款风险补偿基金或担保基金,通过融资担保、贷款贴息等,撬动更多金融资源支持扶贫。四是相关部门加强工作联动。人民银行、银监会、发展改革委、扶贫、财政等机构,要进一步完善工作联动机制,加强政策互动、工作联动、信息共享和统筹协调,切实增强脱贫攻坚金融政策的实施效果。

(二)推进普惠特惠,改革扶贫小贷

一是央行要加大扶贫再贷款投入,将银行支持精准扶贫的所有贷款均纳入扶贫再贷款申请范围,实施优惠存款准备金率,增强银行扶贫资金总量。二是改革扶贫小贷。①提高额度,将小额扶贫贷款额度提高到 5 万元,期限延长至 3 年,将大户带动小户贷款提高到 25 万~30 万元。②信用放款。为贫困户提供免抵押、免担保扶贫小额信贷,努力实现对授信贫困户凭贷款证柜面直贷。③适度竞争。各省要重新修订本省扶贫小额贷款管理办法,让农行、邮政储蓄银行和村镇银行平等参与,对扶贫小额信贷发放按乡(镇)建立分片包干责任制,每个乡镇明确一家责任银行,由责任银行对建档立卡贫困户实行名单制管理。④全额贴息。建议省及相关地方财政对小额扶贫贷款实行全额贴息。⑤合理奖惩。合理确定不良贷款容忍度,对履职尽责的分支机构和信贷人员做到尽职免责,解决好"不敢贷"问题。同时,降低对金融机构和扶贫部门奖励金比例,节省资金用于加大对贫困户的贴息力度。

（三）对接扶贫项目，实施精准扶贫

一是对接重点项目。各银行业机构要重点跟踪省市县确定的扶贫开发重点片区关键工程项目，准确把握脱贫攻坚的总体要求、精准对接多元化融资需求。二是支持经济薄弱村。支持经济薄弱村通过领办土地股份合作社、创办农业生产经营合作社、流转或利用村集体机动地发展特色农林业等方式发展集体经济。三是服务特色产业需求。立足重点扶贫开发区产业特色，积极支持能吸收贫困人口就业、带动贫困人口增收的绿色生态种养业、休闲农业、传统手工业、农村电商等特色产业发展。四是创新扶贫服务模式。各银行业机构要不断改进和创新扶贫产品与服务模式，利用"公司＋基地＋贫困户""融资增信＋农户贷款""政策性公司＋农户贷款""保证保险＋农户贷款"等扶贫担保模式，支持为贫困户提供就业的龙头企业、扶贫就业点、农民合作社等扶贫经济组织发展，以带动贫困人口就业、脱贫。

（四）融资融智帮扶，提供综合服务

一是加大宣传力度。要加大对贫困地区、贫困人口扶贫小额贷款，生源地助学贷款，"两权"抵押贷款等金融扶贫产品服务政策宣传，增进贫困地区和贫困人口对精准扶贫金融服务政策的了解。要大力宣传扶贫政策和致富信息，积极推介典型经验和成功案例，让贫困地区群众切实感受到金融资源和扶贫政策的有效利用对自身脱贫致富的重要意义，激发贫困户干事创业的积极性。二是提供融智支持。相关银行机构发挥自身优势，为贫困地区经济发展提供规划、咨询和融资规划等智力支持。三是提供综合服务。通过提供贷款、结算、咨询等一揽子综合金融服务，全力推动贫困地区金融服务到村到户到人，促进贫困地区和贫困人口提升自我发展、就业创业能力。同时充分发挥驻村干部深入农村、贴近农民、熟悉金融的优势，帮助村民理清发展思路，让农户对自身的生产经营有本"明白账"，明确脱贫致富的重点及方向。

四、银行业金融扶贫风险控制的对策建议

（一）有效完善风险分散化解机制

一是加大财政配套支持。加大对贷款风险补偿的支持。由于地方财力薄弱，可由中央和省级财政支持一部分资金，地方配套一部分资金。扩大扶贫小额信贷风险补偿资金规模，支持金融机构放大贷款投放，扩大产业扶贫贷

款的覆盖面。加强对农村资金互助社加大注资力度。改进小额扶贫贷款贴息政策。对于贷款支持后再度返贫的贫困农户及其他弱势群体，继续给予贷款贴息支持。

二是加大农业保险支持。结合脱贫项目、产业项目，扩大政策性保险覆盖面，加大对带动贫困农户脱贫致富的农业项目的保险补贴。创新农业保险品种，将牛、羊、蓝莓等种养殖项目均纳入政策性保险范畴。

（二）积极盘活农村产权、推进产权抵押

一是挖掘和发挥各类抵押物的作用。探索土地经营权、房屋财产权、水面滩涂养殖权、农机具等多种抵押方式，并将活体畜禽、能产生未来收益流的物质等其他产权纳入抵押担保物范围，切实解决抵押担保难问题。二是银担保形成合力。针对贫困农户信用等级低的状况，引导金融机构创新金融产品和服务方式，以"担保+银行+保险"等模式给予积极支持。

（三）着力支持贫困户发展产业、走产业脱贫路

一是政府部门引导，推动农业产业化企业等新兴农业经营主体加强对贫困农户的带动和扶贫，可给予支持贫困户的主体一定的奖励，发挥其经营和面对市场能力比普通农户更强的优势。

二是引导加大对贫困户和涉农经济组织的信贷支持。利用扶贫资金撬动对农业产业化龙头企业、专业合作社、家庭农场和专业大户等扶贫经济组织的贷款投放，带动贫困户脱贫致富。

三是改进贫困村金融服务，加强信用宣传。着力提高金融服务的水平，提高到贫困村服务的频率。在贫困村加大金融知识和信用宣传，帮助贫困户了解金融知识、熟悉金融工具，普及贷款必须偿还的观念。推广"征信+信贷"联动模式，发挥信用评级的正向激励作用，让更多的贫困户能贷款、用好款、还起款。

（四）银行业积极改进自身金融服务

银行业在金融扶贫过程中应注重随时创新，并且在创新过程中，切实根据当地贫困户的区域产业特征、生产经营状况、生活习惯等因素，真正创新出适销对路、符合需求的信贷产品、金融模式，并严格出台制度、流程，规范操作，确保扶贫信贷风险可控。此外，对于债务关系不明确、利益联结机制简单、靠信贷资金简单入企分红、潜藏风险较大的扶贫小额信贷间接投放

模式，建议政府和银行明确叫停。

第三节　保险业参与金融扶贫的对策建议

一、营造农村保险的发展氛围

首先，由于农村低收入群体长期对保险没什么意识，甚至有些存在着偏见，这就需要加强对农村保险的宣传教育工作，提高农民对扶贫领域中保险产品的认识。其次，保险公司必须意识到在农村推销保险产品的复杂性，因而不能依靠传统的营销方式，需要保险公司自身创新方式。需做好在农村开展保险教育活动是场持久战的心理准备，不能急功近利，也不可半途而废，应循序渐进稳固推进。最后，采取多种措施切实提高贫困地区农民的收入，农民手中可支配收入提高了，购买保险也会列入支出计划。

笔者建议，首先要加强农业保险立法。根据农业保险非商品性的性质，对其制定专门的法律和法规。避免政府支持农业保险的随意性，或因财政困难而忽视对农业保险的支持，并以此提高农民的保险意识。此外，由于农业保险在现阶段仍属于以政策性为主的保险业务，所以如果要推广铺开，必须有政府的支持和鼓励，"立法先行"是解决农业保险问题的关键。

其次要发展财政支持型的农业保险，将农业保险从一般性商业保险中剥离出来。在我国，保险公司的商业化与农业保险的政策性矛盾日益突出，目前的国有保险公司已无力承担我国农业保险发展的重任。因此，组建一个为国家政策服务、不以盈利为目的的新的政策性机构来经营农业保险势在必行。此外，国家财政应对农业保险经营主体实行税收方面的支持，除减免农业保险的营业税以外，其他方面的税收也应予以减免。比如说，对农业保险经营主体的盈余，可在一定期间内适当减税，以利于经营主体增加准备金积累，降低保险费率，提高农民对保险费的支付能力。

二、有效调节保险的供给与需求

（一）积极优化发展农业保险的外部环境

1. 明确农业保险的社会地位及法律地位

（1）明确农业保险的社会地位。各级政府应配合保险公司通过应用赔付案例等积极宣传农业保险在促进国家经济、发展农业方面的重要意义以及在防范农业风险、恢复农业生产、提高农民生活水平方面的重大作用，大力普及农业保险知识，增强农民的农业保险意识，以提高农业保险的社会地位。农业保险具有很强的社会公益性，国家应通过各种政策鼓励保险公司经营农业保险，研究农业保险，提高对农业保险的正确认同，使农业保险成为保险公司业务拓展的新的切入点。

（2）明确农业保险的法律地位。由于国家立法条件尚不成熟，因此，可在农业保险试点地区先行制定地方性法规，为农业保险创造所需的法律环境。在条件逐渐成熟时应尽早出台专门的《农业保险法》。《农业保险法》应明确规定农业保险的经营目标、经营原则及组织形式等；规范农业保险的资金筹集方式、资金管理原则、政府支持方式等，并用存款比例、负债比例、流动性比例等经济指标调控其运行；《农业保险法》中还应对政府行为予以约束，对政府的作用和农民的参与方式进行规范，避免由于地方政府的随意性或财政困难而忽视对农业保险的支持。

2. 提供必要的政策支持

（1）提供必要的财政支持。对农业保险的补贴属于世贸组织规则允许的"绿箱政策"，许多发达国家都把农业保险作为支持农业的政策工具，对农业保险都实行补贴制度，一般补贴率都在40%以上，美国、日本等发达国家补贴高达70%以上。政府通过财政补贴、减免税收等措施支持农业保险的发展，间接实施对当地农业、农户的政策扶持与利益保护。目前，我国除免征种养农业险营业税之外，对农业保险没有其他的财政税收支持政策，特别是没有直接的保费补贴，如果保险公司完全按照市场价格制定保险费率，农民买不起；如果按农民可以接受的价格制定保险费率，保险公司赔不起。农业保险经营与发展陷入两难境地。政府应对农业保险给予优惠政策和财政资金的支持。一是对投保农民给予保费补贴，解决农民保费支付能力低的问题，调动农民投保积极性，扩大承保覆盖面。二是农业保险在承保理赔时也离不开当地政府的支持，农险标的面广、分散，地方政府及相关部门熟悉农民情况，只有依靠县、乡、村政府的组织推动，相关部门的积极配合，才能更好地为农民提供优质保险服务。

（2）提供必要的税收优惠政策。建议种、养两险以外的农业保险公司的营业税、印花税、企业所得税等全部实行先征后返政策，返还税金部分全额计入保险公司大灾准备金,实行专户管理,专款专用,用于反哺农业,保护农民利益,提高农业保险公司偿付能力。

(3) 提供相关配套政策支持。国家应建立巨灾准备金制度,以提高国家风险控制能力;农业保险公司起步晚、基础设施薄弱,国家和各省应给予必要的基础设施建设投资;鉴于农业保险事关国计民生,国家和各省区市应给予信贷优惠,提供低息、无息、贴息贷款。国家应从粮食调入省份收缴一部分财政费用,作为农业保险基金,保证粮食主产区农业的稳步发展。应遵循"先试点、后推广;先起步、后完善"的循序渐进原则,在已确定的农业生产条件好、农畜产品商品率高的试点地区,加大扶持力度,认真总结经验,确认试点成功后再逐步推广。

(二)制定我国农业保险经营管理战略

1. 农业保险应走专业化道路

在美国等农业保险发达国家,农业保险的专业化程度很高,农村保险作为特殊意义上的保险,只能说其积聚资金的方法是借鉴了保险的原理,而其经营的目的却与一般的商业保险相去甚远。所谓专业化不是仅仅成立单独的农业保险公司或农业保险部门,更应该是走管理和技术专业化的道路。我国应把农村保险与商业保险分离开来,以便于制定和执行经营农村保险所必需的具体政策和管理方法,规范从业人员资格和市场,通过大胆创新,运用多种服务模式不断拓展农业保险服务范围,使农村保险与国家发展农村经济的政策同步运行。同时农村保险必须与商业保险分别核算,单独建账,以便于税负方面执行特殊政策,以保证农村保险基金的积累。另外,农村保险在费率厘定、条款制定、展业理赔等方面都必须采取同商业保险不同的专业化经营管理内容和方式。

2. 建立专业化的管理制度体系

农村保险的服务对象是目前我国经济力量最薄弱、最无力抵御自然灾害和意外事故袭击的广大农民和乡、镇、村办企业,而且作为保险标的面广、分散,这些特殊情况要求农业保险发展必须建立规范有效的专业化的管理制度体系。①收集大量业务数据建立代码,如各种农业风险代码,单独险种代码统计分析检索标准等。②围绕农业保险的经验环节,建立农业保险管理制度体系,如承保制度、核保制度、客户服务制度、产品开发与审批制度、效益考核与评估制度、电子化应用管理制度等。③建立客户信息管理体系,如经营机构公共客户数据库、公共信息查询和利用中心等，建立行之有效的操作规程。

3. 树立专业化服务管理理念

良好的专业化服务是现代农业保险应具备的经营管理理念。保险公司最基本的功能是理赔功能，而理赔信誉是保险公司很重要的一个品牌。以良好的专业化服务管理提升保险公司的理赔功能，进而把农业保险仅提供理赔管理转变为提供专业化的服务管理，是我国农业保险可持续发展的保障。要从承保、核损、理赔等多方面入手，加强业务调研，总结经验和不足，改进保险服务；开展为农民提供上门续收保费、代办理赔手续、小额赔付送款到户等一系列"便农"服务；延伸客户服务功能，利用农业保险网络帮助农民收集农产品购销信息与劳务供求信息。另外，要加强农业保险专业人才建设。通过多种途径加快对农业保险技术人才、管理人才的培养，特别要加强对乡镇、村居农业保险工作人员业务知识培训，要吸收懂保险、懂农业、懂气象、懂动植物病虫害等方面的专业人才，逐步提升农业保险工作队伍的整体素质和工作专业化水平。

4. 创立农业保险产品开发体系

设计农业保险产品时，要从农民文化水平不高的实际情况出发，制定的保险条款要通俗易懂、投保手续要简单可行；要根据农业风险和灾害损失的地域性和管理水平的不同，实行差异化的保险费率；要运用风险修正系数，充分调动农民的投保积极性和加强保险标的管理。保障要适度、保费要低廉，以减轻农民负担；险种要丰富，服务高效农业，逐步使保险产品覆盖到主要的种植业农作物和养殖业品种，满足多层次农业保险需求。保险公司因地制宜创新农业保险产品，除主要粮食作物保险外，还应开展林木、油菜、香蕉、烟叶等特色作物保险及农产品价格、农产品质量和天气气象指数保险等，涉及粮食作物、经济作物、蔬菜园艺、生猪、家禽、水产养殖等多个领域，创立我国保险产品开发体系，提高农区抵御自然灾害能力，确保农民遇灾不返贫。

（三）制定我国农业保险风险管理战略

1. 建立农业保险的再保险制度

我国农业自然灾害频繁，为了保证承保公司有效赔付能力，农业保险必须建立完善的再保险支持制度。因此，应积极借鉴发达国家在农业保险方面的先进经验。对关系国民经济发展的农、林、牧、渔等产品的生产，应由政府牵头组织国内具有再保险经验的商业性保险公司为农业保险进行分保，进一步分散农业保险风险，降低农业保险的风险责任，以更好体现保险的大数法则原理。

2. 建立政府主导下的农业巨灾风险基金

农业灾害风险多发，且经常呈现集中性、巨灾性和突发性的特点，很容易形成农业巨灾损失。一旦巨灾损失发生，单纯的商业性保险公司和地方财政就很难独立承担与消化，不仅会造成偿付能力危机，更有可能影响政府的信誉。这要求各级政府和保险公司要高度重视巨灾风险的防范与化解，通过创新农业保险机制，增强农业抵御巨灾风险的能力。通过财政预算安排、正常年景农业保险的盈余以及企业资助等多种途径筹措巨灾风险基金，增强各级政府对农业巨灾风险的统筹能力。对政策性农业保险的保费补贴要建立长效机制并纳入各级财政预算，并及时划拨，尽量减少临时动议和随意调整，保证政策实施的连续性和稳定性。在此基础上，必须建立重大灾害的风险预警、防范机制。各级政府要建立政策性农业保险大灾应急预案，确立应急处理的工作原则，建立组织指挥系统，并建立预警和预防机制，制定应急响应的具体方法和步骤，落实应急处理的保障措施，注重灾害数据的整理、分析和运用。

3. 制定政策性农业保险发展规划

明确政策性农业保险的发展领域和重点，初期应坚持少品种、广覆盖、大保面。先把涉及国计民生的主要种植业和养殖业产品作为重点，各地也可根据资源优势，自主确立几个本地主要产品，以减轻财政负担。

4. 建立多层次风险防范机制

农业保险不能简单地采取与其他保险一样的方式，必须考虑到整个行业的特点和农业的特性，建立多层次保险与风险分担，政府与市场、农户共同参与的农业保险和风险防范机制。组建专门针对农业保险业务的再保险机构，尽可能分散农业风险，让农民得到有效的保障补偿，同时也尽量减少保险公司的损失。

5. 有效防范道德风险和逆向选择

由于农业保险的特殊性，其道德风险和逆向选择比一般商业保险更为严重，而且难以防范。①实行共保，提供低保障、广覆盖的风险保障服务，可以使用不同地区和个人的收成记录、相关气候状况，以区分不同的风险类型，向不同风险水平的农民收取不同的保费，从而减小逆向选择的影响。②对待道德风险可提供无赔款优待，对于没有获得赔付的农户次年投保时适当降低保费交纳数额；对信用好的农户购买保险时，给予保费折扣。保险公司可以通过了解和掌握农民的投入水平，改进保险条款设计如规定免赔额等防范道德风险。

三、增加对风险单位的了解

（一）增加对贫困户风险状况的了解

保险公司在具体承保时，不管是综合性的大保单，还是针对个体的保单，都必须尽职尽力地对贫困户的风险状况进行了解。这种了解不仅仅是范围上尽可能地周知贫困户面临的风险境况，对每一个贫困户的每一处风险点进行了解，还包括要实时地跟踪贫困户风险状况的变化情况，认真地比对风险的变化，及时地感知贫困户风险，帮助贫困户做好减灾减损工作。

（二）增加对产业项目风险状况的了解

保险利用自身在防灾防损、风险识别方面的经验，对企业、项目面临的风险状况进行了解，尽量地周知项目面临的各个风险点，并实时进行监控。依据项目的风险情况，决定项目的承保程度等。

四、回归扶贫保险的保障功能

（一）扶贫保险保障目标要更全面

扶贫保险的目标需要围绕为贫困户提供保险保障展开，更加的全面具体，利用多种险种进行配合，尽量多地为贫困户不同的风险事故提供保险保障，使得参与扶贫的保险产品真正地做到"保障"二字，着眼于提升贫困户的生活质量和水平，保证其对美好生活的追求、向往，而不应该仅仅是围绕贷款资金的安全性展开。

（二）提升贫困地区医保社保的保障程度

关乎贫困户生老病死等基本生活保障的医保、社保，在目前的工作开展中还存有很大的不足，金融扶贫工作应该重视这方面保障程度的提升，既要提升全面，又要加深深度。可以将商业保险引入医保、社保体系，形成对既有体系不足的补充。另外，在具体医保、社保的办理手续中应该寻找贫困户使用保险的便捷渠道，真正地让贫困户风险有保障。

（三）注重贫困户意外伤害险的使用

意外伤害是贫困户发展产业、脱贫致富的重要影响因素，也是最容易导致返贫的因素之一，因此，保险扶贫应该重视意外伤害险的使用。从保障灾后贫困户的生活水平出发，专为贫困户开发和设计适合贫困地区的意外险产品。使得即便发生意外事故，贫困户也还有余力追求美好生活，脱贫致富。

（四）借助再保险市场进行风险转移

参与金融扶贫的保险企业，也要借助再保险市场，对自身在扶贫工作中所承包的风险进行转移和分散，一来使更多的保险企业参与金融扶贫；二来也可以减少自身的损失，有利于保险持续性地参与扶贫。

第四节　证券业参与金融扶贫的对策建议

一、提升贫困地区的资源配置效率

利用资本市场推进脱贫攻坚的意义在于改"输血"为"造血"。资本市场是市场经济活动中最具活力和效率的一环，可以有力促进贫困地区资本形成，有效优化贫困地区资源配置，显著增强贫困地区内生发展动力。随着多层次资本市场的不断发展，利用资本市场推进扶贫攻坚的内涵会更加丰富、手段更加多样、力度也更加强大。

（一）打造更具市场吸引力的资本市场

要使扶贫工作真正显现长远效果，从根本上讲，需要促进地方经济的持续性良好发展。只有经济得到发展，人民的可支配收入水平才能不断提高，减贫的成果才能真正显现。因此，现阶段更需加强资本市场建设，充分利用资本市场的活力促进区域经济的发展，从根本上解决贫困问题。

在正常的市场环境下，一个地区资本市场的活跃程度既与该地区经济发展水平相关，也与该地区政府和经济主体的重视程度密切相关。

贫困地区要想利用资本市场发展经济，首先，政府部门应积极地发挥引导作用，营造良好的资本市场环境，借助扶贫攻坚战略，积极申请资本市场改革试点，争取政策支持与资源扶助。一是要进一步强化政策性金融服务的功能，充分利用资本市场的政策传导功能等优势，解决城镇化基础设施建设资金的信贷问题；二是引导商业性金融机构为贫困地区提供多样化的金融服务，鼓励各类机构在健全城镇功能和发展地区经济服务中寻求商机；三是完善城镇化建设中的金融支持平台，由政府出资或以政策支持成立省级担保公司、信托投资公司等融资担保组织，解决城镇化进程的融资担保问题。

其次，地方各类经济主体，包括国有企业和民营企业，要充分重视资本市场直接融资的作用，放宽市场眼界，不能只盯银行贷款等间接融资手段，而要充分利用股票市场、三板市场、债券市场等筹集企业发展转型所需的资金及战略性资源，并反过来促进区域市场的良性发展。鼓励和支持地方政府平台公司通过发行企业债、公司债和资产证券化等信用债券的方式，从资本市场募集资金进行基础设施和城镇化建设，以带动区域内经济的发展，不断提高贫困地区人民的收入水平和生活水平。从长远看，可以研究期货市场在贫困地区的发展，尽可能地发挥其资本融通的作用。

此外，资本市场是一把"双刃剑"，政府应当加强行政调控与监督，规范微观主体的行为，确保其"不越线、不出格"，坚决制裁不符合法律规定的企业、机构，逐步引导资本市场服务实体经济。

（二）构建更具服务力的区域融资体系

贫困地区经济发展形势不容乐观，庞大的资金支持必不可少，因此，在摸清贫困地区经济现状的基础上，考虑各区产业特征和融资的可能途径，以国有企业及政府融资平台为抓手，逐步构建符合贫困地区发展的融资体系，以满足资本市场对融资主体的要求。具体应从以下方面努力。

1. 鼓励融资中介机构的发展

2016年8月，中国证券业协会发起"一司一县"结对帮扶贫困县行动倡议。公开统计数据显示，截至2017年9月底，已有93家证券公司对192个国家级贫困县开展结对帮扶工作，发挥金融资金的引导和协同作用，促进贫困地区产业发展。其中，光大证券、中原证券、国信证券等14家券商积极参与扶贫，其结对帮忙贫困县均在3个以上。有实力的金融机构和融资平台能够创造机会，扩宽渠道，产生联动效应，激活资本市场，从而为实体经济注入新鲜的血液，实现地区整体经济的发展与提高。鼓励融资中介机构的发展，需要大力推动区域金融机构的发展和创新型融资平台的市场化运作，这主要分为两个方面：一是提升以证券公司为代表的金融中介机构的实力。金融中介机构是连接资金需求主体与资金供给主体的桥梁，实力强劲的中介机构能够满足资金需求主体和供给主体双方的需求。2016年，证券公司在脱贫攻坚战中表现了自己的社会责任担当，通过IPO、股票、债券等方式帮助贫困地区融资金额达828.92亿元。虽然受到国家政策限制，证券公司的数量较难增加，但可以做强现有券商，增加其资产规模，提高业务经营能力，利用其区域相对优势来带动本地资本市场的发展。二是推进融资平台的市场化运作，提升融资平台的业务能力，使其逐步摆脱地方政府融资"通道"的单一角色，转变为新常态下解决贫困的催化剂。

2. 积极鼓励金融创新

随着金融市场的不断扩张，创新也被运用到金融研究里。实体经济中微观主体众多、财务情况各异，融资需求不同，市场中存在着很多潜在的融资需求。资本市场应该加快创新设计的步伐，以满足实体经济中庞大且多元的资金需求。一方面，加强理念模式创新，鼓励打破传统理念，树立全新中介服务理念，借助新思想、新技术形成更高效的金融服务模式。另一方面，主推产品创新，鼓励金融机构建立多元系统化的产品结构，能够针对目标微观主体设计出符合其自身融资需求和融资能力的产品池。在金融产品创新中，要大力发展绿色金融，发挥绿色金融工具在打赢脱贫攻坚战过程中的积极作用。农村金融产品的多元化创新主要表现在两个方面：一是产品层次多元化，对于不同层次的需求者，根据其实际情况，开发不同的农村金融产品。对于目前还没有金融机构的农村地区，在金融产品方面应不断优化，创设简易便民服务产品。二是产品创新领域多元化。农村金融产品应建立包含多个领域的现代农村金融制度。

3. 政府积极扶持与引导

在新时期要抓住政策机遇的历史窗口期，就必须改善投资市场环境，做好吸引民间资本和外来资本的准备，积极鼓励和引导民间资本进入基础设施建设和市政公用事业，而市场作用的有效发挥从来就不能离开政府主体的作为。因此，政府必须积极地参与到贫困地区资本市场的完善与发展中，在此过程中有所为，承担其责任，履行其义务。同时，各省财政、发展改革委、商务等重要政府部门应拓宽渠道,全方位支持金融发展,建立和谐健康的金融生态,引导资本合理流向贫困地区,助力于贫困地区的基础设施建设与产业发展。另外,应利用制度优势,加大扶持力度,建立引导性基金,助推支柱产业发展。

(三)开拓更具效应力的产融结合途径

贫困地区应推动金融资本与产业资本的深度融合,助推产业转型升级。证券业与产业资本融合的方式主要有产业基金、集团性金融组织两种。从我国各贫困地区金融发展实际看,两种方式都可以发挥积极作用。

1. 研究设立产业发展引导基金

产业基金具有门槛低、效率高、退出机制多样等特点,更加适合贫困地区资金需求,从而更具针对性地进行相应产业的投资。在相关政策背景下,引入产业基金可在一定程度上缓解地方财政投入不足与区域经济发展资金需求缺口之间的矛盾。

通过设立产业发展引导基金,在母基金运作成熟并结合产业发展需要,参照相应模式设立子基金,形成"1+N"的基金体系。以财政资金为引导,充分发挥政府资金的引导作用和放大效应,借助金融及社会资本的力量,推动产业基金由省到市、县的层层落实,从而更具针对性地进行相应产业的投资,重点投向贫苦地区优势产业,发挥基金的辐射带动作用,推动贫苦地区产业的升级发展。

2. 推动集团性金融组织发展

立足贫困地区经济金融发展实际,鼓励部分治理完善、财务状况良好的大型重点企业壮大自身实力,拓展业务范围,精准对接贫困地区特色产业发展。可考虑跨行业、跨产业、跨区域的企业并购,组建集团性金融组织,采取多元化经营方式,提高自身抗风险能力,充分利用产业政策进行规模化融资。此外,鼓励券商为贫困地区企业提供资产证券化、股权融资、债券融资、产业基金、并购重组、新三板挂牌等全方位的金融创新服务;优先保荐承销地处贫困落后地区的企业在股票市场、债券市场上融资,优先推荐其在"新三板"挂牌,优先安排这些企业与证券公司合作的战略产业基金与重点扶植企业进行对接,满足集团性金融组织重组、并购及发展的资金需求。

二、控制证券业在金融扶贫中风险的措施

（一）加强风险控制，构建完善的资金监管及投资者利益保护机制

贫困地区借助资本市场发展的东风，可以依据政策优势，更好地解决融资问题，但绝不意味着可以放松相应的监管标准，也不意味着这些获得 IPO 或者发行债券资格等融资方式的通道是毫无约束性的，通过政策性的便利通道获得的资金绝不是"慈善捐款"，可以随意地安排和使用。

1. 优化审批监管机制

在股市层面，证监会应在鼓励贫困地区企业 IPO 上市的基础上，加强对拟上市公司的公司治理结构、财务指标的合规性及行业成长性的监管。对于 IPO 的信息披露机制、定价模式、大股东的减持、退市等方面做出专门的规定，应本着对投资者负责的精神，在适度合理科学的基础上，优化 IPO 审批监管模式。在债市层面，证监会、发改委等部门应针对贫困地区城投类企业的实际情况，按照行业指导、分类监管、适度放宽的原则，控制贫困地区的融资额度和规模。财政部应在财政部 50 号文、87 号文的基础上，积极完善相应的政策性约束，提高贫困地区融资的科学性与精准性。

2. 加强资金流向的管控，提升资金使用效率

一方面，贫困地区及企业应建立完善的信息披露机制，对于政府 PPP 项目融资、"城投类公司"发行企业债券等应公开其财务信息，及时向相关利益者提供资金使用方向和预期产生的效益等相关信息。另一方面，监管部门应协同上级政府及当地政府，建立专门的资金监控部门，密切监管融资项目的建设、运行及管理情况。

3. 动用所有可动用的力量防范腐败风险

腐败是资本市场用于脱贫攻坚的较大的潜在风险，腐败最大的危害是造成投资者利益受损、影响资本市场的稳定发展。因此，应动用一切力量防范腐败风险。一方面，要重视政府审计及社会审计功能，通过异地政府审计和社会审计费用由上级财政支付的方式，提升审计的独立性，加强对资金的监管。另一方面，上级政府应建立严格的追责机制，对于挤占、挪用和出借资本市场所融资金的情况严厉惩处，并追究其刑事责任。要发挥当地民众及舆论监督的作用，建立民众与纪检机构、上级政府的双向联系管道，鼓励当地

民众通过匿名举报、实名反映等方式监督资金使用机构。要充分发挥媒体的作用，尤其是互联网新媒体的作用，通过媒体形成适度高压的舆论氛围，防范腐败风险。

（二）提升贫困地区政府及企业利用资本市场的意识和能力

如果把资本市场视为脱贫的一项战略工具，那么贫困地区政府必须深入地认识资本市场在脱贫的过程中究竟能够发挥什么样的作用。因此，必须采取各种手段和措施，提升贫困地区政府及企业对资本市场的认识。

1. 从政府层面来看

首先，应加强贫困地区官员的市场经济意识。贫困地区官员应深入学习马克思主义经济理论，习近平关于经济新常态、供给侧结构性改革、精准扶贫的一系列重要讲话和相关文件，将这些经济理论与当地发展现实结合起来，从而达到开阔其视野、拓展其经济思维的目的。

其次，应加强习近平新时代中国特色社会主义思想的学习。习近平新时代中国特色社会主义思想为精准扶贫、脱贫攻坚提供了坚实的思想基础和方向，利用可利用的一切手段，打赢脱贫攻坚战，是时代赋予地方政府的神圣使命和历史责任。因此，地方政府官员应深入把握习近平新时代中国特色社会主义思想内涵，并运用到实践中。

最后，中央政府及省、市政府应加强对贫困地区政府官员的金融知识教育，注重培养其"懂经济、识管理"的能力。贫困地区金融服务发展滞后，水平和层次较低，应鼓励支持贫困地区官员到发达地区、同类成功脱贫地区、运用资本市场产品和工具具有丰富经验的地区，深入考察学习，获取实地经验。还要主动同诸如券商等机构密切合作，开展知识和经验交流，从而提高当地政府官员了解资本市场、运用资本市场的能力。

2. 从企业层面来看

首先，贫困地区的企业应利用自身掌握的资源，强化对资源的控制，充分利用资本市场提供的政策便利，力求资源向资本转化，从而提升企业的资本运营运行能力。企业应主动运用资本市场各种产品和金融工具，不断夯实自身的资产基础，建立系统的融资系统，充分利用各种机会和自身可以管控的资金、资源、资本，加速其市场化，从而达到增值创收的目的。

其次，贫困地区企业要不断调整自身的产业范畴，打造产业链条，增加自身"造血"能力。企业应保持高度敏感的嗅觉，始终关注地区内外的产业机会，注重自身优势的运用，积极利用自身资源、资金、资质、技术作为通道，切入不同的产业领地，尤其是"城投类"的国有企业应打造项目聚集体系，提升利润创造能力。贫困地区企业尤其应该重视以土地为依托的相关项目开发，例如房产开发、科技园区建设等，实现自身创造价值能力的提升。

最后，贫困地区企业应主动对接市场，实现自身的转型。贫困地区的企业不能一直依靠政府提供的变相担保或者调配资源来实现自身的发展，这既不利于企业实现真正的发展，也不能使这些企业充分发挥创造就业、贡献税收的功能。因此，贫困地区的企业应积极培育配置资源的动力引擎，苦练内功，以真正意义上的市场主体的身份对接市场，依靠经营性现金流的"市场融资"提升自身利用资本市场的能力。

（三）充分发挥资本市场及中介机构的功能，优化合作模式

资本市场是一系列机构构成的体系，这些部门主要包括监管部门、交易所、券商、审计机构、资产评估机构、科研单位等。其中，监管部门及券商在脱贫攻坚战略中起重要作用。

（1）从监管角度，监管当局及相关部门应该准确把握精准扶贫的战略原则，巧妙地运用监管经验和监管原则，在风险可控的情况下，运用弹性的制度设计，为贫困地区融资提供一些便利条件。例如，《中国证监会关于发挥资本市场作用服务国家脱贫攻坚战略的意见》就对鼓励和支持贫困地区企业在新三板、中小板及主板上市给予一些便利。发改委也先后针对小微企业发行增信集合券，生态旅游、养老医疗、绿色能源等中小企业发行项目收益债、企业债等出台一系列文件，这对贫困地区搭上政策便利的快车，实现快速融资具有重要意义。

（2）从券商角度，券商可以为贫困地区的融资提供更多服务。券商不能仅仅把为贫困地区提供融资服务视为利润来源，而应从脱贫战略角度，在拓展自身业务的同时，切实地服务贫困地区。目前，券商主要根据证监会、发改委、财政部等部门发布的一系列政策文件作为导向，针对贫困地区的资金需求制订相应的融资产品和服务方案。从实际情况看，券商为贫困地区对接承揽较多的项目主要是企业债、公司债或者资产证券化（ABS），通过发行债券或者ABS可以为贫困地区注入更多建设资金，提升贫困地区的知名度和形象。事实上券商可以更加深入地开展同贫困地区的深度合作，在这方面，有些券商的经验值得推广和借鉴。例如，2017年10月25日，九州证券与四川巴中市政府签订了"一对一"的扶贫协议框架，该框架规定九州证券为巴中市政府提供包括新三板、中小企业板上市辅导、保荐及上市的全服务，同时对巴中市政府的产业基金、旅游资源开发等注入股份资金，为市县发行企业债、公司债、资产证券化融资等提供专业的指导和人才支持。通过券商与贫困县市的"一对一"服务，可以充分地解决贫困地区面临的资金瓶颈、专业经验不足和人力支持不足等问题，有利于贫困地区尽快脱贫。

总体来看，充分利用资本市场发展机会，实现脱贫攻坚战略目标，是一个重大而又现实的问题，需要贫困地区政府及企业投入极大的激情与努力，不断完善相应的制度设计，运用创新思维因地制宜地开展各项工作。中央政府及省、市级政府应基于战略高度，不断为贫困地区利用资本市场发展构建相对稳定和完善的政治经济环境。

三、多角度提高参与度

（一）对参与金融扶贫的证券类产品进行整合和创新

引入更多证券类产品参与金融扶贫工作，除股票、债券等，还可以考虑运用期货和其他金融衍生品。结合贫困地区各地的企业情况、发展情况，将引入的证券产品进行各种形式的整合，找到有利于促进贫困地区产业发展的使用模式。比如可以用期货产品等对粮食价格波动提供风险对冲、套期保值等。

（二）帮助贫困地区引入更多优质企业

贫困地区虽然优质企业不足，但是证券业所接触和利用的优质企业资源丰富。可以考虑通过证券业为中介，向贫困地区引入更多的优质企业，与当地的项目发展结成帮扶关系，一来解决就业脱贫问题；二来可以对当地的企业进行更全面的辅导，有利于当地产生合标准的优质企业。

（三）在贫困地区增设证券业机构和人员

证券的机构一直以来相对集中，在贫困地区的分支机构甚少，但是随着金融扶贫的推进，要更具体有效地参与金融扶贫工作就要求证券业必须进一步增加在贫困地区金融扶贫的机构和人员配置，以发现证券业参与金融扶贫的更多契机，更好地参与金融扶贫。

参 考 文 献

[1] 马克思恩格斯选集：第1~4卷［M］．北京：人民出版社，2012．

[2] 马克思恩格斯文集：第1~10卷［M］．北京：人民出版社，2010．

[3] 威廉·阿瑟·刘易斯．二元经济论［M］．北京：经济学院出版社，1991．

[4] 亚当·斯密（Adam Smith）．国民财富的性质和原因的研究（简称《国富论》）［M］．北京：商务印书馆，1972．

[5] 阿尔弗雷德·马歇尔．经济学原理［M］．北京：中国社会科学出版社，2007．

[6] 保罗·A. 萨缪尔森．经济学［M］．北京：人民邮电出版社，2008．

[7] 迈克尔·托达罗．经济发展与第三世界［M］．北京：中国经济出版社，1992．

[8] 毛泽东选集：第1~4卷［M］．北京：人民出版社，1991．

[9] 毛泽东文集：第1~2卷［M］．北京：人民出版社，1993．

[10] 毛泽东文集：第3~5卷［M］．北京：人民出版社，1996．

[11] 毛泽东文集：第6~8卷［M］．北京：人民出版社，1999．

[12] 周恩来选集：上卷［M］．北京：人民出版社，1980．

[13] 周恩来选集：下卷［M］．北京：人民出版社，1984．

[14] 邓小平文选：第1~2卷［M］．北京：人民出版社，1994．

[15] 邓小平文选：第3卷［M］．北京：人民出版社，1993．

[16] 邓小平文集：上、中、下卷［M］．北京：人民出版社，2014．

[17] 邓小平年谱（1975—1997）：下［M］．北京：中央文献出版社，2004．

[18] 江泽民文选：第1~3卷［M］．北京：人民出版社，2006．

[19] 习近平．扶贫开发抓紧抓紧再抓紧做实做实再做实［N］．人民日报（海外版），2014-03-08（01）．

[20] 胡锦涛．中央民族工作会议暨国务院第四次全国民族团结进步表彰

大会上的讲话［N］．人民日报，2005-05-28（1）．

［21］胡锦涛．在中央扶贫开发工作会议上的讲话［N］．人民日报，2011-11-30（1）．

［22］胡锦涛．高举中国特色社会主义伟大旗帜为夺取全面建设小康社会新胜利而奋斗［N］．人民日报，2007-10-25（001）．

［23］习近平．之江新语［M］．杭州：浙江人民出版社，2007．

［24］习近平．习近平谈治国理政［M］．北京：外文出版社，2014．

［25］姚树洁，王洁菲，汪锋．新时代习近平关于扶贫工作重要论述的学理机制及文献分析［J/OL］．当代经济科学，1-17［2019-01-20］．http：//kns.cnki.net/kcms/detail/61.1400.F.20181228.1750.002.html．

［26］洪名勇，洪霓．论习近平的精准扶贫思想［J］．河北经贸大学学报，2016，37（6）：1-5．

［27］蒋永穆，周宇晗．习近平扶贫思想述论［J］．理论学刊，2015（11）：11-18．

［28］刘建清．习近平扶贫思想研究［D］．华中科技大学，2016．

［29］董必武．董必武选集［M］．北京：人民出版社，1985．

［30］十六大以来重要文献选编（中）［M］．北京：中央文献出版社，2006．

［31］十七大以来重要文献选编（下）［M］．北京：中央文献出版社，2013．

［32］十八大以来重要文献选编（上）［M］．北京：中央文献出版社，2014．

［33］十八大以来重要文献选编（中）［M］．北京：中央文献出版社，2016．

［34］党的群众路线教育实践活动领导小组办公室．党的群众路线教育实践活动学习文件选编［M］．北京：党建读物出版社，2013．

［35］中华人民共和国慈善法［M］．北京：中国法制出版社，2016．

［36］王华庆．探讨金融扶贫精准持续之道［N］．金融时报，2017-04-17（009）．

［37］人民网．习近平的脱贫关键词：精准引领全面小康进入冲刺时间［EB/OL］．（2016-02-01）．http：//politics.people.com.cn/n1/2016/0201/c1001-28100811.html．

[38] 扶贫办政策法规司. 国家扶贫开发工作重点县和连片特困地区县的认定 [EB/OL]. (2013-03-01). http://www.jiaodong.net/news/system/2013/03/01/011819306.shtml.

[39] 国务院扶贫办网站. 国务院扶贫办《关于印发扶贫开发建档立卡工作方案》的通知 [EB/OL]. (2014-04-02). http://www.scfpym.gov.cn/show.aspx?id=25605.

[40] 国务院扶贫办. 关于印发《建立精准扶贫工作机制实施方案》的通知 [EB/OL]. (2014-04-02). http://www.cpad.gov.cn/publicfiles/business.htmlfiles/FPB/gggs/201405/196759.html.

[41] 国务院扶贫办. 加大扶持力度促进民族贫困地区发展 [EB/OL]. (2005-07-25). http://www.seac.gov.cn/art/2005/7/25/art_3093_69833.html.

[42] 国务院贫困地区经济开发领导小组. 关于"八五"期间扶贫开发工作部署的报告 [EB/OL]. (1991-02-20). http://news.xinhuanet.com/ziliao/2002-03/04/content_2587954.htm.

[43] 国务院扶贫办. 国家扶贫开发工作重点县和连片特困地区县的认定 [EB/OL]. (2013-03-01). http://www.gov.cn.

[44] 中央政府门户网站. 关于推进农村改革发展若干重大问题的决定 [EB/OL]. (2008-10-19). http://www.gov.cn/jrzg/2008-10/19/content_1125094.htm.

[45] 中国政府网, 国务院办公厅. 国家基本公共服务体系"十二五"规划 [EB/OL]. (2012-07-20). http://www.gov.cn/zwgk/2012-07/20/content_2187242.htm.

[46] 市发展改革委规划科. 国家发展改革委印发《以工代赈建设"十二五"规划》[EB/OL]. (2012-06-28). http://www.jzfgw.gov.cn/jzfgw/detail/5546.

[47] 杨慧. 麻阳县农村产业扶贫模式研究 [D]. 湖南农业大学, 2015.

[48] 胡奕璇, 夏俊. 金融支持精准扶贫的农业产业化路径研究——以麻阳县柑橘种植区为例 [J]. 金融经济, 2016 (22): 11-14.

[49] 湖南怀化地区人行, 麻阳人行, 农行调查组. 贫困地区农村信用社的出路——对麻阳县农村信用社情况的调查 [J]. 中国农村信用合作, 1994 (9): 19-20.

[50] 怀化地区人民银行调查组, 麻阳县人行调查组, 麻阳县农行调查组.

贫困地区农村信用社的困境与出路——对麻阳县农村信用社情况的调查［J］.金融经济，1994（7）：30-33.

［51］郭笠杰．夏县财政扶贫资金管理情况［J］.山西财税，2017（2）：55.

［52］阎玉斌，李关山．夏县：聚焦扶贫领域 启动首轮巡察［J］.先锋队，2016（21）：47.

［53］齐宇强．旬邑扶贫开发让3万多人住进新村［N］.陕西日报，2007-02-08（001）.

［54］吕顺锋．旬邑扶贫开发"引擎"城乡统筹发展［N］.咸阳日报，2012-10-20（A01）.

［55］徐俊．参与式扶贫视角下的政府部门定点扶贫研究［D］.中南大学，2010.

［56］多举措优化保险扶贫服务［J］.西部大开发，2018（5）：14.

［57］谭正航．精准扶贫视角下的我国农业保险扶贫困境与法律保障机制完善［J］.兰州学刊，2016（9）：167-173.

［58］张伟，黄颖，易沛，李长春．政策性农业保险的精准扶贫效应与扶贫机制设计［J］.保险研究，2017（11）：18-30.

［59］李丹丹．精准与坚持王常青讲述中信建投证券"扶贫经"［N］.上海证券报，2017-12-18（002）.

［60］徐昭．打好金融组合拳助力精准扶贫［N］.中国证券报，2018-03-21（A04）.

［61］张能秋．打好金融"组合拳"助力精准大扶贫［N］.贵州政协报，2016-07-01（B02）.

［62］仇晓璐，陈绍志，赵荣．精准扶贫研究综述［J］.林业经济，2017，39（10）：21-27.

［63］政策性金融扶贫基础设施扶贫篇［J］.农业发展与金融，2016（8）：8-9.

［64］侯雨，毛岚，罗华伟．精准扶贫中基础设施建设问题研究［J］.当代农村财经，2017（9）：31-33.

［65］王华峰．普惠制视角下的农村金融制度建设探析［J］.金融理论与实践，2010（10）：77-81.

［66］杜敏学．完善农村金融服务体系支持农村小康社会建设［J］.攀登，

2005（3）：84-86.

[67] 雷和平. 产品创新是金融扶贫的重要推动力[N]. 金融时报，2016-07-06（006）.

[68] 雷和平. 创新金融产品：精准扶贫[N]. 金融时报，2016-03-15（006）.

[69] 郭娜，吴华. 金融扶贫的政府支持[J]. 中国金融，2018（6）：94-95.

[70] 刘彦含. 地方政府精准扶贫问题与对策[J]. 合作经济与科技，2017（7）：178-179.

[71] 朱肖怡. 国家精准扶贫框架下扶贫存在的问题及对策研究[D]. 对外经济贸易大学，2017.

[72] 蒋庆正. 商业银行实施精准扶贫可持续问题研究[J]. 金融经济，2018（12）：13-15.

[73] 孙应敏，何虹. 银行业助力精准扶贫面临的问题及政策建议[J]. 吉林金融研究，2018（4）：40-42.

[74] 段爱明. 金融精准扶贫中的几个难点及对策建议[J]. 金融经济，2018（14）6-7.

[75] 秀英. 我国农业保险面临的供给和需求问题及对策分析[J]. 内蒙古师范大学学报，2009（2）：69-72.

[76] 孙依平，张友琴. "三农"保险市场现状分析对策研究[J]. 上海保险，2018（5）：33-35.

[77] 胡恒松，徐丹，孙久文. 金融创新助推扶贫与区域经济发展[J]. 宏观经济管理，2018（1）：55-60.

[78] 王雪，许毅. 资本市场服务国家脱贫攻坚战略存在的问题及对策探讨[J]. 理论探讨，2018（1）：99-105.

[79] Christopher Heurlin. Governing Civil Society：The Political Logic of NGO-State Relations Under Dictatorship[J]. Voluntas，2010（21）.

[80] Christopher L. Pallas，Johannes Urpelainen. NGO Monitoring and the Legitimacy of International cooperation：A Strategic Analysis[J]. Rev Int Organ，2012（7）.

[81] John W. Tai，Zheng Yongnian and Joseph Fewesmith，eds. China's Opening Society：The Non-state Sector and Governance[J]. East Asia，2010（27）.

[82] Shizong Wang, Di Fei, Chengcheng Song. Characteristics of China's Nongovernmental Organizations: A CriticalReview [J]. Journal of Chinese Political Science, 2015 (7).

[83] Robert Haveman, Andrew Bershadker. Self-Reliance As a Poverty Criterion: Trends Inearnings-capacity Povery, 1975-1992 [J]. American Economic Review, 1998, 88 (2).

[84] Erik Thorbecke, David Berrian. Budgetary Rulesto Minimize Societal Poverty in Ageneral Equilibrium Context [J]. Journal of Development Economics, 1992 (38): 189-205.

[85] Gaurav Datt, Martin Ravallion. Growth and Redistribution Components of Changes Inpovertymeasures [J]. Journal of Development Economics, 1992 (38): 275-295.

重要术语索引

B

不完全竞争市场 …………… 053
保险业金融扶贫 …………… 043

D

贷款不良率 ………………… 040
道德风险 …………………… 026
定点扶贫 …………………… 021

F

扶贫互助合作社 …………… 087
扶贫龙头企业 ……………… 027
扶贫小额信贷 ……………… 006
风险补偿机制 ……………… 036
扶贫再贷款 ………………… 007
扶贫债券 …………………… 008
扶贫股权 …………………… 009
扶贫基金 …………………… 009
扶贫信托 …………………… 010
扶贫公益股 ………………… 087
扶贫基金 …………………… 009
风险分散化解机制 ………… 245

G

共同富裕 …………………… 058
共享发展 …………………… 017

共享经济 …………………… 055
过桥贷款 …………………… 034

H

虹吸现象 …………………… 214

J

金融效率 …………………… 001
精准扶贫 …………………… 003
金融扶贫主体 ……………… 006
建档立卡贫困户 …………… 004
绝对贫困 …………………… 057
金融排斥 …………………… 213
建档立卡 …………………… 004
金融制度 …………………… 010
金融服务体系 ……………… 029

K

开发式扶贫 ………………… 002

N

农业保险 …………………… 011
逆向选择 …………………… 227

P

普惠金融 …………………… 004

S

收入再分配 ………………… 049

267

T

脱贫代理人制度 ············ 165

W

微型金融 ················ 018

X

小额保险 ················ 011
信息不对称 ·············· 222
小额信贷 ················ 006
信息对接机制 ············ 222

Y

相对贫困 ················ 057
亚式期权 ················ 185
银行业金融扶贫 ·········· 037

Z

正规金融 ················ 053
证券业金融扶贫 ·········· 040
直接融资 ················ 100

附录一 中国人民银行等 7 部门联合印发《关于金融助推脱贫攻坚的实施意见》

为贯彻落实《中共中央、国务院关于打赢脱贫攻坚战的决定》（中发〔2015〕34号）和中央扶贫开发工作会议精神，紧紧围绕"精准扶贫、精准脱贫"基本方略，全面改进和提升扶贫金融服务，增强扶贫金融服务的精准性和有效性，现提出如下实施意见。

一、准确把握金融助推脱贫攻坚工作的总体要求

（一）深入学习领会党中央、国务院精准扶贫、精准脱贫基本方略的深刻内涵，瞄准脱贫攻坚的重点人群和重点任务，精准对接金融需求，精准完善支持措施，精准强化工作质量和效率，扎实创新完善金融服务体制机制和政策措施，坚持精准支持与整体带动结合，坚持金融政策与扶贫政策协调，坚持创新发展与风险防范统筹，以发展普惠金融为根基，全力推动贫困地区金融服务到村到户到人，努力让每一个符合条件的贫困人口都能按需求便捷获得贷款，让每一个需要金融服务的贫困人口都能便捷享受到现代化金融服务，为实现到2020年打赢脱贫攻坚战、全面建成小康社会目标提供有力有效的金融支撑。

二、精准对接脱贫攻坚多元化融资需求

（二）精准对接贫困地区发展规划，找准金融支持的切入点。人民银行分支机构要加强与各地发展改革、扶贫、财政等部门的协调合作和信息共享，及时掌握贫困地区特色产业发展、基础设施和基本公共服务等规划信息。指导金融机构认真梳理精准扶贫项目金融服务需求清单，准确掌握项目安排、投资规模、资金来源、时间进度等信息，为精准支持脱贫攻坚奠定基础。各金融机构要积极对接扶贫部门确定的建档立卡贫困户，深入了解贫困户的基本生产、生活信息和金融服务需求信息，建立包括贫困户家庭基本情况、劳

动技能、资产构成、生产生活、就业就学状况、金融需求等内容的精准扶贫金融服务档案，实行"一户一档"。

（三）精准对接特色产业金融服务需求，带动贫困人口脱贫致富。各金融机构要立足贫困地区资源禀赋、产业特色，积极支持能吸收贫困人口就业、带动贫困人口增收的绿色生态种养业、经济林产业、林下经济、森林草原旅游、休闲农业、传统手工业、乡村旅游、农村电商等特色产业发展。有效对接特色农业基地、现代农业示范区、农业产业园区的金融需求，积极开展金融产品和服务方式创新。健全和完善扶贫金融服务主办行制度，支持带动贫困人口致富成效明显的新型农业经营主体。大力发展订单、仓单质押等产业链、供应链金融，稳妥推进试点地区农村承包土地的经营权、农民住房财产权等农村产权融资业务，拓宽抵质押物范围，加大特色产业信贷投入。

（四）精准对接贫困人口就业就学金融服务需求，增强贫困户自我发展能力。鼓励金融机构发放扶贫小额信用贷款，加大对建档立卡贫困户的精准支持。积极采取新型农业经营主体担保、担保公司担保、农户联保等多种增信措施，缓解贫困人口信贷融资缺乏有效抵押担保资产问题。针对贫困户种养殖业的资金需求特点，灵活确定贷款期限，合理确定贷款额度，有针对性改进金融服务质量和效率。管好用好创业担保贷款，支持贫困地区符合条件的就业重点群体和困难人员创业就业。扎实开展助学贷款业务，解决经济困难家庭学生就学资金困难。

（五）精准对接易地扶贫搬迁金融服务需求，支持贫困人口搬得出、稳得住、能致富。支持国家开发银行、农业发展银行通过发行金融债筹措信贷资金，按照保本或微利的原则发放低成本、长期的易地扶贫搬迁贷款，中央财政给予90%的贷款贴息。国家开发银行、农业发展银行要加强信贷管理，简化贷款审批程序，合理确定贷款利率，做好与易地扶贫搬迁项目对接。同时，严格贷款用途，确保贷款支持对象精准、贷款资金专款专用，并定期向人民银行各分支机构报送易地扶贫搬迁贷款发放等情况。开发性、政策性金融与商业性、合作性金融要加强协调配合，加大对安置区贫困人口直接或间接参与后续产业发展的支持。人民银行各分支机构要加强辖内易地扶贫搬迁贷款监测统计和考核评估，指导督促金融机构依法合规发放贷款。

（六）精准对接重点项目和重点地区等领域金融服务需求，夯实贫困地区经济社会发展基础。充分利用信贷、债券、基金、股权投资、融资租赁等多种融资工具，支持贫困地区交通、水利、电力、能源、生态环境建设等基础设施和文化、医疗、卫生等基本公共服务项目建设。创新贷款抵质押方式，支持农村危房改造、人居环境整治、新农村建设等民生工程建设。健全和完善区域信贷政策，在信贷资源配置、金融产品和服务方式创新、信贷管理权限设置等方面，对连片特困地区、革命老区、民族地区、边疆地区给予倾斜。对有稳定还款来源的扶贫项目，在有效防控风险的前提下，国家开发银行、农业发展银行可依法依规发放过桥贷款，有效撬动商业性信贷资金投入。

三、大力推进贫困地区普惠金融发展

（七）深化农村支付服务环境建设，推动支付服务进村入户。加强贫困地区支付基础设施建设，持续推动结算账户、支付工具、支付清算网络的应用，提升贫困地区基本金融服务水平。加强政策扶持，巩固助农取款服务在贫困地区乡村的覆盖面，提高使用率，便利农民足不出村办理取款、转账汇款、代理缴费等基础金融服务，支持贫困地区助农取款服务点与农村电商服务点相互依托建设，促进服务点资源高效利用。鼓励探索利用移动支付、互联网支付等新兴电子支付方式开发贫困地区支付服务市场，填补其基础金融服务空白。在农民工输出省份，支持拓宽农民工银行卡特色服务受理金融机构范围。

（八）加强农村信用体系建设，促进信用与信贷联动。探索农户基础信用信息与建档立卡贫困户信息的共享和对接，完善金融信用信息基础数据库。健全农村基层党组织、"驻村第一书记"、致富带头人、金融机构等多方参与的贫困农户、新型农业经营主体信用等级评定制度，探索建立针对贫困户的信用评价指标体系，完善电子信用档案。深入推进"信用户""信用村""信用乡镇"评定与创建，鼓励发放无抵押免担保的扶贫贴息贷款和小额信用贷款。

（九）重视金融知识普及，强化贫困地区金融消费者权益保护。加强金融消费者教育和权益保护，配合有关部门严厉打击金融欺诈、非法集资、制售使用假币等非法金融活动，保障贫困地区金融消费者合法权益。畅通消费者投诉的处理渠道，完善多元化纠纷调解机制，优化贫困地区金融消费者公平、公开共享现代金融服务的环境。根据贫困地区金融消费者需求特点，有针对性地设计开展金融消费者教育活动，在贫困地区深入实施农村金融教育"金惠工程"，提高金融消费者的金融知识素养和风险责任意识，优化金融生态环境。

四、充分发挥各类金融机构助推脱贫攻坚主体作用

（十）完善内部机构设置，发挥好开发性、政策性金融在精准扶贫中的作用。国家开发银行和农业发展银行加快设立"扶贫金融事业部"，完善内部经营管理机制，加强对信贷资金的管理使用，提高服务质量和效率，切实防范信贷风险。"扶贫金融事业部"业务符合条件的，可享受有关税收优惠政策，降低经营成本，加大对扶贫重点领域的支持力度。

（十一）下沉金融服务重心，完善商业性金融综合服务。大中型商业银行要稳定和优化县域基层网点设置，保持贫困地区现有网点基本稳定并力争有所增加。鼓励股份制银行、城市商业银行通过委托贷款、批发贷款等方式向贫困县（市、区）增加有效信贷投放。中国农业银行要继续深化三农金融事业部改革，强化县级事业部经营能力。鼓励和支持中国邮政储蓄银行设立三农金融事业部，要进一步延伸服务网络，强化县以下机构网点功能建设，逐步扩大涉农业务范围。各金融机构要加大系统内信贷资源调剂力度，从资金调度、授信审批等方面加大对贫困地区有效支持。鼓励实行总、分行直贷、单列信贷计划等多种方式，针对贫困地区实际需求，改进贷款营销模式，简化审批流程，提升服务质量和效率。

（十二）强化农村中小金融机构支农市场定位，完善多层次农村金融服务组织体系。农村信用社、农村商业银行、农村合作银行等要依托网点多、覆盖广的优势，继续发挥好农村金融服务主力的作用。在稳定县域法人地位、坚持服务"三农"的前提下，稳步推进农村信用社改革，提高资本实力，完善法人治理结构，强化农村信用社省联社服务职能。支持符合条件的民间资本在贫困地区参与发起设立村镇银行，规范发展小额贷款公司等，建立正向激励机制，鼓励开展面向"三农"的差异化、特色化服务。支持在贫困地区稳妥规范发展农民资金互助组织，开展农民合作社信用合作试点。

（十三）加强融资辅导和培育，拓宽贫困地区企业融资渠道。支持、鼓励和引导证券、期货、保险、信托、租赁等金融机构在贫困地区设立分支机构，扩大业务覆盖面。加强对贫困地区企业的上市辅导培育和孵化力度，根据地方资源优势和产业特色，完善上市企业后备库，帮助更多企业通过主板、创业板、全国中小企业股份转让系统、区域股权交易市场等进行融资。支持贫困地区符合条件的上市公司和非上市公众公司通过增发、配股，发行公司债、可转债等多种方式拓宽融资来源。支持期货交易所研究上市具有中西部贫困

地区特色的期货产品，引导中西部贫困地区利用期货市场套期保值和风险管理。加大宣传和推介力度，鼓励和支持贫困地区符合条件的企业发行企业债券、公司债券、短期融资券、中期票据、项目收益票据、区域集优债券等债务融资工具。

（十四）创新发展精准扶贫保险产品和服务，扩大贫困地区农业保险覆盖范围。鼓励保险机构建立健全乡、村两级保险服务体系。扩大农业保险密度和深度，通过财政以奖代补等方式支持贫困地区发展特色农产品保险。支持贫困地区开展特色农产品价格保险，有条件的地方可给予一定保费补贴。改进和推广小额贷款保证保险，为贫困户融资提供增信支持。鼓励保险机构建立健全针对贫困农户的保险保障体系，全面推进贫困地区人身和财产安全保险业务，缓解贫困群众因病致贫、因灾返贫问题。

（十五）引入新兴金融业态支持精准扶贫，多渠道提供金融服务。在有效防范风险的前提下，支持贫困地区金融机构建设创新型互联网平台，开展网络银行、网络保险、网络基金销售和网络消费金融等业务；支持互联网企业依法合规设立互联网支付机构；规范发展民间融资，引入创业投资基金、私募股权投资基金，引导社会资本支持精准扶贫。

五、完善精准扶贫金融支持保障措施

（十六）设立扶贫再贷款，发挥多种货币政策工具引导作用。设立扶贫再贷款，利率在正常支农再贷款利率基础上下调1个百分点，引导地方法人金融机构切实降低贫困地区涉农贷款利率水平。合理确定扶贫再贷款使用期限，为地方法人金融机构支持脱贫攻坚提供较长期资金来源。使用扶贫再贷款的金融机构要建立台账，加强精准管理，确保信贷投放在数量、用途、利率等方面符合扶贫再贷款管理要求。加大再贴现支持力度，引导贫困地区金融机构扩大涉农、小微企业信贷投放。改进宏观审慎政策框架，加强县域法人金融机构新增存款一定比例用于当地贷款的考核，对符合条件的金融机构实施较低的存款准备金率，促进县域信贷资金投入。

（十七）加强金融与财税政策协调配合，引导金融资源倾斜配置。有效整合各类财政涉农资金，充分发挥财政政策对金融资源的支持和引导作用。继续落实农户小额贷款税收优惠、涉农贷款增量奖励、农村金融机构定向费用补贴、农业保险保费补贴等政策，健全和完善贫困地区农村金融服务的正向激励机制，引导更多金融资源投向贫困地区。完善创业担保贷款、扶贫贴息贷款、民贸民品贴息贷款等管理机制，增强政策精准度，提高财政资金使用效益。建立健全贫困地区融资风险分担和补偿机制，支持有条件的地方设立扶贫贷款风险补偿基金和担保基金，专项用于建档立卡贫困户贷款以及带动贫困人口就业的各类扶贫经济组织贷款风险补偿。支持各级政府建立扶贫产业基金，吸引社会资本参与扶贫。支持贫困地区设立政府出资的融资担保机构，鼓励和引导有实力的融资担保机构通过联合担保以及担保与保险相结合等多种方式，积极提供精准扶贫融资担保。金融机构要加大对贫困地区发行地方政府债券置换存量债务的支持力度，鼓励采取定向承销等方式参与债务置换，稳步化解贫困地区政府债务风险。各地中国人民银行省级分支机构、银监局要加强对金融机构指导，推动地方债承销发行工作顺利开展。

（十八）实施差异化监管政策，优化银行机构考核指标。推行和落实信贷尽职免责制度，根据贫困地区金融机构贷款的风险、成本和核销等具体情况，对不良贷款比率实行差异化考核，适当提高贫困地区不良贷款容忍度。在有效保护股东利益的前提下，提高金融机构呆坏账核销效率。在计算资本充足率时，对贫困地区符合政策规定的涉农和小微企业贷款适用相对较低的风险权重。

六、持续完善脱贫攻坚金融服务工作机制

（十九）加强组织领导，健全责任机制。建立和完善人民银行、银监、证监、保监、发展改革、扶贫、财政、金融机构等参与的脱贫攻坚金融服务工作联动机制，加强政策互动、工作联动和信息共享。切实发挥人民银行各级行在脱贫攻坚金融服务工作的组织引导作用，加强统筹协调，推动相关配套政策落实。开展金融扶贫示范区创建活动，发挥示范引领作用。进一步发挥集中连片特困地区扶贫开发金融服务联动协调机制的作用，提升片区脱贫攻坚金融服务水平。

（二十）完善精准统计，强化监测机制。人民银行总行及时出台脱贫攻坚金融服务专项统计监测制度，从片区、县（市、区）、村、建档立卡贫困户等各层次，完善涵盖货币政策工具运用效果、信贷投放、信贷产品、利率和基础金融服务信息的监测体系，及时动态跟踪监测各地、各金融机构脱贫攻坚金融服务工作情况，为政策实施效果监测评估提供数据支撑。人民银行各分支机构和各金融机构要按政策要求，及时、准确报送脱贫攻坚金融服务的相关数据和资料。

(二十一) 开展专项评估，强化政策导向。建立脱贫攻坚金融服务专项评估制度，定期对各地、各金融机构脱贫攻坚金融服务工作进展及成效进行评估考核。丰富评估结果运用方式，对评估结果进行通报，将对金融机构评估结果纳入人民银行分支机构综合评价框架内，作为货币政策工具使用、银行间市场管理、新设金融机构市场准入、实施差异化金融监管等的重要依据，增强脱贫攻坚金融政策的实施效果。

(二十二) 加强总结宣传，营造良好氛围。积极通过报纸、广播、电视、网络等多种媒体，金融机构营业网点以及村组、社区等公共宣传栏，大力开展金融扶贫服务政策宣传，增进贫困地区和贫困人口对精准扶贫金融服务政策的了解，增强其运用金融工具的意识和能力。及时梳理、总结精准扶贫金融服务工作中的典型经验、成功案例、工作成效，加强宣传推介和经验交流，营造有利于脱贫攻坚金融服务工作的良好氛围。

附录二 中国证监会印发《关于发挥资本市场作用服务国家脱贫攻坚战略的意见》

为贯彻落实《中共中央、国务院关于打赢脱贫攻坚战的决定》（中发〔2015〕34号）和中央扶贫开发工作会议精神，充分发挥资本市场作用，服务国家脱贫攻坚战略，现提出如下意见。

一、全面把握资本市场服务国家脱贫攻坚战略的总体要求

（一）充分提高认识

认真贯彻落实习近平总书记系列重要讲话精神，紧紧围绕"五位一体"总体布局和"四个全面"战略布局，把打赢脱贫攻坚战作为崇高的政治责任。积极探索资本市场的普惠金融功能与机制，发挥证券期货行业优势，以消除贫困为目标，以精准扶贫为手段，以制度创新为动力，形成多层次、多渠道、多方位的精准扶贫工作格局，为全面建成小康社会提供有力的资本市场支撑。

（二）加强政策引导

打赢脱贫攻坚战要采取务实有力的政策举措，以贫困地区（指国务院扶贫开发领导小组确定的国家扶贫开发工作重点县和集中连片特殊困难地区县，下同）实体经济需求为导向，以资本市场服务产业扶贫为重点，优先支持贫困地区企业利用资本市场资源，拓宽直接融资渠道，提高融资效率，降低融资成本，不断增强贫困地区自我发展能力。

（三）着力精准扶贫

深刻领会精准扶贫基本方略，坚持把帮助贫困群众摆脱贫困、实现共同富裕作为资本市场各项支持措施的出发点和落脚点。证券行业各类帮扶主体要与贫困村和建档立卡贫困户紧密衔接，建立带动贫困人口脱贫挂钩机制，因地制宜、分类施策，坚持真扶贫、扶真贫，确保扶贫政策精准、对象措施

精准、脱贫成效精准。

二、充分发挥资本市场在服务国家脱贫攻坚战略中的作用

（四）支持贫困地区企业利用多层次资本市场融资

对注册地和主要生产经营地均在贫困地区且开展生产经营满三年、缴纳所得税满三年的企业，或者注册地在贫困地区、最近一年在贫困地区缴纳所得税不低于2000万元且承诺上市后三年内不变更注册地的企业，申请首次公开发行股票并上市的，适用"即报即审、审过即发"政策。对注册地在贫困地区的企业申请在全国中小企业股份转让系统挂牌的，实行"专人对接、专项审核"，适用"即报即审、审过即挂"政策，减免挂牌初费。对注册地在贫困地区的企业发行公司债、资产支持证券的，实行"专人对接、专项审核"，适用"即报即审"政策。

（五）支持和鼓励上市公司履行社会责任服务国家脱贫

攻坚战略鼓励上市公司支持贫困地区的产业发展，支持上市公司对贫困地区的企业开展并购重组。对涉及贫困地区的上市公司并购重组项目，优先安排加快审核；对符合条件的农业产业化龙头企业的并购重组项目，重点支持加快审核。鼓励上市公司结对帮扶贫困县或贫困村，主动对接建档立卡贫困户，优先录用来自贫困地区的高校毕业生，优先招收建档立卡贫困人口。

（六）支持和鼓励证券基金经营机构履行社会责任服务

国家脱贫攻坚战略鼓励证券公司开展专业帮扶，通过组建金融扶贫工作站等方式结对帮扶贫困县，与当地政府建立长效帮扶机制，帮助县域内企业规范公司治理，提高贫困地区利用资本市场促进经济发展的能力。鼓励上市公司、证券公司等市场主体设立或参与市场化运作的贫困地区产业投资基金和扶贫公益基金。对积极参与扶贫的私募基金管理机构，将其相关产品备案纳入登记备案绿色通道；在贫困地区组织行业培训、开展业务交流，便利私募投资基金向贫困地区投资。鼓励证券公司、基金管理公司、私募基金管理机构等市场主体优先录用建档立卡贫困毕业生，对建档立卡贫困户在就医就学等方面开展精准帮扶。视证券公司参与扶贫工作情况，在分类评价过程中，对做出突出贡献的酌予加分；中国证券业协会定期对证券公司的扶贫工作情况进行考评，为分类评价提供公允的参考依据。

（七）支持和鼓励期货经营机构履行社会责任服务国家脱贫攻坚战略

鼓励期货公司开展专业帮扶，对贫困地区涉农企业进入期货市场开展套期保值业务进行培训，并提供合作套保、仓单质押、仓单回购等专业服务。将期货公司参与扶贫工作情况纳入分类评价标准，对做出突出贡献的予以加分；中国期货业协会定期对期货公司的扶贫工作情况进行考评，为分类评价提供公允的参考依据。支持符合条件的贫困地区优先开展"保险+期货"试点，提高涉农企业、农民专业合作社等新型农业经营主体化解市场风险的能力，对期货经营机构开展"保险+期货"试点项目适当减免手续费。支持贫困地区符合条件的仓储企业申请设立交割仓库。

（八）切实加强贫困地区投资者保护工作

对贫困地区企业的各项审核事项坚持"三公"原则，坚持标准不降、条件不减，确保市场稳定健康发展。加强对贫困地区金融监管干部、企业管理人员资本市场知识的培训，促进企业规范运作。加大金融风险防范力度，通过多种手段加强贫困地区投资者风险防范教育，严格限制在贫困地区发行销售损害投资者利益的产品，严厉打击各类非法证券期货活动，切实保护贫困地区投资者的合法权益。

三、进一步完善服务国家脱贫攻坚战略保障机制

（九）加强精准扶贫的组织领导

证监会扶贫工作领导小组办公室要贯彻落实证监会党委关于精准扶贫的工作部署，制定行业扶贫政策、落实定点扶贫工作任务、组织动员各市场主体履行社会责任，加强督查巡查，层层压实责任，确保精准扶贫各项措施落到实处。领导小组成员单位要充分发挥自身优势落实各项扶贫政策，积极参与定点扶贫。各证监局要主动对接当地党委政府，积极开展对口扶贫工作。

（十）健全人才扶贫工作机制

承担定点帮扶、对口帮扶责任的相关单位党委要高度重视扶贫工作，成立扶贫工作领导小组，建立本单位扶贫工作机制。选拔政治合格、敢于担当、组织领导能力强的干部到定点扶贫县挂职或任驻村第一书记。做好对挂职干部的工作考核评价，完善锻炼培养、提拔使用机制。加强与定点扶贫县的人才交流，举办贫困县领导干部资本市场学习培训班，支持定点扶贫县选派干

部到系统相关单位进行短期挂职学习。鼓励广大干部职工真情实意开展各种形式的帮扶活动，鼓励证监会系统基层党组织结对帮扶贫困县的贫困村，形成全员参与扶贫工作的合力。

（十一）完善精准扶贫成效的考核体系

各行业协会建立精准扶贫信息统计和评估机制，定期对各市场主体的扶贫工作成效进行考评，统一发布行业精准扶贫的社会责任报告。上海证券交易所、深圳证券交易所和全国中小企业股份转让系统有限责任公司分别对上市公司、挂牌公司履行扶贫社会责任的信息披露制定格式指引，并在年度报告中披露。相关证监局要加强与地方扶贫部门的联系，共同做好上市公司、挂牌公司扶贫工作成效的检查。

（十二）加强对扶贫工作的宣传引导

证监会系统各单位要认真总结脱贫攻坚工作中的典型经验，充分利用新闻媒体和会内网站、刊物大力宣传资本市场精准扶贫的做法和成效，努力营造资本市场服务国家脱贫攻坚战略的良好氛围，不断增强广大党员干部服务国家脱贫攻坚战略的使命感和责任感，不忘初心、继续前进，为打赢脱贫攻坚战、全面建成小康社会做出应有的贡献。

附录三　中国保监会、国务院扶贫办联合印发《关于做好保险业助推脱贫攻坚工作的意见》

各保监局，各省（区、市）扶贫办（局）、新疆生产建设兵团扶贫办，中国保险保障基金有限责任公司、中国保险信息技术管理有限责任公司、中保投资有限责任公司、上海保险交易所股份有限公司、中国保险报业股份有限公司，中国保险行业协会、中国保险学会、中国精算师协会、中国保险资产管理业协会，各保险公司：

为贯彻落实《中共中央、国务院关于打赢脱贫攻坚战的决定》（中发〔2015〕34号）和中央扶贫开发工作会议精神，指导各级保险监管部门、扶贫部门和保险机构按照人民银行、保监会、扶贫办等7部门《关于金融助推脱贫攻坚的实施意见》（银发〔2016〕84号）的总体部署，充分发挥保险行业体制机制优势，履行扶贫开发社会责任，全面加强和提升保险业助推脱贫攻坚能力，助力"十三五"扶贫开发工作目标如期实现，现提出如下意见。

一、总体要求

（一）指导思想

全面贯彻习近平总书记系列讲话精神，牢固树立和贯彻落实创新、协调、绿色、开放和共享的发展理念，深入学习领会党中央、国务院精准扶贫、精准脱贫基本方略的深刻内涵，增强打赢脱贫攻坚战的使命感紧迫感，以满足贫困地区日益增长的多元化保险需求为出发点，以脱贫攻坚重点人群和重点任务为核心，精准对接建档立卡贫困人口的保险需求，精准创设完善保险扶贫政策，精准完善支持措施，创新保险扶贫体制机制，举全行业之力，持续加大投入，为实现到2020年打赢脱贫攻坚战、全面建成小康社会提供有力的保险支撑。

（二）总体目标

到 2020 年，基本建立与国家脱贫攻坚战相适应的保险服务体制机制，形成商业性、政策性、合作性等各类机构协调配合、共同参与的保险服务格局。努力实现贫困地区保险服务到村到户到人，对贫困人口"愿保尽保"，贫困地区保险深度、保险密度接近全国平均水平，贫困人口生产生活得到现代保险全方位保障。

（三）基本原则

定向原则。定向发挥保险经济补偿功能，努力扩大保险覆盖面和渗透度，通过保险市场化机制放大补贴资金使用效益，为贫困户提供普惠的基本风险保障。定向发挥保险信用增信功能，通过农业保险保单质押和扶贫小额信贷保证保险等方式，低成本盘活农户资产。定向发挥保险资金融通功能，加大对贫困地区的投放，增强造血功能，推动贫困地区农业转型升级。

精准原则。把集中连片特困地区，老、少、边、穷地区，国家级和省级扶贫开发重点县，特别是建档立卡贫困村和贫困户作为保险支持重点，创设保险扶贫政策，搭建扶贫信息与保险业信息共享平台，开发针对性的扶贫保险产品，提供多层次的保险服务，确保对象精准、措施精准、服务精准、成效精准。

特惠原则。在普惠政策基础上，通过提高保障水平、降低保险费率、优化理赔条件和实施差异化监管等方式，突出对建档立卡贫困户的特惠政策和特惠措施，为建档立卡贫困人口提供优质便捷的保险服务，增强贫困人口抗风险能力，构筑贫困地区产业发展风险防范屏障。

创新原则。构建政府引导、政策支持、市场运作、协同推进的工作机制，综合运用财政补贴、扶贫资金、社会捐赠等多种方式，拓展贫困农户保费来源渠道，激发贫困农户保险意识与发展动力。针对贫困地区与贫困农户不同致贫原因和脱贫需求，加强保险产品与服务创新，分类开发、量身定制保险产品与服务。创新保险资金支农融资方式，积极参与贫困地区生产生活建设。

二、精准对接脱贫攻坚多元化的保险需求

（四）精准对接农业保险服务需求

保险机构要认真研究致贫原因和脱贫需求，积极开发扶贫农业保险产品，

满足贫困农户多样化、多层次的保险需求。要加大投入,不断扩大贫困地区农业保险覆盖面,提高农业保险保障水平。要立足贫困地区资源优势和产业特色,因地制宜开展特色优势农产品保险,积极开发推广目标价格保险、天气指数保险、设施农业保险。要面向能带动贫困人口发展生产的新型农业经营主体,开发多档次、高保障农业保险产品和组合型农业保险产品,探索开展覆盖农业产业链的保险业务,协助新型农业经营主体获得信贷支持。切实做好贫困地区农业保险服务,灾后赔付要从快从简、应赔快赔。对已确定的灾害,可在查勘定损结束前按预估损失的一定比例预付部分赔款,帮助贫困农户尽早恢复生产。中国农业保险再保险共同体要加大对贫困地区农业保险业务的再保险支持力度,支持直保公司扩大保险覆盖面和提高保障水平。

(五)精准对接健康保险服务需求

保险机构要发挥专业优势,不断改进大病保险服务水平,提高保障程度,缓解"因病致贫、因病返贫"现象。按照国家有关要求,研究探索大病保险向贫困人口予以倾斜。加强基本医保、大病保险、商业健康保险、医疗救助、疾病应急救助和社会慈善等衔接,提高贫困人口医疗费用实际报销比例。鼓励保险机构开发面向贫困人口的商业健康保险产品,参与医疗救助经办服务。

(六)精准对接民生保险服务需求

保险机构要针对建档立卡贫困人口,积极开发推广贫困户主要劳动力意外伤害、疾病和医疗等扶贫小额人身保险产品。重点开发针对留守儿童、留守妇女、留守老人、失独老人、残疾人等人群的保险产品,对农村外出务工人员开辟异地理赔绿色通道,为农村居民安居生活提供保障。进一步扩大农房保险覆盖面,不断提升保障水平。积极开展农村治安保险和自然灾害公众责任保险试点。探索保险服务扶贫人员队伍新模式,为各地政府、企事业单位驻村干部和扶贫挂职干部,高校毕业生"三支一扶"(支教、支农、支医和扶贫)提供保险保障。支持贫困地区开展巨灾保险试点。

(七)精准对接产业脱贫保险服务需求

积极发展扶贫小额信贷保证保险,为贫困户融资提供增信支持,增强贫困人口获取信贷资金发展生产的能力。探索推广"保险+银行+政府"的多方信贷风险分担补偿机制。支持有条件的地方设立政府风险补偿基金,对扶贫信贷保证保险给予保费补贴和风险补偿。鼓励通过农业保险保单质押、土地承包经营权抵押贷款保证保险、农房财产权抵押贷款保证保险等方式，拓宽保险增信路径，引导信贷资源投入。探索开展贫困农户土地流转收益保证保险，确保贫困农户土地流转收益。结合农村电商、乡村旅游、休闲农业等农业新业态，开发物流、仓储、农产品质量保证、互联网+等保险产品。创新保险资金运用方式，探索开展"农业保险+扶贫小额信贷保证保险+保险资金支农融资"业务试点，协助参保的贫困人口更便利地获得免担保、免抵押、优惠利率的小额资金。

（八）精准对接教育脱贫保险服务需求

积极开展针对贫困家庭大中学生的助学贷款保证保险，解决经济困难家庭学生就学困难问题。推动保险参与转移就业扶贫，优先吸纳贫困人口作为农业保险协保员。要对接集中连片特困地区的职业院校和技工学校，面向贫困家庭子女开展保险职业教育、销售技能培训和定向招聘，实现靠技能脱贫。

三、充分发挥保险机构助推脱贫攻坚主体作用

（九）完善多层次保险服务组织体系

保险机构要强化主体责任，将资源向贫困地区和贫困人群倾斜。要加大贫困地区分支机构网点建设，持续推进乡、村两级保险服务网点建设，努力实现网点乡镇全覆盖和服务行政村全覆盖。

（十）对贫困地区分支机构实行差异化考核

各保险机构总公司应根据贫困地区实际情况，科学设定绩效考核指标，对贫困地区分支机构实行差异化考核，引导贫困地区基层机构积极发展扶贫保险业务。对贫困地区分支机构因重大自然灾害或农产品价格剧烈波动导致的经营亏损，不得纳入绩效考核指标。

（十一）加强贫困地区保险技术支持及人才培养

各保险机构要大力推动贫困地区员工属地化，积极吸纳贫困地区大学生就业，加快培育贫困地区保险人才。要努力改善贫困地区分支机构职工福利，为贫困地区培养留得下、稳得住的专业人才。鼓励各保险机构总公司每年选派业务能力较强、政治立场坚定的员工到贫困地区分支机构工作，并在查勘理赔技术、设备等方面给予支持。

（十二）鼓励保险资金向贫困地区基础设施和民生工程倾斜

保险机构要充分发挥保险资金长期投资的独特优势，按照风险可控、商业可持续原则，以债权、股权、资产支持计划等多种形式，积极参与贫困地区基础设施、重点产业和民生工程建设，积极支持可带动农户脱贫、吸引贫困农户就业的新型农业经营主体融资需求。支持保险机构参与各级政府建立的扶贫产业基金，鼓励保险机构加大对贫困地区发行地方政府债券置换存量债务的支持力度。

四、完善精准扶贫保险支持保障措施

（十三）鼓励通过多种方式购买保险服务

要充分认识保险服务脱贫攻坚的重要作用，把运用保险工具作为促进经济发展、转变政府职能、完善社会治理、保障改善民生的重要抓手。鼓励各地结合实际，积极探索运用保险风险管理功能及保险机构网络、专业技术等优势，通过市场化机制，以委托保险机构经办或直接购买保险产品和服务等方式，探索保险参与扶贫开发的新模式、新途径，降低公共服务运行成本。要加大组织推动力度，引导农村贫困人口参保续保。鼓励各类慈善机构和公益性社会组织为贫困人群捐赠保险。

（十四）加强保险与扶贫政策的协调配合

各地扶贫办应将保险纳入扶贫规划及政策体系，在政策指导、资金安排、工作协调、数据共享等方面支持保险机构开展工作。鼓励各地结合实际，对建档立卡贫困人口参加农业保险、扶贫小额信贷保证保险、扶贫小额人身保险、商业补充医疗保险和涉农保险给予保费补贴，提高扶贫资金使用效率。建立健全贫困地区风险分担和补偿机制，专项用于对建档立卡贫困户贷款保证保险及带动贫困人口就业的各类扶贫经济组织贷款保证保险风险补偿。

（十五）实施差异化监管

支持在贫困地区开展相互制保险试点。支持现有保险机构到革命老区、民族地区、边疆地区和连片特困地区下延机构和开办扶贫保险业务，对上述机构优先予以审批。严格控制贫困地区现有保险机构网点撤并。对投向贫困地区项目的保险资金运用产品，优先予以审批或备案。鼓励保险机构开发涵盖贫困农户生产生活全方位风险的"特惠保"等一揽子保险产品，并优先予以审批或备案。对保险公司开发的针对建档立卡贫困人口的农业保险、涉农保险产品和针对可带动农户脱贫、吸纳贫困农户就业的新型农业经营主体的保险产品，费率可在向监管部门报备费率的基础上下调20%。

（十六）健全保险行业参与机制

设立中国保险业产业扶贫投资基金，采取市场化运作方式，专项用于贫困地区资源开发、产业园区建设、新型城镇化发展等。设立中国保险业扶贫公益基金，实施保险业扶贫志愿者行动计划。鼓励保险机构下移扶贫重心，加大捐赠力度，自愿包村包户，对贫困农户生产生活教育实现风险防范全覆盖。

（十七）加强保险消费者教育

强化贫困地区保险消费者教育和权益保护，保障贫困地区保险消费者合法权益。根据贫困地区保险消费者需求特点，综合运用多种媒体、保险机构网点以及村镇、社区等公共宣传栏，有针对性地开展保险扶贫服务政策宣传，增进贫困地区和贫困人口对精准扶贫保险服务政策的了解，提高其保险意识和运用保险工具分散风险的能力。统筹安排针对扶贫干部的保险知识培训，由保监会提供相应的培训项目及师资等智力支持，不断提高各级干部运用保险的能力和水平。鼓励保险机构向贫困地区基层干部和贫困农户提供农业技术、风险管理以及现代保险知识培训，提高运用保险发展经济的意识和能力。

五、完善脱贫攻坚保险服务工作机制

（十八）强化组织统筹

各保监局、保险机构和保险业社团组织要把扶贫开发工作作为重大政治任务，采取切实措施，确保各项工作有序开展。各保监局要成立由主要负责人任组长的工作领导小组，统筹协调辖内保险机构，做好保险服务脱贫攻坚工作。各保监局和省级扶贫部门要建立工作联动机制，可根据本意见制定具体实施办法，加强政策互动、工作联动和信息共享，推动相关配套政策落实。

（十九）完善精准统计制度

建立脱贫攻坚保险服务专项统计监测制度，实现保险信息与建档立卡信息对接，及时动态跟踪监测各地、各保险机构工作进展，为政策评估提供数据支撑。各保监局和各保险机构要按照保监会和国务院扶贫办要求，及时、准确报送相关数据资料。

（二十）严格考核督查

建立脱贫攻坚保险服务专项评估制度，保监会、国务院扶贫办定期对各地、各保险机构脱贫攻坚保险服务工作进展及成效进行考评，通报考评结果，并将考评结果作为市场准入、高管资格和差异化监管的重要依据。

（二十一）加强总结宣传

及时梳理、总结精准扶贫保险服务工作中的典型经验、成功案例和工作成效，加强宣传推介和经验交流，营造有利于脱贫攻坚保险服务工作的良好氛围。

中国保监会　国务院扶贫办

2016年5月26日

附录四 郧阳区人民政府办公室关于印发《郧阳区开展扶贫小额信贷业务实施方案》的通知

郧阳经济开发区管委会，各乡镇人民政府，区政府各部门：

《郧阳区开展扶贫小额信贷业务实施方案》已经区政府研究同意，现印发给你们，请认真组织实施。

2017年3月2日

郧阳区开展精准扶贫小额信贷业务实施方案

为进一步贯彻落实中国人民银行等七部委联合印发的《关于金融助推脱贫攻坚的实施意见》（银发〔2016〕84号）精神，深入推进全区扶贫小额信贷业务开展，切实解决建档立卡贫困户和与之建立脱贫帮扶协议的新型农业经营主体贷款难、贷款贵问题，根据《湖北省创新扶贫小额信贷工作的实施意见的通知》（鄂政办发〔2015〕82号）和中国人民银行武汉分行、湖北省扶贫办关于印发《湖北省"新型农业经营主体+建档立卡贫困户"扶贫小额信贷管理办法》的通知（武银〔2016〕84号）等文件要求，特制定本实施方案。

一、目标任务

按照区委、区政府提出的"三年整体脱贫，两年巩固提高"的脱贫攻坚总体目标，2017年扶贫小额信贷规模达到5亿元以上，2018年力争全区扶贫小额信贷规模累计达到7亿元以上，助推全区所有建档立卡贫困户脱贫销号，所有贫困村脱贫出列。

二、扶贫小额信贷主办银行

郧阳区农行、邮政储蓄银行、农商银行、楚农商村镇银行为全区扶贫小额贷款主办银行，其他银行业金融机构以包点扶贫村为重点，以向带动贫困户脱贫出列的龙头企业发放贷款为主全面参与。农行主要负责城关、茶店、青山、杨溪四个乡镇；邮政储蓄银行主要负责南化、白浪、谭家湾三个乡镇；楚农商村镇银行主要负责柳陂镇；其余十二个乡镇（场）由农商银行负责。

三、扶贫小额信贷贷款对象

（一）建档立卡贫困户

全区所有建档立卡贫困户，以区扶贫办认定为准。

（二）新型农业经营主体

郧阳区内各乡镇（场）农业龙头企业、农民专业合作社、种养殖业专业户、家庭农场、星级农家乐等。

新型农业经营主体必须与带动基地、农户之间有稳定的契约关系，带动每个贫困人口年收入不低于一万元。

四、贷款用途

建档立卡贫困户扶贫小额贷款只能用于解决贫困户发展生产和增加收入；不得用作购置生活用品、建房、治病、子女上学等非农业生产性项目，也不得转借给他人使用。新型农业经营主体扶贫小额贷款只能用于生产经营项目，不得挪作他用。

五、贷款方式与额度

对符合贷款条件的建档立卡贫困户，根据评级授信结果，实现"10万元以内免担保、免抵押、全贴息"的信用贷款。对新型农业经营主体发放的"新型农业经营主体+建档立卡贫困户"扶贫小额信贷，贷款额度按吸纳和带动的建档立卡贫困户户数×10万元计算，最高不超过200万元，方式为信用贷款，财政按贷款年利率贴息3个点。

六、贷款期限和利率

对建档立卡贫困户的扶贫小额贷款根据贷款用途和生产周期等因素确定，期限在1年以内，贷款利率执行年利率6.25%，如遇利率调整，按调整后的标准执行。对新型农业经营主体发放的扶贫小额贷款，期限原则上12个月，最长不超过2年。1年期年利率6.25%；2年期6.75%。如遇利率和加点幅度调整，按调整后的标准执行。

七、扶贫小额贷款办理程序

（一）采集信用信息，开展评级授信

评级授信是发放扶贫小额贷款的基础。各乡镇（场）政府统一组织本辖区各行政村的评级授信工作。各村委、主办银行和主办保险公司具体负责评级授信。一是村委按照统一格式向主办银行提供建档立卡贫困户、新型农业经营主体和其他农户基本信用信息。二是村支书负责组织金融精准扶贫"两站"（贫困村的金融精准扶贫工作站、非贫困村的惠农金融服务工作站，以下简称"两站"）工作人员在主办银行指导下按统一标准开展信用等级评定。三是各主办银行根据信用等级评定情况确定授信额度，并向全体村民公示。

各村支部书记、主办银行信贷人员、包点扶贫工作队长（主办保险公司业务员）分别担任"两站"站长和副站长，工作人员由党员代表、群众代表和贫困户代表组成。

对建档立卡贫困户原则上60分以下不授信，60~69分授信限额5万元，70~79分授信限额6万元，80~89分授信限额8万元，90分以上授信限额10万元。对新型农业经营主体的授信额度在200万元以内由主办银行自主确定。评级授信后，由主办银行向建档立卡贫困户和新型农业经营主体发放信用贷款证。

（二）提出贷款申请

建档立卡贫困户和新型农业经营主体有经营项目有资金需求自愿向金融精准扶贫工作站站长提出贷款申请，申请前须包户干部签字并按银行要求提供有效身份证件、贷款项目资料和信用贷款证等。

（三）贷款初审和推荐

对建档立卡贫困户，经村评贷委员会（"两站"工作人员）开会审核，对符合条件的由村金融工作站向主办银行推荐；对新型农业经营主体，由乡镇评贷委员会（书记、镇长、分管财经副镇长、分管农业副镇长、财政所长）签字后，按少数服从多数的原则向主办银行推荐。上述"两贷"评审委员会必须开会，投票表决，并做好记录，存档备查。

（四）贷款受理与调查

主办银行收到贷款申请后，及时进行自主审查和实地调查。

（五）贷款审批与放贷

各主办银行根据审查和调查情况，经区扶贫部门审核后，按有关贷款程序及时对符合条件的申请人发放贷款。按照"一次核定、随用随贷、余额控制、周转使用、利率优惠"的方式，对扶贫小额贷款简化手续，真正提供免抵押、免担保的信用贷款。

（六）贷后管理

银行有权监督借款人使用贷款资金。特别是新型农业经营主体，其贷款资金必须存放在借款人在主办银行开立的账户内。除劳务报酬、日常费用开支外，不得支取现金，需要向第三方付款的，原则上均需通过主办银行转账办理。各村金融精准扶贫工作站要协助主办银行跟踪监督贷款资金使用，做到扶贫贷款资金专款专用，防止滥用。

（七）还款与贴息

贷款到期借款人须及时偿还贷款本息。建档立卡贫困户的贷款利息由财政按月直补主办银行，贷款到期借款人还贷款本金。新型农业经营主体贷款按月付息，到期利随本清，3%的贴息按规定程序办理。

八、保险扶持

扶贫小额信贷引入保证保险机制。人保财险郧阳支公司为全区扶贫小额信贷主办保险公司。建档立卡贫困户扶贫小额信贷保证保险费率确定为2%，意外伤害保险费率为0.5%，两项保费均由财政全额补贴。新型农业经营主体扶贫小额信贷保证保险费率为2%，由借款人和区政府各承担50%，即新型农业经营主体在办理扶贫小额贷款必须承担贷款金额1%的保险费，另外一半的保费由区财政直接补贴给保险公司。在办理扶贫小额贷款手续时主办银行、借款人要积极配合保险公司办理投保手续。政策性农业保险要在贫困村优先实行。

九、保障措施

（一）加强组织领导，建立协调机制

在区委、区政府的统一领导和指导下，成立郧阳区金融精准扶贫小额信贷协调管理领导小组。成员由区金融办、扶贫办、财政局、人民银行、各银行业金融机构、人保财险等主要负责人组成。协调管理领导小组办公室设在人民银行，具体负责起草金融精准扶贫小额信贷管理实施方案、起草政银保三方合作协议、定期组织召开跨部门联席会议、协调各职能部门工作等。各乡（镇、场）、各村以金融精准扶贫"两站"为支点，建立扶贫小额信贷信息平台（包括扶贫对象信用平台和贷款程序平台），实现建档立卡贫困户与主办银行信贷管理系统、保险公司业务系统有效对接和信息共享。

（二）明确分工，强化责任

区政府是扶贫小额信贷工作的责任主体。区长为第一责任人。金融办负责组织协调各职能部门工作；扶贫办负责建档立卡贫困户认定与核实、代表区政府办理贷款担保相关手续、落实扶贫贴息政策及协调各乡（镇）政府、村"两委"、驻村工作队等与主办银行之间的工作、评估扶贫小额信贷业务开展效果等。财政部门负责配合扶贫办统筹落实好扶贫小额信贷风险补偿机制；人民银行负责灵活运用扶贫再贷款、差别存款准备金动态调整等货币政策工具，引导金融机构扩大扶贫小额信贷投放，同时，提供贷款基准利率或基础利率数据，配合做好扶贫小额信贷贴息工作，努力推动配套政策落实；银监办落实银行业金融机构差异化监管政策；保险公司负责推进农村保险市场建设，不断增强扶贫小额信贷风险保障功能；四家主办银行要积极做好扶贫小额贷款发放、贷后管理和贷款回收等工作，及时识别和处置贷款风险。

（三）实行目标责任管理

各主办银行要根据划分的责任片区积极向建档立卡贫困户和新型农业经营主体发放扶贫小额贷款。2017年底以前要完成5个亿的贷款，到2018年争取完成7个亿。新增贷款增长率和小额扶贫贷款覆盖率要达到上级政府规定的考核比例以上。

（四）培植诚实守信意识，营造良好信用环境

在开展扶贫小额信贷业务过程中，各乡镇（场）要切实加强"信用乡

镇""信用村""信用户"创建工作,增强农村经济主体的信用意识,使农户"善用信、能守信",营造"守信光荣、失信可耻"的良好氛围。各乡镇(场)与新型农业经营主体之间形成良好互动发展模式,鼓励新型农业经营主体拿出一定资金支持本地精准扶贫工作,提高各方积极性。

(五)强化贷款清收力度,加大对失信者的惩戒

对不守信用,贷款到期不还的,采取必要的惩戒措施。一是扶贫小额贷款逾期不还,财政不予贴息,借款人须自己承担贷款本金、利息和逾期罚息;二是贷款逾期未还,借款人不良信息将被自动纳入人民银行征信系统,以后将无法从任何一家银行申请贷款和办理信用卡;三是对恶意拖欠贷款不还者采取必要的法律手段提起诉讼,欠款人一旦被列入社会征信黑名单,其日常生活将受到限制,不能乘坐飞机、高铁、动车,不得进行高档消费、子女不得上重点中学和大学等;四是各乡(镇、场)、各村委积极协助主办银行清收贷款,对不良贷款率超过10%的乡(镇、场)和行政村,对其信用乡(镇)、信用村创建实行一票否决;五是对乡镇、行政村由于徇私、监管不力、故意隐瞒等人为原因造成贷款损失的,应对相关直接人员追责,对经过调查核实属于市场风险等客观原因的,可以免责;六是对银行信贷人员工作不力造成贷款损失的,按银行信贷管理办法追究责任。

(六)加强日常管理与监测,完善效果评估与考核

一是加强日常管理与监测。扶贫办和人民银行要建立月统计、季通报、年考核制度。二是建立奖惩机制。将全区扶贫小额信贷发放情况纳入金融机构"两综合、两管理"工作考评和政府年度目标考核。对工作成效突出的金融机构,人民银行在货币政策工具运用上予以大力支持;人民银行和银监办减少或减免现场检查频次。三是加强扶贫效果评估。建立金融精准扶贫小额信贷绩效考核评估制度。成立由扶贫办、财政局、人民银行等部门组成的扶贫效果考核评估专班,对新型农业经营主体带动建档立卡贫困户脱贫工作从帮扶对象、帮扶措施、增加收入等情况进行效果评价,要有受扶贫困户签字确认和考核评估专班签字。四是加强对各乡(镇)政府、各村"两委"工作的考核。把扶贫小额贷款的发放、管理和回收情况纳入各乡(镇)政府年度责任目标的考核内容。

本实施方案自发布之日起实施。

附录五 卢氏县人民政府办公室关于印发《卢氏县金融扶贫服务体系建设工作方案》和《卢氏县农村信用体系建设方案》的通知

文号：卢政办〔2017〕14号信息时效性：永久索引号：M0950-1203-201702-003840

发布机构：卢氏县人民政府办公室点击量：233 发布时间：2017-02-27

各乡镇人民政府，县人民政府有关部门：

《卢氏县金融扶贫服务体系建设工作方案》和《卢氏县农村信用体系建设方案》已经县政府研究同意，现印发给你们，望结合实际，认真抓好落实。

2017年2月27日

卢氏县金融扶贫服务体系建设工作方案

县、乡、村金融扶贫服务体系是指在县级设立金融扶贫服务中心、在乡镇级设立金融扶贫服务站、在村级设立金融扶贫服务部，三级金融扶贫服务体系实行信息共享、协同办公、各司其职、三级联动。为积极探索可复制、能推广的金融扶贫服务体系新模式，更好发挥金融助推扶贫的作用，提供优质高效的金融服务，结合我县实际，就金融扶贫服务体系建设制订本方案。

一、工作目标

以金融精准扶贫和普惠金融工作目标为指引，有效整合"政、银、担、保、投"等各类资源，加大信用体系建设力度、盘活农村生产要素、创新信贷产品，积极推动"信用+信贷""支农再贷款+银行贷款+风险担保基金+保证保险""三权"（农村居民宅基地使用权、土地承包经营权、林权）抵押贷款等信贷模式落实，为建档立卡贫困户和扶贫作用明显的龙头企业、全县农户、农村专业合作社及其他新型农村经营主体提供快捷、高效的一站式金融服务，实现金融支持精准扶贫和精准脱贫的目标。

二、工作机构及职责

（一）县级金融扶贫服务中心

设主任1名，副主任3名，分别由扶贫办、金融办、央行的负责同志担任。该中心人员由县扶贫办、金融办、人社局、国土资源局、林业局、农牧局、公安局、法院、央行及各专业金融机构等单位抽调专人组成。

具体职责：

（1）负责全县信用体系建设工作，在乡村两级金融扶贫服务机构信息采集的基础上，整合多部门信息资源，对全县农户和中小微企业信用评级进行指导，建立完善、共享的信用信息数据库。

（2）负责全县建档立卡贫困户和带贫作用明显的中小微企业贷款申请的受理、批转和督办。受理、登记各类主体的贷款申请，批转相应金融机构启动贷款流程，督导相关部门按照办结时限完成。

（3）负责全县扶贫担保基金、风险补偿基金平台建设和业务运转。

（4）负责全县农村产权评估、流转交易平台、融资担保和风险缓释机制建设和业务运转。

（5）负责扶贫小额贴息贷款利息补贴的及时拨付。

（6）负责全县不良资产处置及不良贷款清算、偿付工作。

（7）对全县金融扶贫服务站、金融扶贫服务部进行监督管理，实施业务指导。

（8）完成金融扶贫临时性工作。

（二）乡镇级金融扶贫服务站

设主任1名，由主管扶贫工作的副书记负责，设副主任2名，分别由乡镇扶贫办主任和驻该乡镇金融机构负责人担任，另抽调3~5名专职人员（驻该乡镇的金融机构至少2人以上参加）负责具体工作。

具体职责：

（1）政策宣传：收集、整理党和国家的各项扶贫攻坚政策，定期不定期开展扶贫政策宣传活动，让广大群众充分了解并熟知扶贫政策。

（2）信息整合：收集、审核、整理村级金融服务部农户信息，建立全乡镇农户信用信息电子档案，实现农户信用信息共享；做好上情下达、下情上达等工作。

（3）申贷受理：收集整理农户和新型农业经营主体贷款申请及其他金融服务需求，及时上传县级金融扶贫服务中心。

（4）监督管理：对区域内村级金融扶贫服务部进行监督管理，对县级金融扶贫服务中心安排到村级金融扶贫服务部的工作进行督办。

（5）组织落实：配合县级金融扶贫服务中心开展信用体系建设、土地承包经营权流转、不良资产清收等工作。

（6）完成县级金融扶贫服务中心安排的临时性工作。

（三）村级金融扶贫服务部

设主任1名，由村支部书记担任，成员由驻村工作人员及村组干部组成，每村至少5人以上。

具体职责：

（1）政策宣传：收集、整理党和国家的各项扶贫攻坚政策，定期不定期开展扶贫政策宣传活动，让广大群众充分了解并熟知扶贫政策。

（2）信息整合：采集、整理本村农户基础信息，建立农户信用信息档案，并实施动态管理。

（3）申贷受理：收集整理农户贷款申请及其他金融服务需求，及时上传乡级金融扶贫服务站。

（4）配合工作：配合县级金融扶贫服务中心、乡镇级金融扶贫服务站做好信用体系建设、土地承包经营权流转、不良资产清收等工作。

（5）完成乡级金融扶贫服务站安排的临时性工作。

三、保障措施

（一）县乡村三级金融扶贫服务组织必须有固定办公场所、明显标志，有专职工作人员，除本办法规定的兼职人员外，县乡两级金融扶贫服务组织抽调的人员一经确定，必须专职从事金融扶贫服务工作。

（二）县乡两级根据工作需要，安排必要的办公经费，提供必要的条件保障。

（三）建立专门的金融扶贫服务评价奖惩机制，对各级金融扶贫机构工作和人员进行评价，奖优罚劣，工作人员评价结果反馈原工作单位，作为绩效、晋级主要依据。

卢氏县农村信用户授信评定方法

为切实做好金融扶贫工作,加快卢氏县农村信用体系建设,特制定本办法:

一、对象筛选

第一条 适用范围

卢氏县所有农户,优先实施建档立卡贫困户。

第二条 筛选条件

1. "三好":遵纪守法好、家庭和睦好、邻里团结好。
2. "三强":责任意识强、信用观念强、履约保障强。
3. "三有":有劳动能力、有致富愿望、有致富项目。
4. "三无":无赌博、吸毒、嫖娼等不良习气;无拖欠贷款本息、被列入贷款黑名单的记录;无游手好闲、好吃懒做的行为。

二、评定程序

第三条 农户申请

农户根据信用评级条件,填写信用评定申请书,向村民小组提出申请。

第四条 小组评议

从村民小组推选德高望重、为人正直、作风正派的群众代表(每5~15户推选1人),对提出信用评定申请的农户,初步筛选信用户,报村两委。

第五条 村级评定

乡包村领导、村支部书记及第一书记、驻村工作队、村组干部、党员代表(一般3~5名党员推选1人)、村民代表(一般5~15户推选1人)等人员召开会议,对初选名单进行公开评定,确定全村信用户名单。以村为单位进行公示,公示期不少于7天。

三、授信公示

第六条 银行授信

由县人民银行牵头,各主办银行负责实施,乡村金融扶贫服务机构配合,以村为单位,对信用户做出综合评价,形成评估报告,进行授信评级。

第七条 定级颁证

通过授信定级的信用户，公示无异议后，发放《贷款信用证》。

四、结果运用

第八条 信用运用

信用户按照差别授信标准享受同等级的免抵押、免担保贷款政策。

第九条 优惠举措

对信用户中的建档立卡贫困户另可享受"两优惠、一贴息"的政策。

1. "两优惠"即优惠贷款利率、优惠贷款周期。
2. "一贴息"即政策贴息。

五、风险防控

第十条 缓释机制

建立政、银、担、保、投"五位一体"的风险缓释机制及以村支部为核心的信用责任体系，建立贷款防火墙，防范借贷风险。

卢氏县人民政府办公室

2017 年 2 月 27 日印发